Helgo Bretschneider

Und täglich grüßt die Datenflut

Zum Autor:

Helgo Bretschneider ist seit 2001 erfolgreich als Vortragsredner und Seminaranbieter tätig.
Als Dipl.-Kaufmann und Dipl.-Finanzwirt war er zunächst in der Finanzverwaltung und in einem Bundesverband tätig. Als Geschäftsführer im Stadtmarketing erlebte er später persönlich die Folgen der täglichen Informationsflut im Beruf.
Als Speaker und Trainer hat sich Helgo Bretschneider zunächst auf effiziente Arbeitsmethoden wie z.B. »mega memory®-Gedächtnistechniken« und »Effizientes Lesen« spezialisiert. Durch den Ansatz des »Accelerated Learning« vermittelt er dabei seinen Teilnehmern einen schnellen, spielerischen und auch langfristigen Transfer der neu gelernten Fähigkeiten.
Ein erfolgreicher und gesunder Umgang mit der täglichen Datenflut ist mittlerweile Schwerpunkt seiner Arbeit. In Vorträgen und Seminaren zeigt Helgo Bretschneider wirkungsvolle Techniken und Einsichten, die einerseits die berufliche Effizienz erhöhen, vor allem jedoch aus dem »Hamsterrad« der permanenten Reizüberflutung wieder herausführen.

Helgo Bretschneider

Und täglich grüßt die Datenflut

Tipps und Techniken für mehr Effizienz und stressfreien Umgang mit Informationen

BREUER & WARDIN
www.Verlagskontor.com

Die Deutsche Nationalbibliothek verzeichnet diese Publikation in der Deutschen Nationalbibliografie; detaillierte bibliografische Daten sind im Internet über http://dnb.d-nb.de abrufbar.

Helgo Bretschneider,
Und täglich grüßt die Datenflut
Tipps und Techniken für mehr Effizienz und stressfreien Umgang mit Informationen

1.Auflage 2011
ISBN 978-3-939621-76-8

Projektleitung: Heiko Breuer, Bodo Wardin
Lektorat: Martina Rohfleisch
Korrektorat: Stefanie Scheiler
Zeichnungen: Andreas Gerhardt, ideevisuell.de
Satz und Layout: edition wolkenburg, Rheinbreitbach
Umschlaggestaltung: René Wagner
Printed in Europa

BREUER & WARDIN
Verlagskontor GmbH
Zum Scheider Feld 12
51467 Bergisch Gladbach
Hotline: +49 1805 436 436*
*(0,14 EUR/Min Festnetz; max. 0,42 EUR/Min Mobilfunknetze)
kontakt@verlagskontor.com
www.verlagskontor.com

Inhalt

Was immer Du schreibst ...,

schreibe kurz, und sie werden es lesen,
schreibe klar, und sie werden es verstehen,
schreibe bildhaft, und sie werden es im Gedächtnis behalten.

Joseph Pulitzer,
ungarisch-amerikanischer Journalist und Verleger (1847–1911)

Einleitung

Sitzen Sie auch manchmal in Ihrem Büro oder vor dem Computer und denken: »Wie sollen die vielen Informationen in meinen Kopf hinein?« Zweifeln Sie dabei an Ihrer Leistungsfähigkeit? Wenn ja, haben Sie das passende Buch in der Hand.

Dieses Buch möchte Sie zu einem positiven Umgang mit der täglichen »Informationsflut« motivieren. Schließlich bringt uns die heutige Technik sehr viele positive Chancen und Möglichkeiten, die es so nie zuvor gegeben hat.

Andererseits wird unser »Steinzeitgehirn« in der komplexen und virtuellen Welt schnell an seine Grenzen geführt. Es braucht deshalb »gehirngerechte« Techniken, Strategien und Einsichten, damit wir tatsächlich einen hohen Nutzen aus den zahllosen Informationen, die auf uns zuströmen, ziehen können. Wer sich um diese Dinge nicht aktiv kümmert, versinkt irgendwann im täglichen Stress und Informationschaos. In diesem Buch bekommen Sie viele Tipps und Anregungen, wie Sie Ihre »Informationswelt« aktiv und erfolgreich gestalten können.

Dabei ist die Informationsflut nicht nur ein berufliches Phänomen der letzten 25 Jahre. Es betrifft unser gesamtes Leben von morgens bis abends.

Ich wohne in Bad Honnef, einer sehr schönen Stadt mit etwa 25.000 Einwohnern. Können Sie sich so eine Stadt vor 300 Jahren vorstellen? Die Anzahl der zur Verfügung stehenden Informationen war sehr begrenzt. Für jede neue Nachricht aus Bonn und Köln war man dankbar. Was in anderen Ländern passierte, war nahezu unbekannt.

Heute sind beinahe alle Informationen dieser Welt bei uns zu Hause. Mit Zeitung, Fernseher und Internet weiß ich innerhalb kürzester Zeit, in welchem afrikanischen Staat geputscht wird und warum ... Das ist doch toll, oder? Noch vor 50 Jahren wäre jede Nachrichtenagentur der Welt auf meine persönliche Informationsausrüstung extrem neidisch gewesen.

In der Realität führen mich diese weltweiten Informationen jedoch schnell an Grenzen. Rein theoretisch könnte ich mich den ganzen Tag nur mit Nachrichten beschäftigen und wüsste dennoch nicht alles. Es stellt sich ernsthaft die Frage: Wie viel aus meinem begrenzten Zeitbudget sollte ich dafür verbrauchen? Hinzu kommt noch, dass über 80 % der »Nachrichten« negativ sind ... Schon wieder ein Flugzeug abgestürzt, und ich fliege ja auch in zwei Wochen. Jeden Tag eine Meldung aus Afghanistan, von Umweltkatastrophen oder Finanzkrisen. Ja, die Welt scheint bedroht. Was machen diese Nachrichten mit mir? Ohne klare Entscheidungen und Prioritäten, was in meinen Kopf hinein darf oder was lieber draußen bleiben soll, kommt irgendwann die persönliche »Informationskrise«.

Egal um welches Thema es geht, die Auswahl an Informationen ist mittlerweile immer zu groß. Geben Sie doch mal bei Google das Suchwort »Bauernhof« ein. Was meinen Sie, wie viele Einträge Sie finden? Als unsere Tochter für die Schule etwas über Bauernhöfe recherchieren sollte, hat sie herausgefunden, dass es unglaubliche 6.740.000 Einträge sind. Da ist leicht verständlich, warum bereits Schüler schnell den Überblick verlieren.

Übrigens: Der Begriff der »Informationsflut« (bzw. engl. *information flood* oder auch *»information overload«*) ist eine recht moderne Wortschöpfung. Die früheste Zuordnung des Begriffs, die ich finden konnte, liegt erst etwa 40 Jahre zurück. Alvin Toffler, der Schriftsteller und Futurologe, benutzte 1970 den Begriff »information overload« in seinem Buch »Future Shock«.

Eigentlich ist der Begriff schon selbsterklärend und braucht keine besondere Definition mehr. Ganz passend finde ich dennoch diese Erklärung aus dem Gabler-Verlag*:

»Überlastung der Personen, die an Kommunikationsprozessen teilnehmen, mit z.T. irrelevanten Informationen. Die Folge ist eine Reizüberflutung und eine abnehmende Wahrnehmung.«

---

* Gabler Verlag (Herausgeber), Gabler Wirtschaftslexikon, Stichwort: Information Overload, online im Internet: http://wirtschaftslexikon.gabler.de/Archiv/12614/information-overload-v7.html

Dieses Buch gibt Ihnen sehr viele Anregungen, wie Sie den Umgang mit der täglichen Informationsflut positiv verändern können. Dazu gehören auch einige sehr erfolgreiche Techniken und viele kleine Tipps und Tricks. Erwarten Sie aber bitte nicht, dass es nur um Leistungssteigerung geht und Sie zu einem »Informationsguru« mit der Qualität einer perfekten Datenverarbeitungsmaschine mutieren.

In diesem Buch werden Sie auch immer die andere Seite erleben, die den Sinn zu vieler Informationen, dem pausenlosen Einsatz moderner Technik sowie Ihrer ständigen Erreichbarkeit hinterfragen. Ja, es geht auch um Einsichten und Bekenntnisse, was der Mensch wirklich sehr gut kann oder was ihn auf Dauer eher krank macht. Dazu gehört beispielsweise, dass die täglich auf Sie einströmende Informationsmenge nicht vollständig in Ihrem Kopf abgespeichert werden kann. Finden Sie sich im positiven Sinne damit ab, und der Druck wird sofort nachlassen. Also aufgepasst, liebe »Infoholics«: Einige Ihrer geliebten Gewohnheiten werden in den folgenden Kapiteln vielleicht in Frage gestellt.

Helgo Bretschneider

Bad Honnef, Februar 2011

1 Gebrauchsanweisung: Wie Sie dieses Buch optimal nutzen

Wann lohnt es sich für Sie, mit diesem Buch zu arbeiten?

Es lohnt sich auf jeden Fall, wenn Sie mehrere der folgenden Fragen innerlich mit »ja« beantworten:

- Sie brauchen einfache und praktische Tipps, um erfolgreich mit der Informationsflut umzugehen.
- Sie wollen einen Überblick über praxisorientierte Methodenkompetenz und Arbeitstechniken, ohne gleich zehn Bücher lesen zu müssen.
- Ihr Ziel ist es, die Qualität Ihrer Arbeit durch die im Buch beschriebenen Vorschläge spürbar zu verbessern.
- Sie interessieren sich für neues und praxisorientiertes Wissen sowie für Experimente der Hirnforschung im Kontext des Buchthemas.
- Sie mögen Bücher, die gehirngerecht geschrieben und deshalb leicht verständlich sind.
- Sie sind bereit, etwas an Ihrer Informationsflut zu verändern und brauchen einen Überblick, was machbar ist.
- Sie haben häufig Stress oder erste Anzeichen eines Burnout, wollen den Notschalter betätigen und nehmen das Buch als einen Impuls für Veränderungen.
- Sie möchten etwas für sich und Ihre Gesundheit tun!

1. Brauchen Sie überhaupt ein Buch zum Thema Informationsflut?

Diese Frage ist berechtigt, denn der Kauf dieses Buch erzeugt für Sie wieder neue Informationen, d.h. ein wenig trage ich zu Ihrer persönlichen Informationsflut bei. Falls Sie merken, dass Sie nicht zur Zielgruppe gehören, dann sollten Sie das Buch besser weiterverschenken.

Es gibt auch heute noch Menschen, die in ihrem Beruf kaum Informationsflut erleben. Meine Zielgruppe der Unternehmer, Manager, Führungskräfte, Assistenten, Ärzte, Rechtsanwälte etc. gehören jedoch zu den vielen anderen, die täglich mit einer unüberschaubaren Menge von Informationen zu tun haben. Hier begegne ich auch den »Informationsjunkies«, die keinesfalls auf ihre Datenflut verzichten wollen, die sich im täglichen Stress wohlfühlen oder daran ihre eigene Wichtigkeit messen.

Eher selten treffe ich Teilnehmer, die das Thema Informationsflut bereits auf ihre eigene Art und Weise positiv geklärt haben. Wenn Sie zu denen gehören, die unter der täglichen Überfülle von Informationen eher leiden, wird das Buch für Sie interessant und nützlich sein.

Was ist an diesem Buch außergewöhnlich?

Dieses Buch gibt klare Antworten darauf, wie viel Informationsflut langfristig ertragbar ist und vor allem, mit welchen Techniken der Umgang besser funktioniert. Der Inhalt besteht aus verständlich und pragmatisch dargestellter Hirnwissenschaft, Erfahrungen von tausenden Seminarteilnehmern sowie einfachen Hinweisen, Techniken und Tipps, wie das Leben im Informationszeitalter besser funktioniert.

In diesem Buch werden Sie einige Methoden kennenlernen, die Ihnen noch nicht vertraut sind. Vielleicht haben Sie schon davon gehört, aber wissen noch nichts Nützliches damit anzufangen. Wie gehen Sie damit um?

In meinen Seminaren habe ich es bereits erlebt, dass manche Menschen auf neue Ansätze eher kritisch reagieren, insbesondere wenn schon

Filter vorhanden sind, wie z.B.: »Oh je, das ist doch esoterisches Zeug und funktioniert in der Praxis nicht.« So löst das Wort Meditation z.B. manchmal einen solchen Filter aus. Eines stimmt an dieser Aussage auf jeden Fall: Wenn Sie es glauben, wird es sehr wahrscheinlich auch so sein. Es ist erwiesen, dass die sogenannte »selbsterfüllende Prophezeiung« eine erhebliche Erfolgsquote hat.

Als Autor verspreche ich Ihnen, dass die hier vorgestellten Ansätze und Methoden

- einen sehr praxisnahen Bezug haben,
- dem aktuellen Stand der modernen Hirnwissenschaft entsprechen,
- seit Jahren mit Erfolg eingesetzt werden.

Ein ganz besonderer Service: Mit diesem Buch erhalten Sie auch eine ständig aktualisierte Literaturliste sowie weitere Links bzw. Hinweise zu den genannten wissenschaftlichen Studien. Es funktioniert sehr einfach: Unter www.datenflut.info geben Sie als Benutzername »datenflut« und als Passwort »aktuell« ein, und schon erhalten Sie die gewünschten Informationen.

2. Die einfache Gliederung dieses Buches sinnvoll nutzen

Es ist schade, dass viele Bücher nur deshalb nutzlos herumliegen, weil die wertvollen Inhalte so schwer herauszuarbeiten sind. Aufbau und Gliederung dieses Buches sind deshalb so gestaltet, dass es seinen Zweck erfüllt und Ihnen möglichst schnell einen hohen Nutzen stiftet.

Bereits auf den folgenden Seiten erhalten Sie einen kurzen Überblick über die Inhalte des Buches. Es ist durchaus sinnvoll, sich diese zwei Seiten aufmerksam durchzulesen. Wenn Sie dann Interesse an einem bestimmten Thema finden, sollten Sie Ihre Lektüre in dem entsprechenden Kapitel beginnen.

Jedes neue Kapitel beginnt außerdem mit: **Wann lohnt es sich, dieses Kapitel zu lesen?** Hier werden Problemstellungen, Inhalte und der mögliche Nutzen des jeweiligen Kapitels beschrieben. Spätestens an dieser

Stelle werden Sie wissen, ob es sich für Sie lohnt, in dem Kapitel weiterzulesen oder vielleicht doch ein anderes Thema zu wählen.

Falls Sie die Hintergründe, wissenschaftlichen Erkenntnisse etc. nicht interessieren oder wenn Sie in Eile sind, können Sie einfach die Abkürzung wählen und zum Ende des jeweiligen Kapitels gehen. Dort steht ein kurzes Fazit mit den wichtigsten Tipps und Techniken.

3. Kurze Übersicht über die Buchinhalte: Was interessiert Sie besonders?

Der folgende Überblick wird Sie vielleicht neugierig machen. Lesen Sie die folgenden zwei Seiten durch und entscheiden Sie, welches Thema Sie am meisten interessiert bzw. am wichtigsten für Sie ist.

Kapitel 2: Was sich in den letzten 25 Jahren spürbar verändert hat
Bestimmte Techniken und Tipps werden hier noch nicht vermittelt; stattdessen aber ein tieferes Verständnis dafür, welche langfristigen Fol-

gen die aktuelle Entwicklung für uns hat. Der Wandel zur Informationsflut hat sichtbare Spuren hinterlassen! Einerseits spüren wir die Überforderung für unser »Steinzeitgehirn«. Andererseits nehmen wir viele dieser Veränderungen kaum mehr wahr. Dabei sind unser Leben, Denken und Handeln sowohl privat als auch beruflich davon geprägt. Auch wenn wir uns an Handys, Navis, 140 tägliche E-Mails, 300 Fernsehprogramme, Twitter, Facebook und Co. scheinbar gewöhnt haben, entwickelt der »moderne« Mensch damit auch neue Probleme.

Kapitel 3: Multitasking trainieren – brauchen wir so etwas?
Dem Multitasking ist bewusst ein eigenes Kapitel gewidmet. Im Kontext der Informationsflut wird Multitasking immer wieder neu diskutiert. Doch was bedeutet es im Alltag, multitaskingfähig zu sein? Was ist trainierbar und was ist eher unrealistisch? Klare Antworten sowie Einblicke in den aktuellen Stand der Wissenschaft helfen uns weiter, eine eigene praxisnahe Multitasking-Strategie zu entwickeln.

Kapitel 4: Gehirngerechtes Denken als Erfolgsfaktor
Die Spielregeln, nach denen Ihr Gehirn erfolgreich arbeitet, sind schnell erklärt. Auch hier liegt ein Potenzial, auf das Sie heute nicht mehr verzichten sollten. Zu groß sind die Vorteile, wenn Ihr Gedächtnis optimal arbeitet. Systematische, einfach erlernbare Gedächtnistechniken werden in Ansätzen und mit Beispielen erläutert.

Kaptitel 5: Verändern Sie Ihre Lesegeschwindigkeit
Techniken und Nutzen von Lesetechniken werden beschrieben. Hier liegt ein sehr großes Potenzial, im heutigen Arbeitsleben sinnvoll Zeit einzusparen. Bereits eine Steigerung der Lesegeschwindigkeit um 25 % bringt dem durchschnittlichen Leser bereits 14 Arbeitstage pro Jahr. Wer kann darauf verzichten?

Kapitel 6: Computer und Büro: Mit Informationen sinnvoll umgehen
Die Schnittstelle von Computer bzw. Büro zur Informationsflut ist einleuchtend. Dabei geht es z.B. um den effizienten Umgang mit E-Mails,

gehirngerechter Datenverwaltung oder der Nutzung von Wissensarchiven. Viele Techniken und Tipps warten nur auf Ihre Umsetzung.

Kapitel 7: Übernehmen Sie die Kontrolle in Ihrer Informationswelt
Vielleicht ist dieses Thema das wichtigste für Sie: Wir sprechen über persönliche Ziele und Strategien. Welche Dinge möchten Sie verändern und was sollten Sie dabei berücksichtigen? Welche Einsichten oder Fähigkeiten sind nötig? Es geht darum, die eigene Einstellung anzupassen, auf die Gesundheit zu achten, Verantwortung zu übernehmen und wieder die Kontrolle über seine eigene »Informationswelt« zu erhalten.

Kapitel 8: Wie Sie mit Komplexität sinnvoll umgehen
Eine typische Reaktion auf Datenflut ist die Empfindung von Komplexität. Wie geht Ihr Gehirn damit um? Wie sicher und vor allem nützlich sind rationale Entscheidungen im Vergleich zu den sog. Bauchentscheidungen? Auch geht es um sinnvolle Strategien, andere gehirngerecht zu informieren. Wie kann ich das Gehirn des anderen optimal erreichen, ohne selbst das Gefühl von zu viel Komplexität und Informationsflut zu erzeugen? Einfache Techniken sowie eine Software für den gehirngerechten Umgang mit Komplexität werden vorgestellt.

Kapitel 9: Entspannen Sie Ihr Gehirn – von Altbierbowle bis Zenmeditation
Auch wenn es für viele noch kein etabliertes Thema im Berufsleben ist – Gehirne brauchen Entspannung. Was kann ein gestresstes Gehirn, das viel zu oft und zu lang in der Betafrequenz schwingt, machen, um langfristig gut zu funktionieren? Hier werden verschiedene Ansätze vorgestellt sowie einfache und praktische Umsetzungsmöglichkeiten aufgezeigt.

Kapitel 10: Die »Top Five« im Umgang mit Informationen
Dieses Buch schließt mit einer Zusammenfassung der wichtigsten Tipps zum effizienten Umgang mit der Informationsflut aus Sicht des Autors.

2 Was sich in den letzten 25 Jahren spürbar verändert hat

Wann lohnt es sich, dieses Kapitel zu lesen?

- Finden Sie es spannend, welche Auswirkungen die enormen technischen Entwicklungen der letzten 25 Jahre auf unser Leben mit Informationen haben?
- Möchten Sie als Einführung bzw. Ergänzung zu den praktischen Tipps und Techniken der Kapitel 3–10 etwas mehr Hintergrundwissen haben?
- Interessiert es Sie, die kleinen und großen Veränderungen, an die wir uns längst gewöhnt haben, mal aus einem anderen Blickwinkel zu sehen?

Möglicher Nutzen: Tipps und Techniken werden hier noch nicht vermittelt, dafür aber ein Überblick, wie sich die Informationsflut innerhalb der letzten 25 Jahre rasant entwickelt hat. Dieses Kapitel zeigt anhand einiger Beispiele den Status Quo der heutigen Datenflut. Damit sind Sie für die Techniken, Strategien und Ansichten der folgenden Kapitel optimal eingestimmt.

Die Beispiele auf den nächsten Seiten erwecken vielleicht den Eindruck, als wenn ich die technische Entwicklung der letzten 25 Jahre überwiegend negativ sehen würde. Nein, ganz im Gegenteil! Ich bin persönlich sehr begeistert, was uns durch Internet, Computer, Handy, Navi und Co alles möglich ist und nutze diese Dinge ausgiebig. Da es in diesem Buch um die Bewältigung von Informationsflut geht, ist es jedoch naheliegend, eher die »kritischen« Faktoren zu beleuchten.

1. Die digitale Welt übernimmt das Kommando in unserem Leben

Ende der 80er Jahre war es eine ernsthafte Überlegung, ob sich die Anschaffung eines Computers innerhalb des Studiums für mich lohnen würde. Mit Skepsis habe ich mich dafür entschieden und war später sehr stolz auf meinen Rechner mit Windows/286 und sagenhafter 20 MB Festplatte. Seit dieser Zeit ist viel passiert …

Der Ausfall von Computern bzw. den weltweiten Netzwerken wird mittlerweile als potenzielle Bedrohung für die Wirtschaft oder Sicherheit eines Staates gesehen. Auch auf der Ebene eines Unternehmens läuft ohne die digitale Welt gar nichts mehr. Das hört sich dann so an: »Ich kann Ihnen im Augenblick leider nicht weiterhelfen, unser Server funktioniert nicht.« Es sind schon Firmen nur wegen gelöschter Dateien in Konkurs gegangen. Doch wie sieht es für den einzelnen Menschen aus?

Die digitalen Netzwerke bestimmen unser Leben heute weitaus mehr, als wir es im Alltag bewusst wahrnehmen. Die Gesetzmäßigkeiten der Vernetzung sind aufgrund der hohen Komplexität nicht mehr nachvollziehbar. Google steht nicht nur Ihnen, sondern auch Ihrem Konkurrenten, dem Finanzamt, der Krankenkasse oder einem zukünftigen Arbeitgeber zur Verfügung. Suchmaschinen werden mittlerweile auch sehr häufig genutzt, um »negative« Informationen über eine Person zu finden. Jeder kann heute einen »Suchroboter« (z.B. searchbots.net) mit eigenen Kriterien füttern und damit auf die Suche nach persönlichen und sensiblen Daten gehen.

Stellen Sie sich ein totalitäres Staatssystem mit der heutigen Informationstechnik vor. Die Menge der Daten, die bereits über Sie digital gesammelt wurde, ist gigantisch und die Zusammenführung auf einen zentralen Computer technisch möglich.

Bei der Volkszählung 1987 gab es in Deutschland noch große Proteste wegen der zu erhebenden Daten. Heute sind die meisten Menschen bereit, ein Vielfaches im Internet preiszugeben. Haben Sie auch mehrere Rabatt- und Punktekarten oder bestellen Sie Bücher im Internet? Ihr persönliches Profil wird mit jeder Nutzung weiter geschärft. Der Mensch als mathematische Gleichung mit bestimmten Eigenschaften und Vorlieben wird lückenlos erfasst. Der langfristige Trend geht sogar in die Nutzung von Softwareprogrammen, welche unsere Daten analysieren und selbständig darüber entscheiden, ob wir mit unserem Profil eine Arbeitsstelle oder die gewünschte Versicherung erhalten.

2. Komplexitätsfalle – die falsche Sicherheit durch Suchmaschinen

Komplexität und deren »information overload« wird häufig als Grund genannt, warum etwa Finanzkrisen entstehen oder Unternehmensziele nicht erreicht werden. In dieser Argumentation steckt allerdings eine zu starke Vereinfachung. Denn Komplexität bringt an sich Vorteile, Sicherheit und Wohlstand. Denken Sie an komplexe Gebilde wie eine moderne Demokratie, eine Augen-OP mit Lasertechnik oder an Entwicklun-

gen wie einen MP3-Player. Vergleichen Sie Staatssysteme, Medizin und Unterhaltungselektronik mit dem Stand von vor vielleicht 500 Jahren und Sie kommen zu dem Ergebnis, dass Komplexität für Menschen eher einen Erfolgsfaktor darstellt.
Ein wesentliches Geheimnis erfolgreicher komplexer Strukturen liegt in der Organisation und Darstellung der notwendigen Informationen. Dabei besteht das Hauptproblem nicht in dem Überfluss an Informationen, sondern genau im Gegenteil: Es gelingt nicht, die entscheidungsrelevanten Informationen herauszufinden. Falsche oder zu wenige Informationen lösen schnell eine Komplexitätsfalle aus.

Ein modernes Beispiel dafür ist der Umgang von Jugendlichen mit dem Internet. Eine Studie der Sheffield University zeigt, wie oberflächlich jugendliche Nutzer im Internet recherchieren. Der effiziente Umgang mit Suchmaschinen ist zu wenig bekannt und das Desinteresse an der Nutzung neuer technologischer Entwicklungen insgesamt zu hoch. Wissen wird in wenigen Minuten recherchiert, oft nur mit den Ergebnissen der ersten Suchergebnisse auf Google. Dabei wird wenig detailliert gelesen, sondern eher nach Zusammenfassungen gesucht. Erste Treffer werden als ausreichend bewertet, ohne nach weiteren Quellen zu suchen. Die Qualität der Informationen wird kaum in Frage gestellt.

So fällt es Jugendlichen beispielsweise schwer, zwischen Meinungsäußerungen (z.B. in Blogs) und fundierten Informationen zu unterscheiden. Diese Ergebnisse sind anders als erwartet, denn die Annahme war, dass insbesondere die jüngere Generation spielerisch leicht die neuen Möglichkeiten nutzen würde. Oberflächliche und sehr ungenaue Recherchen sind jedoch nicht nur bei Jugendlichen anzutreffen. Es handelt sich um ein Phänomen, das sich in allen Bildungsschichten, Altersgruppen und Berufsbildern wiederfindet.

Der bekannte Psychologe Prof. Friedemann Schulz von Thun, beschreibt es in seinem Buch »Miteinander reden 3« (im Rowohlt Verlag 1998, S.47–48) so:
»Die gewaltige Informationsflut aus den Medien und den modernen Kommunikationstechnologien hat unter Wissenschaftlern und Journalisten die Frage aufgeworfen: Was richtet das in der Psyche des Menschen an? Der amerikanische Sozialpsychologe Kenneth Gergen spricht von ›Multiphrenie‹ und von einem ›übersättigten‹ und ›überbevölkerten Selbst‹ als Folge der Vervielfältigung unseres Beziehungs- und Medienlebens. Er sieht den modernen Menschen vom Gewirr innerer (verinnerlichter) Stimmen überfüllt, welche bei jeder Handlung und Entscheidung einen kritischen und demoralisierenden Oppositionschor bilden … Die Sorge aber ist völlig zutreffend: Dass ein Mensch im täglichen Bombardement der Nachrichten, Meinungen, Bilder sich nur dadurch vor Überflutung retten kann, indem er vieles überfliegt und kaum noch etwas an sich herankommen lässt … Seien Sie ehrlich, liebe Leserin, lieber Leser, Sie überfliegen dieses Buch doch auch nur!? Sie wollen ›so ungefähr wissen, was drinsteht‹ – stimmt's?«

3. Folgen der täglichen Reizüberflutung – Aufmerksamkeitsstörungen

In der Medizin wird eine Aufmerksamkeitsstörung u.a. durch unbeständiges Arbeiten mit nicht erklärbaren Einbrüchen, Vergessen von Teilaufgaben sowie unvollständigen Arbeitsergebnissen charakterisiert. Genau diese Beschreibung geben mir auch Seminarteilnehmer, die den

Büroalltag in permanenter Reizüberflutung erleben. In ihrem Unternehmen fühlen sie sich faktisch gezwungen, die Aufmerksamkeit auf viele Dinge gleichzeitig zu lenken. Die Folge: ein Verlust der persönlichen Aufmerksamkeitsökonomie.

»Aufmerksamkeit« ist ein evolutionär besonders entwickeltes Notprogramm, welches beispielsweise auf der Jagd oder in Gefahrensituationen als Überlebensstrategie wichtig ist. Ihr Blutdruck steigt, die Muskeln spannen sich an, der Herzschlag erhöht sich. Sie sind bereit zu kämpfen, zu fliehen oder sich zu verstecken. In diesen Funktionen hat sich unser Gehirn in den letzten 100.000 Jahren kaum verändert. Was sich in den letzten 25 Jahren jedoch stark geändert hat, ist die tägliche Überflut von »wichtigen« Informationen, die dieses Notprogramm unbewusst auslöst.

Was passiert, wenn diese Reize zu häufig und beinahe permanent auftreten? In diesem Buch werden wir noch verschiedene Konsequenzen betrachten. Bereits kurzfristig lassen sich eine Verminderung der Magen-Darm-Tätigkeit, Verspannungen und eine Senkung des Immunsystems beobachten.

Auch die eigene Aufmerksamkeitsökonomie leidet bei permanenter Reizüberflutung. Untersuchungen der University of California haben gezeigt, dass Manager bei Büroarbeiten im Durchschnitt alle elf Minuten von E-Mails, Anrufen oder Kollegen unterbrochen werden und die Aufmerksamkeit von der vorherigen Tätigkeit abgelenkt wird. Aus Seminaren mit Assistentinnen weiß ich, dass die Unterbrechungen in manchen Jobs noch extremer sind.

Wenn unser Gehirn die vielen Informationen nicht mehr optimal verarbeiten kann, leidet die Arbeitsleistung und es beginnen Aufmerksamkeitsstörungen. Abgeleitet vom ADS (Aufmerksamkeitsdefizit-Syndrom) hat der amerikanische Psychologe Edward Hallowell den Begriff ADT (Attention Deficit Trait) eingeführt. Die Symptome von AD(H)S und ADT sind ähnlich. Typisch sind u.a. eine kurze Aufmerksamkeitsspanne und fehlende Konzentration. Bei einer Reizüberflutung werden die Aufgabenerledigungen ständig unterbrochen und oftmals aufgeschoben. Kann eine Aufgabe nicht schnell erledigt werden, wird der Vorgang wieder weggelegt und eine andere Sache in Angriff genommen (zumindest so lange, bis die nächste E-Mail kommt). Konzentriertes Arbeiten wird immer schwieriger. Ein Teufelskreis, denn die Arbeitsleistung sinkt und gleichzeitig wächst der Druck von außen.

Häufig reagieren Menschen auf diese Arbeitssituation mit einem Informations-Ermüdungssyndrom. Noch vor 50 Jahren waren neue Informationen oft nur mit hohem Aufwand zu erhalten und deshalb stets willkommen. Heute sieht es anders aus. Es stehen grundsätzlich mehr Informationen zur Verfügung, als wir verarbeiten oder behalten können. Das kann irgendwann zu einer Abwehrhaltung führen, so dass neue Informationen ausgeblendet werden. Diese Schutzfunktion auf Reizüberflutung ist vom Prinzip her gesund, führt aber auch dazu, dass beruflich wichtige Informationen verloren gehen.

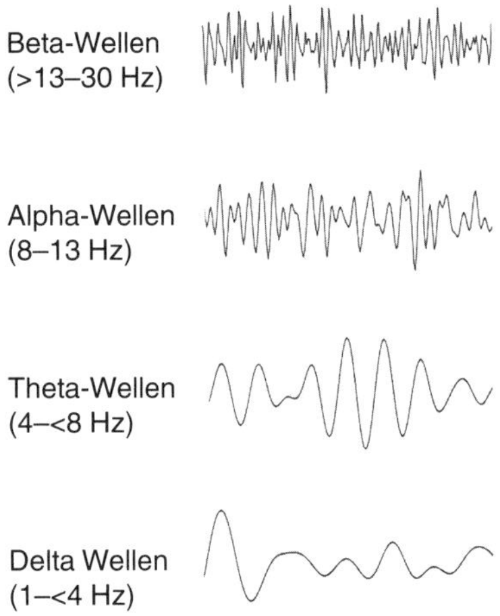

Eine Tücke der Reizüberflutung ist die Gewöhnung an diesen Dauerstress. Wenn unser Gehirn in hohen Betafrequenzen schwingt, ist es so, als wenn Sie (wie oben beschrieben) auf der Jagd sind und soeben mit Pfeil und Bogen das Ziel anvisieren. Wird dies zum Dauerzustand, fällt auch das »Abschalten« zunehmend schwer. Sobald Ruhe einkehrt, wird eine neue »Unruhe« gesucht. Der Fernsehthriller als vermeintliche Entspannung ist dann nichts anderes als die im Gehirn nachmessbare Fortsetzung der bisherigen Stresssituation.

4. Alles für die Einschaltquote: Die Macht der äußeren Bilder

Der Erfolg von Fernsehsendungen wird heute vor allem an der Einschaltquote gemessen. Selbst die öffentlich-rechtlichen Sender werden davon beherrscht. Noch stärker ist der Druck bei den privaten Fernsehsendern, denn die Werbeeinnahmen hängen allein an den Zuschauerzahlen. Dementsprechend ist in der Gestaltung von Sendungen oder in der Auswahl von Nachrichten beinahe jedes Mittel recht, um hohe Einschaltquoten zu erreichen. Diese Vorgehensweise hat sich mit Einzug des Privatfernsehens in Deutschland vor etwa 25 Jahren drastisch verstärkt.

In meinen Seminaren nenne ich die Werbung und das Fernsehen gern als »Vorbild« für gehirngerechte Informationen. Mit extremen und emotionalen Bildern werden Reize erzeugt, die unser Gehirn nicht ausblenden kann. Es geht dabei weniger um Informationen als um die Erregung von Aufmerksamkeit. Das Prinzip: Eine reizüberflutete Welt wird täglich mit noch stärkeren Reizen übertrumpft.

Fakt ist, dass emotionale Bilder und Nachrichten von unserem Gehirn vorrangig wahrgenommen und abgespeichert werden. Dabei erregen insbesondere negative Nachrichten eine hohe Aufmerksamkeit. Für den Erfolg der Einschaltquote ist es leicht zu erklären, warum Nachrichtensendungen überwiegend aus negativen Informationen bestehen. Die krassen Bilder eines Flugzeugabsturzes werden sofort abgespeichert. Wenn es um existenzielle Dinge geht, ist unser Gehirn in »Alarmbereitschaft«. Der Unterschied zu früher: Wir sehen diese Dinge heute jeden Tag im Fernsehen, in Zeitschriften oder im Internet. Das prägt unsere Denk- und Verhaltensmuster und trägt nicht unerheblich zur täglichen Informationsflut bei. Die negativen Ereignisse der ganzen Welt im eigenen Wohnzimmer sichtbar auf dem Monitor, das ist für ein Gehirn belastend.

Allein die Anzahl von Stunden, die mit den neuen Medien verbracht wird, ist sehr beeindruckend. Stellen Sie sich den typischen Zeitplan eines Jugendlichen vor:

Schlaf	8–9 Std.
Schule	mindestens 6 Std.
Essen	1 Std.
Körperpflege	0,5 Std.
Hausaufgaben und Lernen	1,5 Std.
Mediennutzung	4 Std.
Sonstiges	3 Std.

Die Kommunikation zu Hause wird tendenziell kürzer und liegt nur noch im Minutenbereich. Insbesondere Kinder und Jugendliche werden von der extremen Bilderwelt stark geprägt.

Dr. Lutz-Ulrich Besser, Experte für Kinder- und Jugendpsychiatrie, beschreibt seine Erfahrungen ernüchternd. Er beobachtet in der Jugendpsychiatrie folgende Auswirkungen: Unruhe, Aufmerksamkeits- und Konzentrationsstörungen, Leistungsabfall, Passivierung, Unlust, Langeweile, Stressanfälligkeit, Gereiztheit, Übergewicht, Verlust von Kreativität. Die Medien sind zum wesentlichen Lieferanten sozialer Botschaften und Vorbilder geworden. Starker Medienkonsum bei Jugendlichen fördert laut Besser folgende Verhaltensformen: andauerndes Verlangen nach Aufregung, Oberflächlichkeit, theatralische Inszenierungen, Gefühle zur Schau stellen, Streben nach Bewunderung ohne entsprechende Leistung.

5. Internetsucht und Informationsjunkies

Denken Sie bei Suchtverhalten auch eher an Alkohol und Zigaretten? Nach Schätzungen gibt es in Deutschland über zwei Millionen Menschen, die internetabhängig sind. Ernsthafte Warnzeichen sind, wenn die Familie, Freunde, Freizeit oder sogar der Beruf für das Verweilen im Internet vernachlässigt werden, selbst wenn sich daraus negative Konsequenzen ergeben. Betroffene, die an ihrem Arbeitsplatz einen Internetzugang haben, zeigen eine deutlich messbare Absenkung ihrer Arbeitsleistung. In weiterer Folge führt es manchmal zum Verlust des Arbeitsplatzes.

Beinahe auf tragische Weise komisch ist, dass es im Internet Hilfsangebote für Onlinesüchtige gibt. Professionelle Ansprechpartner und viele Infos finden Sie u.a. unter »onlinesucht.de«. Die Grenzen des Suchtverhaltens sind fließend und die Facetten sehr weitreichend. Immerhin ist der Internetsucht im Suchtbericht des Deutschen Ministeriums für Gesundheit seit 2009 ein eigenes Kapitel gewidmet.

Eine etwas andere Variante erlebe ich in meinen Seminaren: die »E-Mail-Junkies«. In extremen Fällen wird der Blackberry gar nicht mehr aus der Hand gelegt. Doch auch, wenn »nur« alle 20 Minuten nach neuen E-Mails gesehen wird, verändert diese Technik bereits den Lebensrhythmus.

Ich empfinde es eher als störend und auch als unhöflich, wenn Teilnehmer mit ihrer Konzentration nicht im Seminar, sondern bei der Beantwortung von E-Mails sind. Die Gründe für dieses Verhalten sind sehr unterschiedlich. Häufig höre ich: »Es wird von mir erwartet …« oder »... wir sind gerade in einer wichtigen Phase und ich bin der Ansprechpartner«. Sicherlich ist da auch der Spieltrieb, die Hoffnung auf spannende Neuigkeiten, oder es ist einfach nur eine unbewusste Gewohnheit.

Für manche »Dataholics« ist diese Verhaltensweise ein Versuch, durch ständige Präsenz eine gewisse Ordnung und Kontrolle in der Unübersichtlichkeit der vielen Informationen zu erreichen. Doch durch diese Erreichbarkeitsfalle entsteht letztlich eine Zerrissenheit, seine Aufmerksamkeit ständig aufteilen zu müssen. Nicht selten klagen die Leute darüber, dass sie die ständige Erreichbarkeit als Belastung empfinden. Bei global arbeitenden Unternehmen kommen die E-Mail-Anfragen oftmals in der Nacht oder extrem früh am Morgen. Es gibt keine Zeit, in der man nicht mit irgendwelchen beruflichen Anfragen rechnen muss. Das ist ein subtiler, permanenter Stress!

6. Wie moderne Technik unser Gehirn verändert

Bereits heute ist es zur Normalität geworden, dass wir ständig zwischen der realen und virtuellen Welt pendeln. Dieser Zustand wird in den

nächsten Jahren noch stark zunehmen. Insbesondere die virtuelle Welt stellt unser Gehirn vor ganz neue Herausforderungen und auch Grenzen. Vielleicht sind Sie ja auch schon einmal in die Navi-Falle getappt. Navi-Falle, was ist das? Nun, Ihr Navi besteht auf einer Route und da Sie nicht genau wissen, wo Sie sind, folgen Sie den Angaben Ihres Gerätes, wenn auch mit einem flauen Gefühl im Bauch. Es kommt dann auch schon mal vor, dass Sie plötzlich auf einem Waldweg stehen und es nicht mehr weitergeht.
Viel schlimmer noch: Ein Weg, den Sie mit dem Navi gefahren sind, prägt sich nicht wirklich ein. Nur gut, dass auf dem Rückweg das Gerät ebenfalls zur Verfügung steht. Auf dem Rückweg schlägt Ihr Navi eine andere Route vor, warum das? Na ja, lieber keine eigenen Experimente ... Merken Sie, was da passiert? Eigentlich sollen die vielen digitalen Helfer unser Gehirn entlasten; tun sie ja auch, aber nicht immer. Die Technik führt ihr Eigenleben und uns damit zu ganz neuen Herausforderungen, und manchmal führt sie Sie auch einfach nur in die Irre.

Die Technik als Hilfsmittel gegen Reizüberflutung schafft wiederum eine vollkommen neue Qualität von Reizüberflutung. Wenn Sie heute eine Digitalkamera, ein Handy oder eine Heimkinoanlage kaufen, erhalten Sie zusätzlich eine mindestens 100-seitige Anleitung. Wir haben jetzt einen Festplattenrekorder mit Sat-Empfänger und Blue-ray-Player, da reichen 100 Seiten keinesfalls aus. Ich werde wahrscheinlich niemals alle Funktionen des Gerätes verstehen oder bedienen können. Haben Sie schon einmal mit drei bis fünf Fernbedienungen vor Ihrem Heimkino gestanden und sind an dieser Technik verzweifelt?

Einer der in Deutschland bekanntesten Experten für Neurobiologie, Gerald Hüther, sieht das Thema der Reizüberflutung allerdings relativ gelassen. Voraussetzung ist jedoch, sich bis ins hohe Alter für neue Dinge begeistern zu können. Alle Fähigkeiten des Gehirns können verbessert werden, wenn sie eben genügend trainiert werden. Dazu gehört auch der erfolgreiche Umgang mit immer neuen virtuellen Helfern. Schwierig wird es, wenn die Angst vor den neuen Dingen überwiegt und im Mittelpunkt steht, denn mit negativen Gefühlen lernt es sich nachweislich schlechter.

Unser Gehirn passt sich den neuen Herausforderungen nach und nach an. Das gilt auch für das Internet und die neue »Social-Media«-Kommunikation. Experimente mit Jugendlichen zeigen, dass sie schon heute deutlich schneller und flexibler reagieren als noch vor 20 Jahren. Der durchschnittliche IQ steigt in Deutschland jährlich um etwa 0,3 % (der sog. Flynn-Effekt).

Im Vergleich zu früheren Jahrzehnten werden auch die Handlungen in Spielfilmen oder Serien zunehmend komplexer. Mehr Nebenschauplätze, mehr Charaktere mit verstrickten Beziehungen. Das Gehirn gewöhnt sich an dieses Niveau, hat sogar Spaß und fühlt sich bei den alten, einfachen Formaten eher gelangweilt.

7. Das neue Weltbild der Hirnforschung

Noch vor wenigen Jahren stand die Hirnforschung vor dem Problem, dass man das Gehirn erst dann richtig untersuchen konnte, wenn jemand nicht mehr lebte. Nun, der Wert einer solchen Untersuchung ist eingeschränkt. Heute gibt es sogenannte bildgebende Verfahren. Das bedeutet: Hirne können beim Denken beobachtet werden. Diese empirischen Ergebnisse haben das Denken von Wissenschaft und Medizin grundlegend verändert.

Heute weiß man beispielsweise, dass Gehirne im Lernprozess sogar neue Nervenzellen bilden, und das gilt in jedem Lebensalter. Genügend Studien zeigen, dass ein Anstrengen der »grauen Zellen« die geistige Fitness erhöht und sogar das Demenzrisiko verkleinert.

Auch weiß man heute, dass unser Gehirn in der Erledigung von Aufgaben sehr flexibel ist. Diese Erkenntnisse nutzt die Medizin mittlerweile zur Behandlung von Schlaganfallpatienten. Hatte man sich früher damit abgefunden, dass abgestorbene Hirnbereiche zwangsläufig zu einem Ausfall führen, gibt es heute neue erfolgreiche Ansätze, bei denen eine Bewegung von Armen oder Beinen über andere Bereiche des Gehirns gesteuert werden können.

Auch wenn viele dieser Erkenntnisse noch in den Kinderschuhen stecken, ist doch ein sehr großer Umdenkungsprozess zu beobachten.

Sehr viel über die Funktionsweise des menschlichen Gehirns wissen wir heute auch über die unglaublichen Fähigkeiten sog. »Savants«. In Kapitel 7 erfahren Sie, was wir daraus lernen können.

Nach dem heutigen Wissensstand ist unser Gehirn sehr viel komplexer und genialer, als man noch vor 30 Jahren vermutete. Vergessen Sie bitte völlig unrichtige Glaubenssätze wie etwa: «Ich bin ja schon über 40, da funktioniert das Gehirn eben nicht mehr so gut.« Nach dem heutigen Wissensstand ist das menschliche Gehirn bis ins hohe Alter extrem lernfähig. Dabei können die neuen Informationstechniken sogar hilfreich sein, das Gehirn zu trainieren. Wissenschaftler der University of California (Los Angeles) haben bei Versuchen mit 55- bis 75-jährigen Probanden herausgefunden, dass Recherchen im Internet deutlich mehr Gehirnareale aktivieren als das Lesen eines Buchs.

Auf der anderen Seite kann die Hirnwissenschaft auch sehr genau messen und nachweisen, wie das moderne Leben unser Gehirn anstrengt und häufig sogar überlastet. Weiter oben haben Sie das Bild mit den verschiedenen Hirnfrequenzen gesehen. Ein Leben unter Dauerstress ist sehr ungesund. Deshalb finde ich besonders spannend, wie auch die moderne Hirnwissenschaft nach »alternativen« Ansätzen für ein gesundes Leben sucht. Professor Dr. Wolf Singer ist Direktor am Max-Planck-Institut für Hirnforschung in Frankfurt. Matthieu Ricard war Molekularbiologe, ist seit 35 Jahren Buddhist und arbeitet im Wirkungskreis des Dalai Lama. Zusammen haben sie 2008 das Buch »Hirnforschung und Meditation. Ein Dialog.« herausgebracht.

Tatsächlich wurde die positive Wirkung von Meditation auf unser Gehirn und damit letztlich auf unser Leben in zahlreichen wissenschaftlichen Experimenten nachgewiesen. Viele Fähigkeiten, um die es in unserem beruflichen Alltag geht, wie etwa die Fähigkeit zur Konzentration und Aufmerksamkeit, werden damit nachweislich gefördert. Dennoch ist unsere Gesellschaft erst im Anfangsstadium, »solche Methoden« ernsthaft zu akzeptieren und vor allem zu nutzen. In meinen Seminaren runzeln immer noch viele Teilnehmer mit der Stirn, wenn ich behutsam das Thema »Entspannungstechniken« als eine mögliche Hilfestellung in den Themenkomplex der Informationsflut miteinbeziehe.

Fazit: Unser Gehirn begibt sich auf eine Gratwanderung!

Auf jeden Fall beeinflussen uns die Entwicklungen der letzten 25 Jahre permanent. Dabei bieten die neuen Techniken einerseits unendlich viele Möglichkeiten und Chancen …

Andererseits steigen stressbedingte Erkrankungen im Beruf sprunghaft an. Die Gründe sind vielschichtig. Doch die Abhängigkeit von den technischen Systemen, der moderne Lebensrhythmus mit schnellen Veränderungen und wenig Konstanten, die »Nonstop«-Erreichbarkeit sowie eine extreme Reizflut sind mitverantwortlich dafür. Die folgenden Kapitel zeigen, welche praktischen Lösungsansätze helfen, Ihre tägliche Informationsflut zu verringern.

3 Multitasking trainieren – brauchen wir so etwas?

Wann lohnt es sich, dieses Kapitel zu lesen?

- Macht es Sie nervös, wenn viele Dinge gleichzeitig auf Sie einströmen?
- Haben Sie den Eindruck, in der Hektik gehen schnell Informationen verloren?
- Fühlen Sie sich manchmal unkonzentriert?
- Möchten Sie endlich einige Fakten über Multitasking erfahren?

Möglicher Nutzen: Spürbar mehr Aufmerksamkeit, Gelassenheit und Sicherheit im Umgang mit Multitasking-Situationen. Sie wissen, wie Sie Ihre Multitasking-Fähigkeit trainieren können, in welchen Kontexten eine Anwendung sinnvoll ist, aber auch, wo vernünftige Grenzen liegen.

Unter Multitasking versteht man die Fähigkeit eines Menschen, mehrere Tätigkeiten zur gleichen Zeit oder abwechselnd in kurzen Zeitabschnitten durchzuführen. Eine häufig genannte These ist: »Frauen sind eher multitaskingfähig, weil sie mehrere Dinge gleichzeitig machen können, während Männer sich immer nur auf eine Sache konzentrieren können.« Das korrespondiert dann auch gern mit der Behauptung: »Männer denken auch immer nur an das Eine …«. Ob hier die Wissenschaft helfen kann?

Ja, es gibt inzwischen eine Multitasking-Forschung. Torkel Klingberg, ein bekannter schwedischer Hirnforscher, hat dieses Thema über mehrere Jahre untersucht. Und mit welchem Ergebnis? Einen Unterschied in der Multitasking-Fähigkeit von Männern und Frauen gibt es nicht! Fangen wir also nochmals von vorne an.

Auf den folgenden Seiten erfahren Sie, warum es wichtig ist, sich mit Multitasking zu beschäftigen und was nach dem heutigem Wissensstand realistisch erscheint. Was hat Multitasking mit Training, Anstrengung und gedanklichen Herausforderungen zu tun? Was können Sie konkret tun, um Ihre Fähigkeiten zu verbessern? Wie sehen die Übungen dazu aus? Wo liegen die Grenzen?

Um Sie zu motivieren, möchte ich nur so viel verraten: Multitasking ist bedingt möglich, trainierbar und in manchen Berufen ein wesentlicher Schlüssel für den erfolgreichen Umgang mit der Informationsflut. Mit kleinen Veränderungen Ihrer Wahrnehmungsgewohnheiten, z.B. durch ein Aufmerksamkeitstraining werden Sie schon nach kurzer Zeit positive Veränderungen spüren.

Die größte Überraschung ist vielleicht das Softwaretrainingsprogramm »Braintwister«, das von einer Forschungsgruppe der Uni Bern entwickelt wurde. Es wurde nachgewiesen, dass Sie mit diesem Programm Ihr Arbeitsgedächtnis spürbar steigern können! Mehr dazu erfahren Sie im Kapitel Computerspiele.

Zunächst werden die Zusammenhänge und Hintergründe des Themas etwas ausführlicher beschrieben. Falls Sie sich nur für die Zusammenfassung interessieren, lesen Sie bitte gleich ab S. 52 die besten Tipps für Ihr Multitasking-Training.

1. Die bessere Alternative sind Vermeidungsstrategien

Derzeit findet ein Expertenstreit (s. S. 50) über die realistischen Möglichkeiten von Multitasking statt. Einig ist man sich jedoch darüber, dass sehr schnell Stress entsteht, wenn zu viele Reize gleichzeitig auf das Gehirn einströmen. Eine Untersuchung des Instituts für Arbeit und Gesundheit der Deutschen Gesetzlichen Unfallversicherung in Berlin hat das zuletzt wieder bestätigt. Stress und Druck erhöht die Herzfrequenz und vor allem die Fehlerquote. Anspannung führt zu schlechteren Leistungen und auch zu einem potenziell erhöhten Unfallrisiko.

In der Studie mussten die Probanden im Fahrsimulator Fahrspurwechsel vornehmen bzw. bei einer Bürotätigkeit Rechtschreibfehler kontrollieren. Sobald eine zusätzliche Aufgabe gleichzeitig bearbeitet wurde, verschlechterte sich die Leistung messbar.

Wahrscheinlich hat jeder schon selbst erlebt, dass bei Rechtschreibkorrekturen hohe Konzentration gefordert ist. Es braucht eigentlich keine Studie um festzustellen, dass man bei dieser Tätigkeit nicht multitaskingfähig ist. Spannend ist jedoch, dass auch beim Autofahren ähnliche Anspannungssymptome und Fehler aufgetreten sind.

Jeder Mensch sollte heute bewusst darauf achten, wo Multitasking wirklich notwendig und sinnvoll ist und wie sich diese Arbeitsweise auf die eigene Gesundheit auswirkt.

Unterschwellige Hektik und Stress erzeugen langfristig ernstzunehmende Gesundheitsschäden. Zudem kann Multitasking als berufliche Standardsituation die Effizienz deutlich mindern. Diesbezüglich ist eine Studie der Universität Stanford aussagekräftig. Untersucht wurde, inwieweit die Fähigkeit, sich auf eine Sache zu konzentrieren, beeinflusst wird, wenn mehrere Medien (Podcasts, Videos, Texte, Grafiken etc.) gleichzeitig bzw. in kurzer Abfolge genutzt werden. Dabei wurden Menschen, die sehr oft viele Medien gleichzeitig nutzen, mit solchen verglichen, die meist nur mit einem Medium arbeiteten.

Das Ergebnis ist spannend und ernüchternd: Auch wenn das Multitasking auf den ersten Blick ganz gut funktionierte, zeigten die Details doch einige »Nebenwirkungen«.

- Störsignale von außen führten dazu, dass das Lösen einer Aufgabe deutlich länger dauerte als bei der Vergleichsgruppe.
- Eine hohe Ablenkungsbereitschaft und die mangelnde Fähigkeit, sich auf das Wesentliche zu konzentrieren, wurden ebenfalls festgestellt.
- Auch bestand im Vergleich eine höhere Gefahr, sich zu verzetteln.
- Die Aufmerksamkeit kann nur schlecht von einer Aufgabe auf die nächste übertragen werden.
- Besonders negativ ist, dass unwichtige Informationen schlechter weggefiltert werden.
- Eher entsteht die Tendenz zum Auskundschaften möglichst vieler Quellen, die aber nicht erschöpfend bearbeitet werden.

Fazit:
Gesünder und eher effizienter ist es, sich jeweils mit nur einer Aufgabe zu beschäftigen. Wem das in seinem Beruf möglich ist, kann sich glücklich schätzen!

Wenn ich allerdings in einem Seminar mit Führungskräften oder Assistentinnen vorschlage, nicht mehrere Dinge gleichzeitig zu machen, dann empfinden es die Teilnehmer als völlig realitätsfremd. Letztlich lässt sich die Situation, dass beispielsweise das Telefon klingelt, während Sie einen Brief schreiben, und kurz danach jemand ins Büro kommt, um eine Frage zu stellen, nicht verhindern. Deshalb ist die Frage nach Multitasking durchaus berechtigt. Wenn sich entsprechende Situationen nicht immer verhindern lassen, wie gehe ich damit erfolgreich um?

2. Warum ein guter Trainingszustand für Sie wichtig ist

Jeder Mensch beobachtet im Alltag, dass manche Dinge auch in Kombination gut funktionieren. Sie können beispielsweise jemandem zuhören und gleichzeitig Blätter in einem Ordner abheften. Können Sie auch konzentriert telefonieren und gleichzeitig eine Unterlage suchen? In dieser Situation passiert es schon eher, dass die Konzentration leidet. Das bedeutet, dass Sie entweder die Informationen des Gesprächs nicht vollständig mitbekommen oder die Unterlage nicht so schnell finden.

Beim Autofahren steigt die Unfallkurve auffällig an, wenn gleichzeitig ein Handy bedient wird, auch wenn die meisten Menschen das Gefühl haben, beides parallel gut leisten zu können. Noch schwieriger ist es, im Fernsehen eine Nachrichtensendung zu sehen und gleichzeitig, wie bei einigen Sendern üblich, die Infobänder mit Börsenkursen etc. zu verarbeiten. Sehen können wir alles gleichzeitig, aber verarbeiten und später inhaltlich wiedergeben? Hier spüren wir schnell unsere Grenzen.

Es sind bestimmte Bereiche des Stirn- und Schläfenlappens, die im Wesentlichen das Arbeitsgedächtnis ausmachen. Kritisch wird es dort, wenn wir mehrere Dinge tun, die bei uns nicht als Routine hinterlegt sind. Ein erfahrener Autofahrer fährt zu etwa 70 % mit routinierten unbewussten Fähigkeiten. Viele Teilnehmer berichten auch von dem Phänomen, morgens mit dem Auto ins Büro zu fahren und plötzlich wie in Trance anzukommen, ohne bewusst in diesem Augenblick damit zu rechnen. In dieser Routinesituation ist es vielleicht möglich, während der Fahrt noch nebenbei die CD-Sammlung im Auto zu sortieren.

Ein Anfänger, der bei jedem Schaltvorgang noch bewusst nachdenken muss, könnte das auf keinen Fall.

Ich mache im Seminar gern folgendes Experiment: Ein Teilnehmer (A) soll mit zwei anderen Teilnehmern (B und C) gleichzeitig diskutieren. Die Besonderheit? B und C haben unterschiedliche abstrakte Themen. A muss sich mit beiden Themen gleichzeitig auseinandersetzen und zeitnah auf Fragen antworten. Was glauben Sie, kommt dabei heraus?

Die meisten Teilnehmer sind hoffnungslos verloren und werden schon nach kurzer Zeit nervös. Spannend ist, dass etwa jeder zehnte Teilnehmer diese Aufgabe sehr gut schafft. Das sorgt für allgemeine Verblüffung, wenn es jemandem gelingt, zwei Themen gleichzeitig in hoher Geschwindigkeit aufzunehmen, abzuspeichern, Schlüsse zu ziehen und auch noch Antworten zu geben. Was glauben Sie, haben diese wenigen Teilnehmer gemeinsam? Einen beruflichen Kontext, in dem solche Fähigkeiten nötig sind, entsprechendes Training und eine entspannte Einstellung zur Informationsflut!

Experimente dieser Art werden auch wissenschaftlich durchgeführt. Das Ergebnis: Wenn es sich nicht um Routinen, sondern um neue und abstrakte Argumente handelt, reduziert sich die Anzahl der gleichzeitig möglichen Faktoren auf zwei Informationen im Arbeitsgedächtnis. Das klingt nach sehr wenig, ist jedoch bereits eine Fähigkeit, die sehr wertvolle Multitasking-Eigenschaften hat. Für die meisten gestressten Berufstätigen ist das ein lohnenswertes Ziel!

Veränderungen – Gehirne lieben diese Herausforderung

Die Struktur unseres Gehirns verändert sich andauernd, abhängig von unserer Aktivität. Neue Erfahrungen und Lernsituationen verändern auch die Struktur des neuronalen Netzgeflechtes in unserem Kopf. Wenn das Gehirn trainiert wird, baut es sich auf. Eine Aussage, die Mut macht und die vor fünfzehn Jahren so nicht möglich war. Doch die bildgebenden Verfahren der Kernspintomografie beweisen es. Hier einige Beispiele:

- **Londoner Taxifahrer**

Neil Burgess und Eleanor Maguire vom University College London haben bewiesen, dass eine gute Orientierung trainierbar ist. Mit der Magnetresonanztomografie (MRT) untersuchten sie Gehirne von 16 Londoner Taxifahrern. Anwärter für die begehrte Taxilizenz fahren meist mehrere Jahre durch die Stadt, um sich die Straßen einzuprägen. Die Prüfung ist eine der härtesten überhaupt. Sie heißt »The Knowledge« und hat sich seit der Einführung (1851) kaum verändert. Die Taxifahrer kennen mindestens 320 Standardstrecken in London und 25.000 Straßen in einem Radius von 10 km von der City.

Die Untersuchung zeigte, dass Londons Taxifahrer einen deutlich größeren Hippocampus haben als entsprechende Vergleichspersonen. Der Hippocampus gehört zu den Strukturen des Gehirns und ist eine zentrale Schaltstation des limbischen Systems. Dort werden u. a. räumliche Erinnerungen angelegt. Interessant ist auch, dass bei Taxifahrern im Ruhestand der Hippocampus wieder schrumpfte.

- **Jonglieren**

Eine Studie der Universitätskliniken Regensburg und Jena hat ans Licht gebracht, dass Jonglieren auch »erwachsene« Gehirne noch wachsen lässt. Noch vor 15 Jahren waren die Neurologen davon ausgegangen, dass das Gehirn beim Erwachsenen keine neuen Strukturen bilden kann.

Das Team um den Regensburger Neurologen Dr. Arne May ließ Erwachsene drei Monate lang das Jonglieren lernen. Die zwölf besten Kandidaten, die drei Bälle mindestens 60 Sekunden lang in der Luft halten konnten, wurden für die Studie ausgewählt. Ihre Gehirne wurden vor dem Training, direkt danach und nach dreimonatiger Trainingspause untersucht. Außerdem wurden sie mit den Hirnen untrainierter Probanden verglichen.

Nachdem die Versuchsgruppe innerhalb von drei Monaten das Jonglieren erlernt hatte, ließen diese Jongleure eine deutliche, beidseitige Vergrößerung der grauen Substanz in der linken hinteren Furche zwischen oberem und unterem Seitenläppchen des Gehirns erkennen. Nach einer dreimonatigen Trainingspause hatte sich diese Erweiterung teilweise wieder zurückgebildet.

Die Studie belegt, dass der Lernprozess strukturelle Veränderungen in der Gehirnrinde bewirkt. Das anerkannte Wissenschaftsmagazin »Nature« hat das überraschende Ergebnis veröffentlicht. Dabei stellten die Wissenschaftler nicht allein ein Wachstum in zwei Gehirnregionen fest, sondern nach dreimonatigem Absetzen des Trainings auch wieder ein »Schrumpfen«.

- **Handydaumen**

Ein anderes Beispiel: Es gehört mittlerweile in das gewohnte Alltagsbild, dass (meist jüngere) Mitmenschen das Handy zum SMS-Schreiben benutzen. Das Hirnareal, welches den rechten Daumen steuert, ist von der Hirnforschung bereits lokalisiert worden. Ergebnis: Dieses Hirnareal ist bei Jugendlichen, die sehr viele SMS pro Tag schreiben, stark vergrößert. Ein befreundeter Chirurg erzählte mir allerdings, dass auch die Operationen im Bereich des Daumengelenks durch eine zu hohe Beanspruchung bzw. Abnutzung der Gelenke bei jungen Leuten drastisch zunimmt.

Alte Spuren verlassen – neue Wege im Alltag finden

Sicherlich kennen Sie das Phänomen, dass Sie bestimmte Dinge immer auf die gleiche Art und Weise machen oder bestimmte Ziele immer über den gleichen Weg erreichen. Diese Routinen sind sehr hilfreich und entlasten unser Gehirn im Alltag.

Andererseits führt diese Strategie langfristig in eine Starrsinnigkeit, weil neue Optionen entweder nicht mehr wahrgenommen oder sogar abgelehnt werden.

Im Seminar spreche ich dieses Thema regelmäßig an. Viele Teilnehmer sind sich dieser Situation nicht bewusst. Andere begründen übertriebene Routinen mit Bequemlichkeit, Stress oder fehlender Neugierde. Was auch immer die Gründe sind: Hier liegt ein deutliches Stück eigener Verantwortung.

Immer mehr Menschen werden zwischen 80 und 100 Jahre alt, ohne zu wissen, wie sie heißen oder wo sie wohnen. Die Anzahl altersdementer Menschen steigt sprunghaft an. Experten wie Prof. Hans-Georg Nehen von der Memory Klinik in Essen sehen einen klaren Zusammenhang zwischen dem Demenzrisiko und der Art, wie wir unser Gehirn im Leben fordern.

Sicherlich kennen Sie auch eines dieser tragischen Beispiele aus Ihrem näheren Umfeld: Ein im Beruf erfolgreicher Unternehmer oder Manager baut nach seiner Pensionierung erschreckend und unerwartet schnell geistig ab oder stirbt sogar. Das ist aus Sicht der modernen Hirnwissenschaft leicht erklärbar. Wenn unser Gehirn nicht mehr gefordert wird, wenn es nicht mehr im positiven Sinne belastet wird und keine Denkaufgaben mehr hat, dann baut es seine Leistung sehr schnell ab!

Was können Sie machen, um nicht in diese Routinefalle hineinzugeraten? Machen Sie die Dinge doch mal ganz anders als gewohnt. Eine praktische Umsetzung könnte der »Anders-Tag« sein. Ein Tag pro Woche, an dem Sie bewusst alle Dinge anders machen als gewohnt. Sie könnten sich beispielsweise anders wecken lassen, die Socken andersherum anziehen, andere Dinge frühstücken, einen anderen Weg zur Arbeit wählen usw. Sie werden sehr schnell merken, wie Ihr Gehirn durch diese neue Herausforderungen aufgerüttelt wird, aus alten Schleifen

Raus aus den täglichen, eingefahrenen Routinen: Versuchen Sie z.B., neue Wege zu Ihrer Arbeitsstelle zu finden. Überraschen Sie Ihr Gehirn mit einer kleinen Abwechslung …

herauskommt und dadurch den Aufgaben des Alltags besser gewachsen ist.

Diese Erfahrung hat man übrigens auch in Experimenten mit Tieren gemacht. Eine Ratte, die reizarm in ihrem Käfig sitzt, ist kaum in der Lage, ein Problem zu lösen, wie z.B. gut verstecktes Futter zu finden. Tiere hingegen, die ständig mit neuen Aufgaben konfrontiert wurden, waren sehr gut in der Lage, solche Aufgabenstellungen zu meistern.

Ergebnisse der »Einstein Aging Studie«

Es ging insbesondere um Fragen der Demenzentwicklung, als in New York die »Einstein Aging Study« von Joe Verghese durchgeführt wurde.

Über 400 Rentner wurden fünf Jahre lang intensiv begleitet, um den Einfluss ihrer täglichen Beschäftigung auf die geistigen Fähigkeiten zu untersuchen. Dabei wurden auch Faktoren wie Gesundheitszustand, Ausbildungsgrad etc. berücksichtigt.

Die Ergebnisse sind spannend. Die Multitasking-Fähigkeiten wurden durch Tätigkeiten wie Schach, Tanzen, Musizieren oder Lesen verbessert und das Demenzrisiko im gleichen Maße vermindert. Voraussetzung: Die Tätigkeit musste mehrfach in einer Woche ausgeübt werden. Ein Schachspiel pro Woche reichte nicht aus. Bei geistig sehr aktiven Leuten sank das Demenzrisiko bis auf die Hälfte!

Schach hat sich als Tätigkeit mit dem größtem Trainingseffekt herausgestellt. Was braucht der Schachspieler besonders? Hier sind wir wieder beim Thema Arbeitsgedächtnis und kontrollierter Aufmerksamkeit.

Kreuzworträtsel hingegen haben kaum einen Effekt beim Training der kognitiven Fähigkeiten. Um sich an bestimmte Begriffe zu erinnern und diese dann in Kästchen einzutragen, braucht es mehr die Assoziationen in das Langzeitgedächtnis. Positiv hingegen ist Sudoku, wo mehrere Parameter gleichzeitig berücksichtigt werden müssen, was unser Arbeitsgedächtnis sehr fordert.

Interessant ist auch der Vergleich mit rein körperlichen Tätigkeiten wie Walking, Radfahren, Schwimmen oder Golf. Hier zeigte sich keinerlei direkter Effekt auf die geistige Fitness. Wobei ausgeglichene körperliche und soziale Aktivitäten die mentale Gesundheit und Fitness indirekt positiv beeinflussen.

Es hat sich übrigens auch gezeigt, dass ein Multitasking-Trainingseffekt nur dann signifikant auftritt, wenn bis ans Limit der Fähigkeiten trainiert wird. Eine halbe Stunde täglich, an fünf Tagen in der Woche und mindestens über fünf Wochen. Vielleicht ist Ihre spontane Reaktion, dass Sie soviel Zeit und Energie nicht aufbringen können. Es würde mich sehr wundern, wenn die Struktur Ihres Berufes nicht bereits die optimalen Trainingsbedingungen liefert. Die Frage ist, wie bewerten und erleben Sie die Informationen? Als Bedrohung oder als Herausforderung?

3. (Nicht-)Aufmerksamkeitstraining ist ein Erfolgsfaktor

Hier ergeben sich Schnittstellen zum Kapitel »Von Altbierbowle bis Zenyoga«, doch die Aufmerksamkeit ist ein eigener, sehr wesentlicher Teilbereich und der wahrscheinlich erfolgreichste Schlüssel für eine hohe Multitasking-Fähigkeit. Gehirne reagieren aufmerksam, wenn etwas Neues, Unbekanntes, Gefährliches bzw. Emotionales passiert. Das gehört zu den Überlebensprogrammen der Höhlenmenschen, deren Gehirn wir heute noch weitgehend haben. Hier passt auch der Vergleich mit der Aufmerksamkeit eines Jägers, der sich bewusst auf seine Beute konzentriert. In dem Augenblick, wenn er den Speer wirft, gibt es nichts außer ihm und dem Tier. Nichts kann ihn ablenken, denn er braucht diese volle Aufmerksamkeit, um sein Ziel zu treffen.

Diese zielgerichtete Aufmerksamkeit ist für das Gehirn ein Ausnahmezustand bzw. eine Alarmbereitschaft mit einer wichtigen Überlebensfunktion. Doch was passiert, wenn dieser Zustand zu häufig und zu lange andauert? Früher oder später entsteht eine Überbelastung des Gehirns. Genau diese Situation spüren heute viele Menschen im Berufsalltag. Sie stehen »ständig unter Strom«, sind höchst konzentriert und spüren geistige und körperliche Grenzen. Es ist so, um die heutige Informationsdichte nochmals mit der Jagd zu vergleichen, als wenn man den ganzen Tag von morgens bis abends konzentriert Speere werfen müsste!

Erschwerend kommt hinzu, dass unsere zielgerichtete Aufmerksamkeit nicht nur mit den beruflichen Dingen beschäftigt ist. Die von Reizen extrem überflutete Welt mit ständigen Katastrophenmeldungen, Kriegen, Flugzeugabstürzen usw. erzeugt sofort Aufmerksamkeit in uns. Gegen die bewusste und unbewusste Aufnahme und Verarbeitung existenzieller, emotionaler Bilder und Nachrichten können wir uns kaum schützen.

Ein eher langweiliges Manuskript, welches beruflich bearbeitet werden muss, findet in dieser Situation kaum noch Beachtung. Die Folge: Für weniger spektakuläre Ereignisse ist unsere Aufmerksamkeit insgesamt nicht mehr ausreichend vorhanden. Stellen Sie sich vor, Sie würden mit Ihrem Manuskript für drei Monate in einen Raum eingesperrt und hätten keine Alternativen. Die einzige Attraktion wäre Ihr Manuskript. Sie würden dann Ihre volle Aufmerksamkeit diesem Manuskript schenken, dankbar, dass Sie etwas zu tun hätten …

In der beruflichen Realität sieht es ganz anders aus. Neben der Reizüberflutung aus den Medien bzw. dem Internet kommen zusätzlich hunderte von Informationen per E-Mail, Post, Meeting usw. auf uns zu.

Unsere Aufmerksamkeit reicht längst nicht mehr für alle diese Reize. Ganz besonders die alltäglichen Ereignisse ohne Sensationen und Emotionen werden ausgeblendet. Es fällt schwer, sich auf »langweilige« Dinge zu konzentrieren. Unsere Art zu leben und zu arbeiten fördert eine zunehmend oberflächliche Wahrnehmung.

Jetzt endlich eine gute Nachricht! Ihre Aufmerksamkeit lässt sich trainieren! Mit einfachen Techniken, wie »autogenes Training« oder der »progressiven Muskelentspannung nach Jacobsen« haben Sie bereits gute Möglichkeiten, Ihre Aufmerksamkeit insgesamt zu verbessern und sich in bestimmten Situationen auf ausgesuchte Informationen zu fokussieren. Es gibt jedoch Methoden, die m.E. noch viel weiter führen, ohne dass sie mit großem Aufwand verbunden sind.

Besonders empfehlen möchte ich Ihnen hierzu die Methoden von Dr. Les Fehmi und – wenn Sie in das Thema tiefer einsteigen – auch das Buch »The Open-Focus Brain«. Als klinischer Psychologe und Forscher zeigt er, dass viele von uns in einem »Aufmerksamkeitszustand mit engem Fokus« feststecken: Die Aufmerksamkeit befindet sich in einem angespannten, eingeschränkten Überlebensmodus, der dazu führt, dass wir in einem chronischen Stresszustand leben. Darin kann auch die Ursache vieler Beschwerden wie Angst, Depression, ADS, Migräne usw. liegen. Wir können lernen, wieder eine entspannte, diffuse und kreative Form der Aufmerksamkeit anzunehmen, die Dr. Les Fehmi als »offenen Fokus« bezeichnet.

Einfache Übungen helfen, die Aufmerksamkeit in einen ruhigeren, offeneren Zustand zu lenken. Dies wiederum reduziert Stress, verbessert die Gesundheit und erhöht die Leistungsfähigkeit. Die folgenden Übungen können Sie sofort ausprobieren:

1. Schließen Sie die Augen und stellen Sie sich den Raum zwischen Ihren Ohren vor!

Haben Sie es probiert? Was ist passiert? Die meisten Menschen geraten bereits mit dieser einfachen Übung in einen ruhigeren und aufmerksameren Zustand. Warum? Da es sich bei dem Raum zwischen Ihren Ohren um eine abstrakte, objektlose Vorstellung handelt, reagiert das Gehirn mit den Alpha-Wellen, die einen entspannten Aufmerksamkeitszustand kennzeichnen. Es kann sein, dass Ihnen diese Übung zunächst merkwürdig vorkommt. Immerhin werden wir bereits als kleine Kinder zu objektorientierter Wahrnehmung konditioniert.

2. Wenn die erste Übung gelungen ist, versuchen Sie bitte noch folgende Erweiterung. Beim Betrachten eines Buches, beim Fernsehen oder in einem Gespräch versuchen Sie nicht weiterhin, sich besonders konzentriert auf den Inhalt zu konzentrieren. Nehmen Sie das periphere Umfeld wahr sowie den Raum zwischen Ihnen und dem Betrachtungsgegenstand. Sie merken dann mit etwas Training, wie Ihre Wahrnehmung entspannter wird und Sie mehr erleben und spüren. Obwohl Sie sich weniger auf die eine Sache zielgerichtet konzentrieren, fällt es Ihnen leichter, die Inhalte mitzubekommen. Das ist eine Art müheloser Konzentration ohne Stress. Wenn Sie diese Techniken im Alltag umsetzen, werden Sie merken, dass Sie mehr multitaskingfähig sind, in dem Sie sich nicht verkrampft auf mehrere Dinge konzentrieren, sondern eher mühelos konzentriert sind.

Die Lenkung von Aufmerksamkeit ist übrigens keine moderne Erfindung des Multitaskings. Sie ist auch die Grundlage der Körperbeherrschung, wie wir sie beispielsweise aus den asiatischen Kampfsportarten kennen.

Wie stark die Veränderung unserer Aufmerksamkeit Schmerz beeinflusst, ist auch in der Medizin ein bekanntes Thema. Je nachdem, wo unsere Aufmerksamkeit hinführt, wird Schmerz stärker oder schwächer. Insofern wird die Aufmerksamkeit auch zur Veränderung der eigenen Schmerzwahrnehmung genutzt. Ich hatte hierzu ein Schlüsselerlebnis bei einem Reitausflug: Im Wald kam es plötzlich zu einer Panikaktion der Pferde mit dem Ergebnis, dass meine Reitbegleiterin an einem Baum landete. Im Krankenhaus angekommen, beklagte sie vor allem den enormen Schmerz ihres offensichtlich gebrochenen Armes. Tatsächlich sah diese Stelle furchterregend aus. Nach dem Röntgen sagte der Arzt: »Erstaunlich, dass Ihnen diese Stelle weh tut, denn am Arm haben Sie nur eine harmlose Fleischwunde; aber Ihr Schlüsselbein ist mehrfach gebrochen und ein Knochen steht besonders schief.« Etwas verdutzt in sich hineinhorchend, antwortete sie: »Ja, stimmt, der Arm schmerzt auch gar nicht mehr so, aber die Schulter …«.

Die neue Wahrnehmung Ihrer Aufmerksamkeit ist vielleicht für Sie »der« Schlüssel zum erfolgreichen Umgang mit Informationsflut.

4. Computerspiele – Sinn oder Unsinn?

Nach einer Umfrage der Universität Hohenheim (2010) spielen etwa 17 Mio. Deutsche am Computer sowie an Spielkonsolen. Bei den 14- bis 17-Jährigen sind es 60 %, bei den 18–29-Jährigen 49 %, bei den 30- bis 49-Jährigen 26 %, bei der Gruppe ab 50 Jahre sind es immehin beachtliche 23,8 %. Insbesondere wenn es um Spiele für Kinder und Jugendliche geht, polarisiert das Thema sehr. Viele Erwachsene denken dabei vor allem an Gewalt verherrlichende Kampfspiele oder kommunikationstötende Geräte. In meinen Seminaren sind zumindest die Teilnehmer in ihrer Rolle als Eltern eher dagegen.

Tatsächlich ist die Situation sehr viel komplexer. Die Effekte solcher Spiele hängen von zahlreichen Faktoren ab und sind nicht grundsätzlich gut oder schlecht. Im Internet finden Sie ausreichend viele Informationen über negative Auswirkungen von Computerspielen. Hier werden wir uns deshalb mit den möglichen positiven Effekten beschäftigen. Also liebe Eltern: Auch, wenn dieses Thema zu Recht kontrovers diskutiert wird, gilt nach heutigen Erkenntnissen, dass bestimmte Spiele (gewaltfrei und im richtigen Zeitmaß) nützliche Fähigkeiten trainieren.

Achten Sie doch mal darauf, wie schnell und sicher bereits 8–10-jährige Kinder ihre Leistungen an Koordination und Geschwindigkeit in Spielen zeigen, dass einem beinahe schwindelig wird. Ob strategische und taktische Entscheidungsfindung, visuelle Analyse oder Geschicklichkeit – als Vater von zwei spielbegeisterten Töchtern bin ich bei solchen Spielen absolut unterlegen. Nun, ich trainiere ja auch zu wenig ...

In Großbritannien ist der Nutzen von Computer- und Videospielen ein neuer Forschungstrend. Gunther Kress, Pädagogikprofessor am Institut für Erziehung der Universität London, erforscht die sog. »Media Literacy«. Er meint, dass es heute nicht mehr reicht, Kindern das Lesen und Schreiben beizubringen. Der Umgang mit der neuen Informations- und Kommunikationstechnik und den vielen Schnittstellen sei ebenso wichtig.

Es gibt mittlerweile hunderte Studien zum Thema Computerspiele, die nach dem Nutzen bzw. Schaden für Kinder, Jugendliche und natürlich auch Erwachsene fragen. Schauen wir uns einige Effekte etwas genauer an:

- **Informationen werden sehr viel schneller und geschickter verarbeitet**
  Von der Netzhaut des Auges gehen Informationen als elektrische Impulse ins Gehirn und werden dort verarbeitet. Ein Nervenimpuls leitet sie ins Rückenmark hinunter, die Hand bedient den Joystick und reagiert auf das Spiel. Dieses Reiz- und Reaktionstraining, schnell auf ungewöhnliche Dinge zu reagieren, gehört auch zur professionellen Pilotenausbildung im Simulator. Heute ist es eben so, dass Kinder bereits dieses Profitraining zu Hause an der Spielekonsole haben und deshalb die schnelle Informationsverarbeitung viel früher lernen.

- **Mehr Mut etwas auszuprobieren: Trial and error**
  Die »Generation der Spieler« denkt bei Herausforderungen an das nächste Level. Kaum eines der Spiele kann sofort erfolgreich gespielt werden. Klappt etwas nicht, wird es erneut versucht, so lange bis das nächste Level erreicht wird. Der Leitsatz: Erfolg durch Wiederholung statt Aufgeben bei Misserfolg! Diese experimentelle Einstellung von Neugier und Beharrlichkeit überträgt sich auch auf reale Situationen in Schule und Beruf. Im Vergleich zu früher werden eher Werte vermittelt wie »Risiko lohnt sich«, »leistungsbezogenes Einkommen ist besser als fixes Gehalt« oder »vernetztes Denken statt isoliertes Handeln«.

- **Spiele simulieren reale Situationen**
  Ob im Spiel oder im wirklichen Leben: Das schnelle Treffen von Entscheidungen, logisches und lösungsorientiertes Denken, visuelle Fähigkeiten usw. sind Eigenschaften, die auch erfolgreich in Schule und Beruf weiterhelfen. In vielen Spielen werden solche Fähigkeiten trainiert.

Es ist kein Zufall, dass diese Fähigkeiten mit Erfindung der Computerspiele messbar zugenommen haben. Eine Studie der Iowa State University hat beispielsweise die räumlichen und manuellen Fähigkeiten von Chirurgen untersucht. Die Operateure mit »Spielerfahrung« machten bei komplizierten Eingriffen weniger Fehler und waren deutlich schneller als ihre Kollegen ohne solche Erfahrungen. James Paul Gee, Literaturprofessor von der Arizona State University, sieht die Sache wie folgt: Sprache sei nicht das einzige Kommunikationssystem der Menschheit. Um die Welt zu begreifen, müssen Menschen ebenso die Bedeutung von Bildern, Geräuschen oder Bewegungen verstehen. Computerspiele vermitteln genau diese »Multimodalität«, glaubt Gee. Es sei eine Art neue »Schreib- und Lesefähigkeit«.

- **Computerspiele, Playstation, Nintendo usw. sind hervorragende Trainer für Multitasking!**
  Torkel Klingberg, der bereits erwähnte schwedische Hirnforscher, hat in einer mehrjährigen Studie in Zusammenarbeit mit vier Universitätskliniken bestätigt, dass Kinder, die spielerisch Arbeitsgedächtnisaufgaben am Computer trainiert hatten, insgesamt bessere Leistungen und höhere Konzentration bewiesen. Die Steigerungsrate lag bei etwa 18 %! Spannend ist, dass eine weitere Studie mit Erwachsenen zu dem gleichen Ergebnis kam.

Nun fragen Sie sich vielleicht, wie Sie persönlich Ihr Arbeitsgedächtnis mit einem Computerspiel trainieren können und wie Sie das geeignete Spiel finden können. Hier habe ich eine konkrete Empfehlung:

Wissenschaftler an der Uni Bern haben das Computerprogramm »Braintwister« entwickelt. Die enthaltenen Trainingsaufgaben bauen auf den Forschungsbefunden des Bereichs für Allgemeine Psychologie und Neuropsychologie der Universität Bern auf. Das Programm schult Ihr Arbeitsgedächtnis so, dass wesentliche Fähigkeiten (Wahrnehmen, Behalten, Wiedergeben, Koordinieren, Konzentrieren) besser funktionieren. Bereits nach wenigen Übungstagen schnitten Studenten bei IQ-Tests um bis zu zehn Prozent besser ab als zuvor. Der Forschungsleiter, Prof. Walter Perrig, lässt mit diesen Ergebnissen die Fachwelt staunen. Es ist neben der o.g. Studie von Torkel Klingberg ein weiterer Nachweis, dass eine Leistungssteigerung im Arbeitsgedächtnis trainierbar ist! 10 % Steigerung im Arbeitsgedächtnis klingt nicht viel, bedeutet jedoch für die Multitasking-Fähigkeiten einen sehr großen Schritt nach vorne. Es bedeutet in der Praxis, eine hohe Informationsbelastung erfolgreicher zu bearbeiten.

5. Der Wissenschaftsstreit um Multitasking

Es gibt keine neuen Erkenntnisse ohne den bekannten Wissenschaftsstreit. Auch bei Multitasking entsteht der Eindruck, dass spitzfindige Diskussionen mit unklarer Intention geführt werden. Freut man sich einerseits an der Uni Bern über den Beweis von Multitasking, hat zuletzt Prof. Iring Koch von der Universität Aachen gegensätzliche Ergebnisse veröffentlicht. Sein wesentliches Argument gegen Multitasking ist, dass Dinge messbar (im Millisekundenbereich) nacheinander und nicht gleichzeitig im Gehirn verarbeitet werden.

Haben Sie ein gutes Gefühl für Millisekunden? Ich nicht! Wenn ich an einen Augenblick denke, in dem mehrere Dinge gleichzeitig auf mich einströmen, denke ich nicht in wissenschaftlich kleinsten Einheiten, sondern mindestens an Sekunden. Dass im Zeitraum einiger Sekunden Dinge gleichzeitig passieren, ist eher praxisnah. Und in diesem Zeitbereich findet kein Wissenschaftsstreit statt.

Ein anderer Punkt ist die bewältigte Gesamtleistung. Niemand geht davon aus, dass zwei Dinge gleichzeitig zu erledigen, zu 200 % Leistung führt. Allerdings hat Klingberg eine maximale Leistung von 130 % nachgewiesen. Was bedeutet das praktisch?

Im Berufsleben ergibt sich daraus eine wichtige Möglichkeit, bei gleichzeitig einströmenden Informationen einen möglichst großen Output zu erzeugen – wobei die Aufmerksamkeit für das einzelne Thema deutlich schwächer ist, als würde man sich ausschließlich damit beschäftigen.

Das genau macht Multitasking beim Autofahren gefährlich. Wenn durch ein gleichzeitiges Telefongespräch die Aufmerksamkeit beim Fahren nur noch bei 65 % liegt, besteht eine höhere Unfallgefahr. Studien zeigen, dass selbst bei Benutzung einer Freisprecheinrichtung die Unfallgefahr viermal höher ist. Das entspricht etwa dem Risiko bei einer Autofahrt mit 0,8 Promille Alkohol im Blut. Laut einer Studie der Universität Virginia steigt beim Schreiben einer SMS das Unfallrisiko sogar auf den Faktor 23.

Beim Autofahren sollten Sie besser nicht auf Multitasking setzen, in einer beruflichen Situation schon. Denn in einem guten Trainingszustand werden Sie Belastungen besser aushalten, eine verbesserte Präsenz haben und flexibler auf die beruflichen Erfordernisse reagieren. Die Diskussion über Millisekunden ändert daran nichts.

Fazit: Tipps für Ihr Multitasking-Training

Unser Arbeitsgedächtnis ist den ganzen Tag im Einsatz. Von seiner Leistungsfähigkeit hängt es weitgehend ab, wie gut wir unseren Informationsalltag bewältigen können. In der Medizin und Wissenschaft weiß man heute, wie sehr die Fähigkeiten des Gehirns leiden, wenn es nicht genügend in Anspruch genommen wird. Deshalb stellt sich umgekehrt die Frage nach der Trainierbarkeit. Ist es möglich, durch einfache Übungen die Leistungsfähigkeit zu erhöhen? Wie sehen konkrete Übungen dazu aus? Wo liegen die Grenzen? Hier lesen Sie eine Zusammenfassung der wichtigsten Tipps zu diesem Thema:

1. Fordern Sie Ihr Gehirn immer wieder neu heraus

- Trainieren Sie Ihr Gehirn am Limit, jedoch ohne Stress. Ausreden wie: »Dafür bin ich zu alt …« sind längst widerlegt. Unser Gehirn braucht Input durch neue Reize und auch Anstrengungen, sonst baut es ab.
- Machen Sie einmal in der Woche einen »Anders-Tag«. Fahren Sie andere Wege, benutzen Sie das Besteck anders, achten Sie bewusst auf andere Dinge … Sie werden spüren, wie gut es Ihrem Gehirn tut, aus gewohnten Bahnen gebracht zu werden.

2. Spielen Sie!

- Ihr Gehirn freut sich insbesondere über Spiele wie Schach oder Sudoku. Hier wird es im Sinne von Multitasking gefordert und gefördert. Allerdings ist einmal pro Woche zu wenig für einen nachhaltigen Effekt!
- Ihre Kinder haben einen Nintendo oder eine Playstation? Keine Sorge, Sie werden vielleicht niemals den Nachwuchs einholen, doch Ihr Gehirn freut sich (bei den passenden Spielen) über die Herausforderung und lernt viel.

3. Schulen Sie Ihre (Nicht-)Aufmerksamkeit

- Schließen Sie die Augen und stellen Sie sich den Raum zwischen Ihren Ohren vor! Sie werden bei dieser einfachen (Nicht-)Aufmerksamkeitsübung bereits in einen ruhigeren und aufmerksameren Zustand versetzt. Da es sich bei dem Raum zwischen Ihren Ohren um eine abstrakte, objektlose Vorstellung handelt, reagiert das Gehirn mühelos konzentriert mit Alpha-Wellen, die Entspannung und Aufmerksamkeit kennzeichnen.

- Kaufen Sie sich ggf. das Buch »Open Focus Aufmerksamkeitstraining« von Dr. Les Fehmi und Jim Robbins. Dieses äußerst lesenswerte und hilfreiche Buch bietet einleuchtende Erklärungen und einfache Übungen, die dazu befähigen, die Aufmerksamkeit in einen ruhigeren, offeneren Zustand zu lenken. Dies wiederum reduziert Stress, verbessert die Gesundheit und erhöht die Leistungsfähigkeit. Mithilfe einer Audio-CD führt der Autor den Leser durch grundlegende Open-Focus-Übungen, die regelmäßig angewendet werden können, um unsere Gesundheit und unser Wohlbefinden zu verbessern.

4. Nutzen Sie jede Trainingsmöglichkeit für Multitasking-Situationen

- Es gibt genügend Situationen im Alltag, um Ihre Multitasking-Fähigkeiten sinnvoll zu trainieren. Sehr wichtig ist, dies vor allem anfangs in entspannten Situationen zu machen. Stellen Sie Ihr Gehirn regelmäßig vor die Aufgabe, sich gleichzeitig mit unterschiedlichen Informationen bzw. Aufgaben zu beschäftigen. Wenden Sie dabei (wie oben beschrieben) möglichst eine Form von müheloser Konzentration an!
- Das Wichtigste zum Schluss: Ihre Einstellung ist entscheidend! Die tägliche Informationsflut ist wie das Regenwetter: Man kann sich darüber ärgern, sich hilflos ausgeliefert fühlen oder überlegen, wie man sinnvoll damit umgeht. Es gibt Regenschirme, Regenjacken oder andere Möglichkeiten, nicht nass zu werden. Ebenso bei der Informationsflut! Wenn wieder einmal alles gleichzeitig auf Sie einstürmt, wissen Sie, dass Sie mit einem besseren Trainingszustand solche Situationen meistern können. Nutzen Sie die Möglichkeiten von Multitasking als ein zusätzliches Werkzeug, um jeden Tag ein wenig erfolgreicher mit der Informationsflut umzugehen.

4 Gehirngerechte Techniken als Erfolgsfaktor

Wann lohnt es sich, dieses Kapitel zu lesen?

- Entsteht bei Ihnen Informationsflut, weil viele Dinge im hektischen Alltag schon bald wieder »vergessen« sind?
- Dauert es Ihnen zu lang, bis Ihr Wissen sicher im Langzeitgedächtnis abgespeichert ist?
- Verlieren Sie manchmal den roten Faden oder ein wichtiges Argument in einer Diskussion?
- Können Sie sich Namen oder Zahlen oft schlecht merken?
- Möchten Sie sich spontan 20 oder 30 Erledigungen mit Leichtigkeit merken können?

Möglicher Nutzen: Wichtige Dinge einfacher merken, tägliche Zeitersparnis, mehr Gelassenheit, Sicherheit im Umgang mit neuen Informationen

In diesem Kapitel möchte ich Ihr Interesse an beruflichen Gedächtnistechniken wecken bzw. stärken. Leider wird diese sehr effiziente Methode im beruflichen Kontext oftmals als »nette Spielerei« bewertet. Dazu tragen unter anderem auch Fernsehsendungen bei, die Gedächtniskünstler in praxisfremden Kontexten zeigen. Es ist also mein Ziel, Ihre Aufmerksamkeit auf diese sehr nützlichen Methoden zu lenken. Das Potenzial für mehr Erfolg im Beruf ist sehr groß. Ehemalige Teilnehmer berichten immer wieder von ihren enormen Erfolgen.

1. Warum Sie spürbare Vorteile davon haben

Als ich mega memory® vor zehn Jahren bei Gregor Staub kennen lernte, öffneten sich meine Horizonte. Es war für mich wie ein Wunder! Da ich während meiner gesamten Schul- und Studienzeit ein langsamer und wenig motivierter Lerner war, konnte ich meine plötzlichen Gedächtniserfolge und Lernmotivation kaum fassen. Immerhin hat mich diese Begeisterung sogar zu einem Beruf als Trainer geführt. Ich glaubte damals

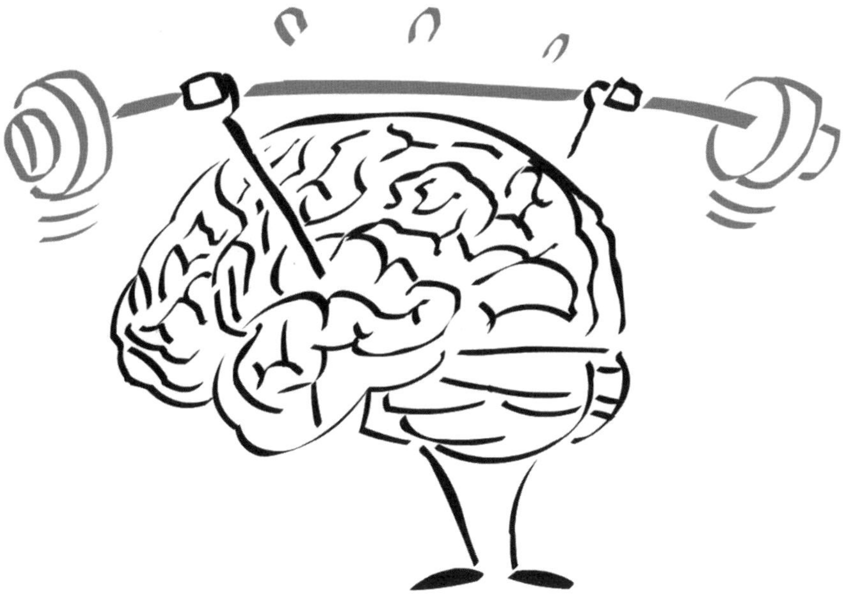

in meiner ersten Euphorie, Gedächtnistechniken könnten die wesentlichen Probleme der lernenden Menschheit lösen …

Heute, nach zehn Jahren der Anwendung, hunderten von Seminare und vielen tausenden von Teilnehmern bin ich noch immer der Meinung, dass Gedächtnistechniken ein wichtiger Baustein für den schulischen und beruflichen Erfolg sind. Mittlerweile sehe ich das Thema allerdings differenzierter. Gedächtnistechniken können Sie sowohl in der »klassischen« Lernsituation (Schule, Ausbildung) zum Faktenlernen einsetzen als auch zur Entlastung des Arbeitsgedächtnisses im Berufsalltag. Beide Übungen in diesem Kapitel beziehen sich auf letzteren Ansatz. Neben den Gedächtnistechniken sehe ich jedoch noch viele andere Methoden, die ebenfalls eine wichtige Rolle zur Bewältigung der beruflichen Informationsflut haben.

Das Thema Gedächtnistechniken polarisiert in der Weiterbildung. Einerseits gibt es euphorische Bücher, die das Thema in den Mittelpunkt jeder Weiterbildung stellen. Andererseits gibt es auch kritische Stimmen, die sagen: »Schöne Spielerei«, oder wie heute in den Unternehmen gern gesagt wird: »Nice to have«. Das ist sehr schade, denn bei richtiger Anwendung sind Gedächtnistechniken im beruflichen Kontext sehr nützlich.

Die folgenden Aussagen zeigen realistische Chancen und Grenzen des Themas:

- Richtig angewandt, sind diese Techniken eine enorme Entlastung für Ihr Arbeitsgedächtnis und eine optimale Unterstützung für Ihr Langzeitgedächtnis. Weiter unten wird dieser wichtige Zusammenhang erläutert.
- »Jeder« gesunde Mensch ist in der Lage, diese Techniken sofort umzusetzen. Der emotionale Zugang zum Thema und der damit verbundene Nutzen sind jedoch unterschiedlich stark.
- Die Methoden machen vor allem Sinn, wenn sie zur Gewohnheit werden. Dazu gehört ein häufiges Anwenden, denn nur so können die neuen Fähigkeiten zur Routine werden. Es ist wie beim Rückentraining. Als mir ein Physiotherapeut einmal deutlich sagte, wie sinnlos seine Behandlung sei, wenn ich nicht zu Hause meine Rücken-

übungen regelmäßig machen würde, war ich zunächst enttäuscht. Doch genau so ist es auch bei den Gedächtnistechniken. Das Seminar hat nur dann den optimalen Nutzen, wenn die gelernten Fähigkeiten später umgesetzt werden. Es dauert einige Wochen, bis die neue Art des Denkens zu einer Gewohnheit wird.

- Etwa 15 % der Teilnehmer berichten davon, dass nach einer ersten Phase der bewussten Nutzung ein unbewusstes Anwenden mit sehr viel Erfolg stattfindet. Im Klartext: Obwohl die gelernten Techniken nicht mehr bewusst angewendet werden, funktionieren sie. Das Gehirn hat sich auf die neue Denkweisen eingestellt und benutzt sie automatisch.
- Selbst in der Medizin werden Gedächtnistechniken genutzt, um Menschen mit Gedächtnisstörungen in konkreten Lebenssituationen zu helfen.
- Fazit: In einer Gesellschaft logisch und abstrakt denkender Menschen sind diese Techniken sehr nützlich. Sie sollten diese Techniken in Ihr Denken integrieren. Ihr Gehirn wird effizienter arbeiten und Sie vermeiden so Informationsflut.

Zusammenhang von Arbeits- und Langzeitgedächtnis

Die verschiedenen Gedächtnisarten werden in Seminaren, Büchern oder Fernsehsendungen oftmals unterschiedlich bezeichnet. Insofern ist es verwirrend, wenn Begriffe wie etwa das »Kurzzeitgedächtnis« unterschiedlich genutzt werden. Tatsächlich gibt es auch in der wissenschaftlichen Diskussion keine ganz einheitliche Definition. Deshalb vereinfachen wir die Betrachtung: In diesem Buch wird der heute übliche Begriff Arbeitsgedächtnis genutzt, ohne die (für uns unwichtigen) Unterschiede zum Kurzzeitgedächtnis zu betrachten.

Das Arbeitsgedächtnis ist ein wesentlicher Faktor für ein gut funktionierendes Gehirn, für den positiven Umgang mit der Informationsflut, für Multitasking und für Ihren persönlichen Erfolg. Genau hier sitzt der Engpass in unserem Kopf, d.h. »information overload« beginnt im Arbeitsgedächtnis! Es ist für das Verständnis der folgenden Kapitel hilfreich, sich genau vor Augen zu führen, was das Arbeitsgedächtnis kann und was nicht.

Stellen Sie sich folgende Situation vor: Sie parken Ihr Auto vor einem großen Supermarkt, um Erdnussbutter zu kaufen. Während Sie anschließend einkaufen, ist Ihr Arbeitsgedächtnis intensiv mit der Wahrnehmung von Erdnussbutter beschäftigt. Das geparkte Auto ist zu diesem Zeitpunkt nicht mehr in Ihrer Aufmerksamkeit und somit auch nicht mehr im Arbeitsgedächtnis. Wenn Sie es nachher wiederfinden, war es bereits ausreichend im Langzeitgedächtnis abgespeichert.

Mit anderen Worten: Das Arbeitsgedächtnis kann nichts langfristig abspeichern. Nur die in diesem Augenblick bewusst gehaltenen Informationen werden dort abgebildet. Unter optimalen Bedingungen sollen es max. sieben Dinge sein, die Ihr Arbeitsgedächtnis gleichzeitig bewusst verarbeiten kann. Diese Zahl gilt jedoch mittlerweile als eher unrealistisch, selbst fünf (+/- 2) ist kaum erreichbar.

Der schwedische Hirnforscher Torkel Klingberg hat in seinen Experimenten gezeigt, dass bei neuen und abstrakten Informationen max. zwei Dinge gleichzeitig bewusst gesteuert werden können. Auch wenn Sie Multitasking trainieren können (Kapitel 3) und damit Ihr Arbeitsgedächtnis etwas verbessern, macht es sehr viel Sinn, das Nadelöhr Arbeitsgedächtnis mit den hier vorgestellten Techniken zu entlasten.

Ihr Nadelöhr »Arbeitsgedächtnis« wird entlastet

Gedächtnistechniken arbeiten immer im Langzeitgedächtnis und entlasten spürbar Ihr Arbeitsgedächtnis. Widerspricht das nicht dem gewünschten Trainingseffekt? Ja und nein. Es ist auf jeden Fall wichtig, das Arbeitsgedächtnis zu trainieren. Im Kapitel 3 (Multitasking) geht es genau darum, durch ein Herantasten an eigene Grenzen die Aufmerksamkeit auf mehrere Dinge zu trainieren. Eine berufliche Stresssituation führt jedoch schnell zu ungesundem Druck, wenn wir auf das Behalten möglichst vieler Inhalte fixiert sind. Berufliche Situationen mit realem Druck und Stress sind deshalb schlechte Trainingsbedingungen! Was ist also die empfehlenswerte Vorgehensweise?

Wie in Kapitel 3 ausführlich beschrieben, sollten Sie Ihr Arbeitsgedächtnis nur im stressfreien Kontext bewusst trainieren. In beruflichen Situationen, wo es dann richtig eng wird und das »information-overload-Gefühl« droht, sollten diese trainierten Fähigkeiten unbewusst genutzt werden.

Ganz anders ist es bei den Gedächtnistechniken. Sie bieten Ihnen eine nützliche Ressource, das Arbeitsgedächtnis in Stresssituationen zu entlasten. Das klingt jetzt vielleicht etwas kompliziert. Ich versichere Ihnen jedoch, dass diese Methoden einfach funktionieren.

Fazit: Im Stress profitieren Sie doppelt, wenn das Arbeitsgedächtnis gut trainiert ist und Sie gleichzeitig für eine Entlastung mit Hilfe von Gedächtnistechniken sorgen.

»Information overload« findet immer im Arbeitsgedächtnis statt! Dieses »Nadelöhr« zeigt sich schon in einem einfachen Experiment. Im Seminar zeige ich das anschaulich, indem ich mehrere Gegenstände in die Hand nehme und diese mit Informationen vergleiche.

«Stellen Sie sich vor, ich muss diese vier Gegenstände tragen, das funktioniert ja noch ganz gut. Jetzt nehme ich zusätzlich den Stuhl hoch und bin voll beladen. So ›voll beladen‹ fühlen Sie sich auch, wenn Sie innerhalb kürzester Zeit Informationen im Kopf festhalten wollen. Sie sind mit den bereits festgehaltenen Informationen so beschäftigt, dass Sie scheinbar keine Kapazität mehr für neue Sachen haben.«

Tatsächlich bestätigt etwa die Hälfte der Teilnehmer, dass sie im Beruf oftmals für die Aufnahme neuer Informationen blockiert sind, weil sie die bisherigen Punkte im inneren Dialog ständig wiederholen und damit festhalten.

Die Situation löse ich dann ganz einfach auf. Ich lege die Gegenstände hintereinander an bestimmten Orten ab, halte sie also nicht mehr fest und bin wieder völlig unbeladen. Das positive Gefühl, Informationen sofort und sicher irgendwo ablegen zu können, sich in diesem Augenblick nicht mehr darum kümmern zu müssen und sie dennoch später präzise erinnern zu können, ist sehr überzeugend. Im Grunde ist das Prinzip der Gedächtnistechniken damit erklärt. Die Frage, die sich jetzt stellt, ist: »Wo legen wir denn die Informationen hin und wieso können wir sicher sein, sie dort wiederzufinden?«

Diese Fragestellung vergleiche ich gern mit einer ganz alltäglichen Situation. Etwa 90 % der Teilnehmer legen Schlüssel, Handys etc. an dafür bewusst festgelegte Stellen in der Wohnung. Vorteil: Morgens muss man nicht suchen und erlebt Sicherheit, Zeitersparnis sowie Stressvermeidung. Und wieso muss man morgens nicht überlegen, wo diese Stelle ist? Nach einer kurzen Einübungszeit werden solche Stellen als Routine abgespeichert, die unbewusst funktioniert. Solche Routinen arbeiten sogar optimal, wenn man nicht zuviel darüber nachdenkt.

Immer, wenn es uns gelingt, eine neue und unbekannte Information mit einer bereits unbewusst sehr gut bekannten Information zu verknüpfen, entlasten wir unser Arbeitsgedächtnis! Der Erfolg: Eine große Abkürzung in Richtung Langzeitgedächtnis. Wenn wir die Spielregeln des Gehirns einhalten, haben wir eine sofortige und sichere Verfügbarkeit der neuen Informationen.

2. Wie lernen Sie Gedächtnistechniken am einfachsten?

Die folgenden Tipps sollen Sie neugierig machen und die erfolgreiche Wirkung von Gedächtnistechniken erklären. Sie werden grundsätzlich wissen, wie es funktioniert. Außerdem trainieren wir mit Einsteigerübungen, die Spaß machen und das Erfolgspotenzial dieser Methode ahnen lassen. Dennoch, für eine Verinnerlichung der Methode sowie eine erfolgreiche Umsetzung im Berufsleben reicht das noch nicht aus. Glauben Sie besser keinem Buch, das Ihnen suggeriert, Sie könnten dieses Thema allein durch Lesen erlernen. Ich habe in meinen Seminaren ständig Teilnehmer, die es erfolglos versucht haben. Sehr gut ist es, ein Seminar zu diesem Thema zu besuchen. Das sage ich aus Überzeugung, und es entspricht meiner jahrelangen Erfahrung mit diesem Thema. Ein interaktives Selbstlernsystem kann eine gute Alternative zum realen Seminar sein. Mein Mentor, Gregor Staub, hat ein hervorragendes CD-Set unter dem Namen mega memory® entwickelt. Das CD-Set ist wie ein Seminar aufgebaut und funktioniert autodidaktisch. Dazu gehört auch eine E-Learning-Plattform mit Videos, die den Lernvorgang prima unterstützen. Weitere Infos und Bestellmöglichkeiten finden Sie unter www.impuls-seminare.de/Kaufempfehlungen.

Methodische Grundlagen: Fünf Zutaten braucht es ...

1) Arbeiten mit Assoziationen (Verknüpfungen)

Verknüpfen ist das, was unser Gehirn am besten kann und jeden Tag macht, auch wenn Sie es nicht bewusst merken. Viele meiner Teilnehmer haben keine genaue Vorstellung davon, wie gigantisch der Assoziationsspeicher ihrer etwa 100 Milliarden Gehirnzellen ist.

Im Seminar mache ich deshalb gern ein Experiment. Ich frage einen Teilnehmer, welche Assoziationen er zu Pizza hat. Spontan kommt eine Antwort, wie z.B. Käse, Italien oder Klaus ... Wieso Klaus? Nun es kann ja sein, dass ausgerechnet dieser Teilnehmer immer mit Klaus Pizza essen geht und deshalb diese Verknüpfung abgespeichert hat. Die genannte Verknüpfung gebe ich an den nächsten Teilnehmer weiter, der bei Klaus vielleicht an Clausthaler Bier denkt. Das schreibt sich anders, klingt aber gleich. Schnell wird klar, dieses Spiel könnten wir in einer Seminargruppe monatelang spielen, ohne dass die Verknüpfungen aufhören (s. S. 63).

Unsere Fähigkeit zu assoziieren ist die wesentliche Grundlage des Lernens. Klar ist auch: Wer schon viel weiß und erlebt hat, ist hier im Vorteil. Und was sind die Nachteile von Assoziationen? Zum einen sind sie manchmal nicht nützlich, und zum anderen fallen sie einem nicht immer ein, wenn man sie braucht. Dazu ein typisches Beispiel, wie unser Gehirn uns mit Assoziationen in die Irre führen kann: Sie lernen Vokabeln aus einem Buch. Beim Versuch sich zu erinnern, fällt Ihnen leider nur die Seitenzahl im Buch ein, auf der die Vokabel stand. Aber wie war doch gleich die Übersetzung? Hier war für das lernende Gehirn offensichtlich die Buchseite »reizvoller« als die Übersetzung des Wortes.

Stellen Sie sich vor, Sie möchten zehn Dinge einkaufen. Im Geschäft angekommen, erinnern Sie sich aber nur noch an sieben. Leicht passiert es uns dann, dass wir spontan andere Dinge kaufen als geplant. Es kann auch sein, dass Sie an Ihrem Briefkasten vorbeikommen und ein Schreiben vom Finanzamt entdecken. Das beschäftigt Sie so sehr, dass Sie gar nicht mehr wissen, wohin Sie eigentlich gehen wollten. Wenn Sie dann in den Raum zurückkommen, wo Sie den Einkauf planten, fallen Ihnen auch die vorherigen Gedanken wieder ein. Warum?

Nun, wenn Sie Kartoffeln kaufen wollen und bei diesem Gedanken zufällig an die Wand schauen, speichert Ihr Gehirn diese Assoziation ab. Es scheint einen Zusammenhang zwischen den Kartoffeln und der Wand zu geben, sonst würden Sie ja nicht hinschauen. Sie merken hier, wo das Problem mit den Assoziationen liegen kann. Wenn Sie im Geschäft einkaufen, haben Sie nicht die verknüpfte Wand vor Augen. Deshalb besteht die »Gefahr«, auch nicht an die Kartoffeln zu denken. So verrückt dieses Beispiel auch klingt, beschreibt es doch sehr einfach die Vorgehensweise eines Menschen, Informationen miteinander zu verknüpfen und abzuspeichern.

Bei den Gedächtnistechniken arbeiten wir mit »bewussten« Verknüpfungen. Diese fallen Ihnen in der passenden Situation garantiert ein. Um unser Gehirn mit seinen unglaublichen Fähigkeiten optimal zu nutzen, ist die Technik der bewussten Assoziationen optimal geeignet. Damit es in der Praxis auch zuverlässig funktioniert und wir die verknüpften Informationen sicher wiederfinden, brauchen wir zusätzlich Ordnungskriterien.

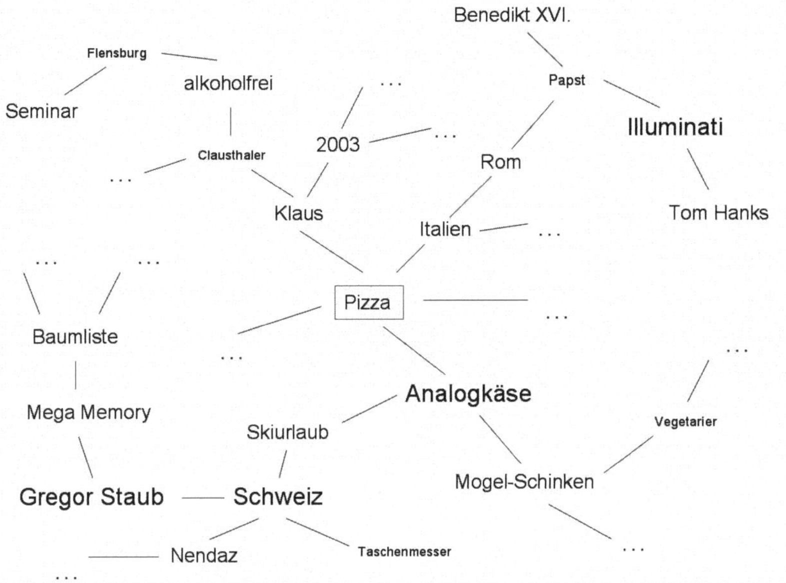

Welche Assoziationen haben Sie zu »Pizza«?

Wissen zu einem Thema ist nicht als komplette Einheit gespeichert, sondern entsteht aus der Vielzahl einzelner Assoziationen, die Ihr Gehirn in einem Kontext jeweils zusammensetzt. Einzelne Verknüpfungen zwischen Hirnzellen sind durch die sog. Synapsen unterschiedlich stark ausgeprägt. War ich beispielsweise schon einmal in Italien und habe dort viel erlebt, sind die Verknüpfungen stärker, als wenn ich nur ein Buch dazu gelesen habe.

Die Qualität der Verknüpfung ist vergleichbar mit der Qualität eines Weges: Ein Laufpfad über eine Wiese wird schnell zu einem sichtbaren Weg, der allerdings auch wieder zuwachsen kann. Eine Autobahn ist hingegen ein stabiler Verkehrsweg. Mit den Gedächtnistechniken schaffen Sie in Ihrem Kopf qualitativ hochwertige Verknüpfungen!

2) Unbewusste Ordnungskriterien – implizites Wissen nutzen
Haben Sie einen bestimmten Platz, wo Schlüssel, Handy, Geldbörse etc. liegen, damit Sie morgens nicht suchen müssen? Zumindest dann, wenn Sie zu den vielen Menschen gehören, die ihr Leben entsprechend effizient organisieren, kennen Sie die Vorteile: Sie sparen Zeit und haben keinen Stress, weil Sie vielleicht Ihren Zug verpassen.

Nach dem gleichen Prinzip können Sie auch Informationen im Kopf verwalten. Sie merken sich die Dinge nicht einfach nur, sondern legen die Informationen an bestimmte Orte. Unser Gehirn kann durch diese Ordnung sehr schnell etwas wiederfinden. Vor allem, wenn die Kriterien bereits sehr gut im Langzeitgedächtnis verankert sind, entsteht ein enormer Nutzen für die Merkfähigkeit. Im Laufe unseres Lebens lernen wir viele solcher Systeme. Einfache Systeme mit Ordnungskriterien sind z.B.:

- das Zahlensystem von 1–100,
- Räume, deren Gegenstände wir genau kennen (Büro, Wohnung etc.)
- unser Körper von den Zehen bis zum Kopf,
- bekannte Wegstrecken, die wir oft gefahren sind und gut kennen.

Damit dieses Thema für Sie konkret und erfahrbar wird, kreieren wir später eine »Baumliste« und eine »Körperliste«. Außerdem machen wir zwei Memory-Übungen, mit denen Sie den Nutzen schnell erkennen.

3) Visualisierungen und weitere Sinne nutzen
Bilder gehören zu den stärksten Ankern im Gehirn. Wenn Sie mit inneren Bildern arbeiten, werden Sie sich besser erinnern. Durch Experimente wurde häufig bestätigt, dass Menschen intuitiv »Lieblingskanäle« benutzen. Manche erinnern sich an das, was sie gesehen haben, andere eher an das Gehörte oder das Gefühlte. So kann es passieren, dass drei Restaurantbesucher zu völlig unterschiedlichen Wahrnehmungen kommen. Dem einen hat die Kellnerin gefallen, der zweite fand die Hintergrundmusik sehr angenehm und dem Dritten hat es gut geschmeckt.

Wichtig ist, dass innere Bilder nicht unbedingt davon abhängig sind, dass Ihnen Bilder gezeigt werden. Auch bei abstrakten Erzählungen sollten Sie versuchen, sich von den Inhalten »ein Bild zu machen«. Optimal ist es, mit möglichst vielen Kanälen zu arbeiten. Wenn Sie an Feuerwehr denken, sollten Sie ein rotes Auto sehen, eine blaue Sirene sehen und hören und auch ein Gefühl für diese Situation entwickeln. Bei Hirnscans kann man sehr schön beobachten, dass jeder Kanal in Ihrem Hirn andere Bereiche auslöst. Je mehr Kanäle Sie nutzen, um so stärker wird die Information in Ihrem Netzwerk verankert. Dennoch: Bilder sind im Vergleich am erfolgreichsten. Bei Tests mit Studenten hat man beispielsweise herausgefunden, dass Probanden, die beim Lernen visuelle Erinnerungen bevorzugen, im Durchschnitt deutlich bessere Ergebnisse Klausurergebnisse erzielen.

Diese Beobachtung deckt sich auch mit meinen Erfahrungen in Schülerseminaren. Gute Leistungen kommen von Schülern, die intuitiv visualisieren. Wenn Sie Ihre Visualisierungsleistung steigern möchten, empfehle ich Ihnen eines der Bücher von Vera F. Birkenbihl durchzuarbeiten. Prima sind auch die Videos in der Internet-Akademie (www.birkenbihl-internet-akademie.com). Wie sonst niemand im deutschsprachigen Raum, hat sie kreative Techniken und Methoden der Visualisierung veröffentlicht. In der weiterführenden Literatur finden Sie dazu einige Buchempfehlungen.

4) Motivation

Das Gehirn arbeitet besser, wenn Sie ein Thema motiviert, oder? Für interessante Themen nehmen wir uns gerne Zeit und sind konzentriert dabei. Doch was ist, wenn uns ein Thema langweilig erscheint? Gedächtnistechniken schaffen »künstliche« Motivation. Langweilige Informationen werden dem Gehirn dabei so interessant verkauft, dass Motivation überraschend entsteht.

Im Seminar mache ich häufig eine Übung, in der sich die Teilnehmer die Namen der letzten dreizehn Bundesfinanzminister (mit Parteizugehörigkeit) merken sollen. Anfangs herrscht keinerlei Begeisterung. Das Thema klingt langweilig und überflüssig. Die Teilnehmer meinen, dieses Wissen sei schwer anzueignen und wird doch wieder vergessen. Wozu also die Anstrengung?

Und dann? Die Übung verläuft sehr erfolgreich! Es funktioniert sehr leicht, macht viel Spaß und die Motivation ist plötzlich auf hohem Level. Jeder ist hinterher stolz, diese Leistung so einfach und erfolgreich geschafft zu haben. Viele Teilnehmer »nerven« sogar tagelang ihre Kollegen und die Familie mit ihrem neuen Wissen von den Bundesfinanzministern.

Damit die Assoziationen, Ordnungskriterien und Visualisierungen tatsächlich zu einer hohen Motivation führen, braucht es nur noch eine letzte Zutat: Emotionen und Merkwürdigkeiten.

5) Emotionen und Merkwürdigkeiten

Emotionen sind ein wesentlicher Schlüssel für Ihre Erinnerungen. Kinder lernen sehr emotional und deshalb schnell bzw. erfolgreich. Gedächtnistechniken versuchen deshalb, Informationen zu emotionalisieren. Die Hirnwissenschaft kann heute eindeutig belegen, dass Emotionen ein wesentlicher Schlüssel für das erfolgreiche Abspeichern von Informationen sind. Das zeigt auch die praktische Lebenserfahrung. Erlebnisse, die uns sehr »beeindruckt« haben, sind oftmals ein ganzes Leben im Gehirn abrufbar.

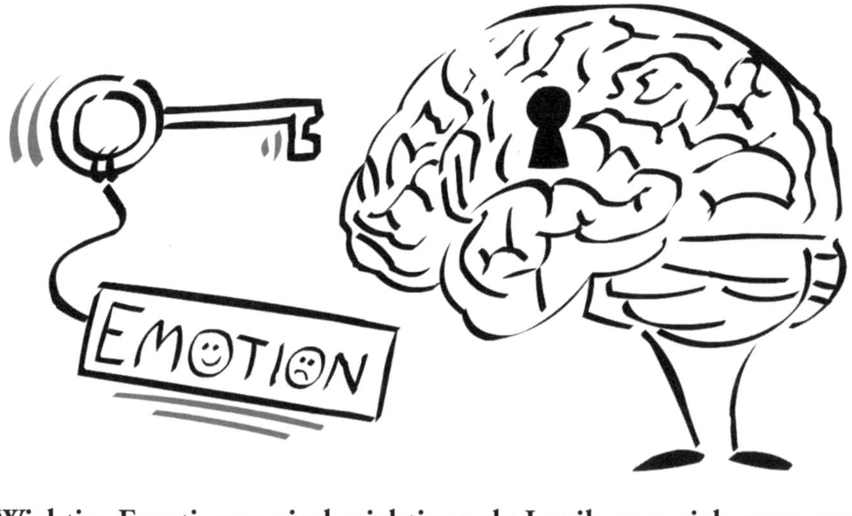

Wichtig: Emotionen sind wichtiger als Logik, um sich neue und abstrakte Dinge zu merken.

Eine Variante der Emotionalität ist die Merkwürdigkeit. Das ist der Grund, warum wir über Witze lachen können; es passiert etwas Unerwartetes oder Merkwürdiges. Kindern fällt es noch sehr leicht, sich merkwürdig zu verhalten. Die meisten Erwachsenen sind spätestens seit der Schulzeit rational konditioniert, um die Welt mit Vernunft und abstraktem Denken wahrzunehmen.

Seien Sie mal wieder »merk«würdig und Sie werden den Unterschied zum »normalen« Denken sofort spüren. In den Gedächtnistechniken werden Geschichten und Bilder bewusst »merk«würdig gestaltet, weil es im Gehirn sofort einen Reiz liefert, sich diese außergewöhnliche Information zu merken.

Einfache Techniken: Die Baum- und Körperliste

Stellen Sie sich vor, Sie könnten Informationen nach dem gleichen Prinzip ablegen, wie Gegenstände in Ihrer Wohnung. Worauf kommt es an? Wichtig ist, die Sachen schnell und einfach wieder zu finden. Deshalb haben Löffel einen anderen Platz als Unterhosen oder Blumenvasen, oder bei Ihnen vielleicht nicht? Es gibt tatsächlich wenige Menschen, die ein solches Ordnungssystem nicht nutzen. Über 90 % der Menschen haben feste Plätze für bestimmte Dinge. Insbesondere für Schlüssel, Handys etc. sind definierte Orte sehr nützlich, wenn man morgens in Eile ist. Das Ergebnis: Sie finden alles wieder, ohne danach suchen zu müssen. Diese Nutzung unbewusster Routinen bringt Ihnen einige Vorteile. Wenn Sie intuitiv wissen, wo Sie etwas wiederfinden, müssen Sie sich damit nicht mehr geistig beschäftigen, sparen viel Zeit und vermeiden spürbar Stress.

Stellen Sie sich umgekehrt folgende Situation vor. Ihr Zug fährt in 20 Minuten. Sie müssen dringend zum Bahnhof und Ihr Hausschlüssel ist weg! Sofort entstehen Unruhe und Stress. Je länger dieser Zustand dauert, umso mehr verhindert Ihr Tunnelblick, den Schlüssel wiederzufinden. Liegt der Schlüssel an der vorgesehenen Stelle, läuft alles stressfrei und routiniert. Das Gleiche funktioniert auch mit Informationen, die Sie an definierten Orten ablegen und deshalb leicht im Gedächtnis wiederfinden.

Wie genau funktioniert das? Der Ort, wo die Informationen abgelegt werden, muss unbewusst verankert und leicht verfügbar sein. Dazu eignen sich Ordnungssysteme, wie beispielsweise die Zahlen von 1 bis 10. Wir bauen mit diesem seit der Kindheit vertrauten Wissen eine Art »Informationsschrank«. Die abstrakten Zahlen werden zusätzlich mit bekannten Bildern oder Symbole verbunden, und schon ist Ihr Gehirn bereit, sich unglaubliche Informationsmengen leicht zu merken.

a) Die Baumliste

Sie werden nun als einfaches Beispiel die Baumliste mit den Zahlen von 1 bis 10 kennen lernen. Die dazugehörigen Symbole sind aus dem mega memory® von Gregor Staub. Wichtig: Schaffen Sie sich eine sehr visuelle und emotionale Baumliste. Ist die Baumliste einmal in Ihrem Gehirn verankert, können Sie sich damit ein Leben lang Informationen einfacher merken. Egal ob Argumente, Erledigungen oder die Kernaussagen einer Präsentation: Sie werden Informationen in Ihrer Baumliste mühelos wiederfinden.

Aufgabe: Nehmen Sie sich für das Lernen der Baumliste etwa 10 Minuten Zeit.

Die Baumliste

- **01 ist der Baum** – Sehen Sie jetzt einen beliebigen Baum, der aussieht wie eine 1. Vielleicht hat Ihr Baum einen schrägen Ast, der wie der Haken der 1 aussieht. Wichtig ist es, tatsächlich ein Bild zu sehen und nicht nur die abstrakte Vorstellung zu haben.

- **02 ist ein Lichtschalter** – Warum? Das Licht kann man mit dem Schalter einschalten und ausschalten. Stellen Sie sich auch noch konkret vor, wie es »klack« macht und hell wird und es wieder »klack« macht und plötzlich dunkel ist.

- **03 ist ein dreibeiniger Hocker** – Warum? Er hat drei Beine. Stellen Sie sich vielleicht vor, wie der Hocker wegen der drei Beine leicht umkippt.

- **04 ist ein Auto** – Nun, die Vorstellung, dass ein Auto vier Räder hat, ist vielleicht etwas langweilig. Wie ist es, wenn Sie Ihr Auto ohne vier Räder sehen? Aufgebockt auf Ziegelsteinen – die Felgen mit Rädern sind geklaut – wirkt Ihr Auto sicherlich »merkwürdig«.

- **05 ist die Hand** – Im Seminar bin ich immer verblüfft, wie »wenig« Erwachsene auf Informationen reagieren können. Wenn ich in einem Schülerseminar von der Hand erzähle, entsteht sofort Bewegung. Die Hand wird bewegt, die Finger werden gezählt ... Das extreme Gegenteil ist ein Seminar mit 20 Managern. Was glauben Sie, wie viele der Teilnehmer die Hand bewegen, anschauen etc.? Es sind meistens nur eine oder zwei Personen. Die anderen verharren wie Felsblöcke. Manchen Teilnehmern ist es sogar peinlich, in diesem Kontext auf die Hand zu schauen. Kein Wunder, dass Informationen so nicht im Gehirn ankommen!

- **06 ist der Würfel** – Ein Würfel hat sechs Seiten, und die Zahl sechs bringt bei den meisten Würfelspielen einen Vorteil. Auch gibt es die Assoziation zu den sechs Richtigen.

- **07 sind die Zwerge –** Welches Bild haben Sie von den Zwergen? Männer rufen sehr oft spontan »Schneewittchen«, während Frauen eher kleine bärtige Männer mit Zipfelmützen sehen. Was soll uns das wohl sagen? Seit dem Film mit Otto haben sich die lebendigen Bilder von den sieben Zwergen deutlich verstärkt.

- **08 ist die Achterbahn** – Die klassische Achterbahn hat die Form einer 8. Vielleicht stellen Sie sich vor, wie Sie auf der Achterbahn immer wieder diese 8 fahren.

- **09 ist die Katze** – Stellen Sie sich den Schwanz einer Katze vor, der sich genau wie eine 9 formt. Schon von weitem können Sie die Neun an der Katze erkennen. Bei manchen Teilnehmern führt die Katze zu einer anderen Zahl (die Katze hat … Leben) und es ist dann anfangs schwieriger, mit dieser Assoziation zu arbeiten. Doch schon nach zwei oder drei Wiederholungen ist es bereits gut verankert. Und wenn nicht? Dann besteht jederzeit die Möglichkeit, eine andere Grundassoziation zu wählen. Wie wäre es beispielsweise mit 9 Kegeln?

- **10 ist die Bibel** – Denken Sie an die zehn Gebote. Auch hier ist es wichtig, mit konkreten Bildern zu arbeiten. Es ist für das Gehirn keine optimale Lernunterstützung, wenn Sie allein Ihr Wissen bestätigen, dass in der Bibel ja bekanntlich die zehn Gebote stehen. Auch das Bild einer Steintafel hat Ihre Möglichkeiten noch nicht ausgeschöpft. Wie wäre es z.B., wenn Sie einen alten Mann sehen – richtig, Moses! – der von einem Berg herunterkommt und zwei Tafeln in den Händen hält. Können Sie sich vorstellen, wie Moses gerochen hat, nachdem er vierzig Tage in der Wüste war, ohne Duschen und Deo?

Diese Baumliste sollten Sie noch einige Male wiederholen, bis sie einfach und sicher abrufbar ist. Erst wenn die Verknüpfungen schnell und sicher funktionieren, können Sie auch im stressigen Alltag zuverlässig Informationen dort ablegen.

Übrigens: Ich habe Ihnen ganz bewusst keine Bilder vom Baum, Lichtschalter, Hocker etc. gezeigt, weil in Ihrem inneren Archiv genügend eigene Bilder vorhanden sind. Erfolgreich visualisieren bedeutet vor allem, dass Sie sich innerlich ein Bild davon machen und nicht, dass Sie ständig neue Bilder gezeigt bekommen. Das Bild von einem Baum, den Sie vor Ihrem inneren Auge sehen, ist für das Gehirn viel besser repräsentierbar als das neue Bild von einem Baum, dass ich Ihnen zeige.

b) Die Körperliste

Bevor wir die Baumliste praktisch ausprobieren, schauen wir uns noch eine weitere hilfreiche Liste an. Die »Körperliste« hat einige Besonderheiten, die manche Teilnehmer besonders zu schätzen wissen. Sie ist sehr vertraut, immer in Ihrer Nähe und Sie können die einzelnen Punkte sogar anfassen. Das klingt vielleicht ungewöhnlich, ist jedoch für Menschen mit kinästhetischen Neigungen (d.h. Menschen, die durch Bewegen und Anfassen gut lernen können) ein wichtiges Argument. Die Ordnungskriterien sind ebenfalls vorhanden, da die Liste in einer Reihenfolge von den Füßen bis zum Kopf definiert ist.

Auch diese Liste sollten Sie einige Male wiederholen und einüben, bis Sie das sichere Gefühl haben, es beinahe automatisch zu können. Gehen Sie dazu die Punkte in der Reihenfolge durch und fassen jede Stelle bewusst an. Vielleicht ist Ihnen die Nummerierung von 91–100 aufgefallen. Das ist ein kleiner Hinweis darauf, dass die Methode mega memory® im maximalen Fall zehn Listen mit jeweils zehn Punkten vermittelt. Wer sich mit wirklich wenig Aufwand diese Arbeit macht, wird mit hundert Orten belohnt, wo Informationen abgelegt werden können. Oder anders gesagt: Ihr »Information overload« fängt frühestens bei hundert Informationen an!

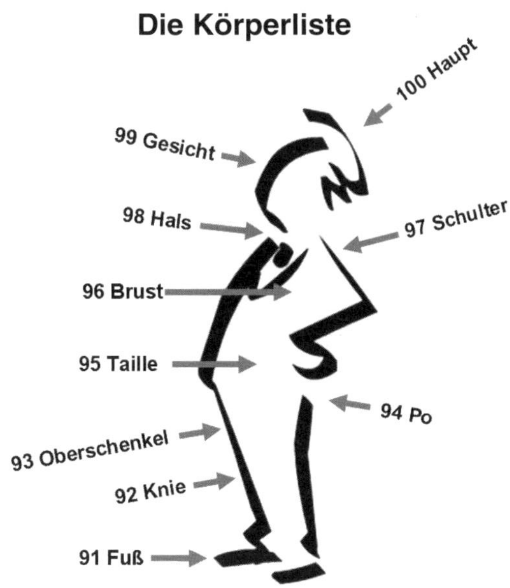

Achtung: Wundern Sie sich bitte nicht, wenn die folgende Übung für Sie sehr »merkwürdig« ist. Um gehirngerecht zu arbeiten, werden wir alle fünf Zutaten (siehe oben) nutzen. Das wirkt am Anfang sehr ungewohnt, funktioniert jedoch hervorragend!

Jetzt können Sie praktisch üben:
Wir werden verschiedene Erledigungen auf die Körperliste legen. Damit dieses Experiment gelingt, gibt es zwei Voraussetzungen: 1. Sie haben die Körperliste geübt und 2. Sie »machen« die Übung wirklich mit, statt sie nur zu lesen. Das bedeutet, sich an den jeweiligen Körperstellen jeweils ein bestimmtes Bild oder Gefühl konkret vorzustellen. Wenn Sie das Erfolgserlebnis spüren möchten, sollten Sie sich jetzt mindestens zwei Minuten Zeit nehmen.

Übung 1 – Körperliste: Stellen Sie sich vor, Sie müssen morgens im Büro zehn Dinge erledigen. Damit Sie nichts vergessen, schreiben Sie diesmal keinen Zettel, sondern legen die verschiedenen Erledigungen auf Ihre Körperliste.

1. Als erstes müssen Sie die Post durchsehen.	*Stellen Sie sich dazu vor, wie Sie 1. die Briefe zwischen die Zehen stecken und das Ganze nach der Größe sortieren.*
2. Danach sollten Sie vom Büro aus beim Zahnarzt einen Termin vereinbaren.	*Sehen und fühlen Sie, wie sich 2. ein Gebiss in Ihr Knie festbeißt.*
3. Für 11 Uhr brauchen Sie frischen Kaffee.	*Sehen und spüren Sie, wie sich 3. brühend heißer Kaffee auf Ihrem Oberschenkel verteilt, das tut ganz schön weh.*
4. Der Kopierer ist defekt und muss repariert werden.	*Setzen Sie sich 4. gedanklich mit dem Po auf die Kopierscheibe und machen Sie eine Probekopie …*

5. Ein neuer Laptop soll bestellt werden.	*Stellen Sie sich 5. einen Laptop vor, den man an den Gürtel hängen kann; damit kann man auch beim Laufen Daten eintippen.*

Jetzt machen Sie eine kurze Wiederholung und gehen die ersten fünf Körperstellen entlang. Schauen Sie dabei bitte nicht auf die Buchseite. An welche Erledigung erinnern Sie sich, wenn Sie an die Füße denken? Was sehen und fühlen Sie am Knie? ... Und was merken Sie? Sicherlich sind Sie jetzt überrascht, dass es bisher so einfach und gut funktioniert. Machen wir also weiter mit den nächsten fünf Erledigungen:

6. Sie müssen die Checkliste für ein Meeting durchgehen.	*Nun, der 6. Punkt auf der Körperliste war die Brust; Ich überlasse es hier besser Ihrer eigenen Phantasie, sich die Verknüpfung zwischen Brust und Checkliste zu basteln.*
7. Sie müssen einen Flug nach München buchen.	*Stellen Sie sich vor, wie 7. auf Ihrer Schulter ein Flugzeug aus München landet.*
8. Sie sollen alle Computer auf Viren untersuchen.	*Stellen Sie sich 8. vor, wie sich ein Computervirus auf Ihren Hals übertragen hat und Sie deshalb Halsschmerzen haben.*
9. Sie wollen einem Kollegen eine CD überspielen.	*Fühlen Sie, wie Sie Ihren Mund als CD-Brenner benutzen, die CD dreht sich in Ihrem Mund und wird dann ausgespuckt.*
10. Sie haben um 17.00 Uhr einen Termin mit Herrn Müller.	*Fühlen Sie, wie sich auf Ihrem Kopf eine ganze Packung Mehl ausbreitet und Sie einstaubt, Ihre Haare sind jetzt weiß.*

So, es ist geschafft. Wiederholen Sie jetzt noch einmal alle Punkte der Körperliste. Was sehen und spüren Sie an den Füßen, am Knie, am Oberschenkel, am Po und weiter bis zum Kopf? Ich wünsche Ihnen, dass Sie jetzt dieses Erfolgserlebnis spüren, das auch die Teilnehmer im Seminar oder Vortrag haben. Es ist ein ungewohntes, beinahe euphorisches Gefühl, so einfach die zehn Erledigungen wiederholen zu können. Spannend ist auch, dass Sie die Sachen durcheinander wissen, ohne die Reihenfolge zu beachten.

Sollen wir es testen? Was sehen und spüren Sie denn an Ihrer Schulter? Ja, es war der Flug nach München. Sehen Sie, Ihr Gehirn kann und will sich Dinge merken, wenn diese gehirngerecht abgelegt werden. Dieses kleine Beispiel zeigt sehr schön, was passiert, wenn wir die oben erklärten fünf Zutaten für gehirngerechtes Denken berücksichtigen.

Die soeben auf der Körperliste abgelegten Erledigungen waren ja nur ein kleines Übungsbeispiel. Es ist sinnvoll, diese Inhalte nicht weiter zu wiederholen, da sie ansonsten überraschend schnell und gut im Langzeitgedächtnis gespeichert sind. Es passiert immer wieder, dass mir Teilnehmer nach Monaten davon berichten, wie genau sie sich noch an die Inhalte von Übungen erinnern können. Bei dieser Methode stellt sich deshalb eher die Frage, wie vergesse ich diese Informationen wieder?

Nun, das funktioniert am einfachsten, indem Sie unwichtige Informationen möglichst nicht wiederholen. Wenn Sie die abgelegten Informationen nur am nächsten Tag benötigen (z.B. eine Einkaufsliste), reicht nach meiner Erfahrung eine weitere Wiederholung nach etwa 20 Minuten völlig aus. Das sichere und andauernde Abspeichern ins Langzeitgedächtnis erfordert etwa fünf Wiederholungen an den kommenden fünf Tagen.

Manche Teilnehmer haben spontan Einwände gegen diese Methode. Hier die typischen Gegenargumente und meine Antworten darauf:

- »Das dauert ja viel zu lange.« Stimmt. Am Anfang schon. Mit etwas Übung dauert das Ablegen auf einer Liste jedoch nur noch etwa 1–2 Sekunden pro Punkt. Das ist sehr schnell und die Informationen sind sicher im Kopf.
- »Da hat man ja noch mehr Informationen im Kopf.« Stimmt, doch es hilft Ihnen, die Informationen sauber und wieder auffindbar ab-

zulegen. Oder würden Sie auf einen Kleider- oder Geschirrschrank in Ihrer Wohnung verzichten, nur weil er zusätzlichen Platz kostet? Letztlich empfinden Sie diese Art der Informationsabspeicherung als große Entlastung.

- »Ich bin nicht so kreativ.« Stimmt oftmals am Anfang eines Seminars. Aber nicht, weil Sie es nicht können, sondern weil Sie es nicht mehr gewöhnt sind, so zu denken. Als Kind haben Sie diese Fähigkeit jeden Tag genutzt.

Die folgende Übung steht stellvertretend für eine ganze Reihe von beruflichen Situationen. Egal ob Sie einen Vortrag halten oder argumentieren müssen, Sie brauchen die richtigen Punkte zur richtigen Zeit. Unter Stress und ohne Zettel fällt das vielen Menschen schwer. Selbst wenn Sie sich in einem Thema recht gut auskennen, fallen Ihnen die passenden Informationen durch emotionale Ablenkung vielleicht nicht ein. Die Übung ist sofort erfolgreich, wenn Sie zwei Voraussetzungen beachten. Einerseits sollten Sie die Baumliste im Kopf haben. Der zeitliche Aufwand dafür ist ja nur sehr gering. Außerdem sollten Sie an diese Übung »gehirngerecht« und nicht zu logisch herangehen …

Übung 2 – Baumliste: Ihr Chef kündigt an, dass auf der gemeinsamen dreistündigen Autofahrt viel Zeit für das längst überfällige »Jahresgespräch« und andere Themen sein wird. Die zu besprechenden Punkte haben Sie schon vorbereitet, doch in einer solchen Situation ist es leider schon passiert, dass Ihnen wichtige Dinge im passenden Augenblick stressbedingt nicht präsent waren. Eine solche Situation – Sie sitzen konzentriert am Lenkrad und Ihr Chef diskutiert mit Ihnen – ist typisch für »spontanes Vergessen«. Doch mit Hilfe der »Baumliste« werden Sie sich an alle Punkte erinnern!

Folgende Themen sollen im Gespräch aus Ihrer Sicht auf jeden Fall abgehandelt werden: Stand des Projektes in Frankreich, Sprachkurse in Englisch, Entwicklungsperspektiven im Unternehmen, zusätzlichen Mitarbeiter einstellen, Gehaltserhöhung, Anschaffung neuer Computer, Überarbeitung QM-Handbuch, Ziel: Produktabsatz um 10 % erhöhen, Unfall mit dem Dienstwagen, Bericht vom Kongress in Berlin. Hier finden Sie Beispiele für Verknüpfungen mit der Baumliste:

1. Projekt in Frankreich	*Stellen Sie sich 1. vor, wie Ihr Baum riesengroß wird, so groß, dass Sie von oben das Projekt in Frankreich beobachten können.*
2. Sprachkurse Englisch	*Drücken Sie 2. in Ihrer Vorstellung den Lichtschalter an und aus und stellen sich vor, wie ständig Ihre Sprache von Deutsch zu Englisch und wieder zu Deutsch … wechselt.*
3. Entwicklungsperspektiven im Unternehmen	*Sehen Sie 3. vor Ihrem geistigen Auge Ihre Entwicklungsperspektiven, wie Sie zumindest auf den Hocker »aufsteigen«.*
4. Zusätzlichen Mitarbeiter einstellen	*Stellen Sie sich 4. vor, dass der neue Mitarbeiter ständig im Auto sitzt und arbeitet, weil im Büro kein Platz mehr für ihn ist.*
5. Gehaltserhöhung	*Zählen Sie 5. bewusst mit den Fingern nach, wie viel Geld Ihnen die Gehaltserhöhung bringt, hoffentlich brauchen Sie mehr als eine Hand …*

Jetzt machen Sie wieder eine kurze Wiederholung und gehen bitte die ersten fünf Punkte der Baumliste entlang. Versuchen Sie beim Abrufen der Informationen, nicht abstrakt an die Sache heranzugehen. Insbesondere am Anfang ist es wichtig, die Gedanken und Bilder möglichst gehirngerecht herzuleiten. Denken Sie erst an die 1, dann fällt Ihnen

der Baum ein und gleichzeitig sehen Sie, was Sie dort abgelegt haben. Und was passiert am Lichtschalter ...?
Ich denke, Sie erleben auch hier eine positive Überraschung, wie einfach die Informationen in Ihrem Gehirn abrufbar sind. Weiter geht es mit den nächsten fünf Punkten:

6. Neue Computer	*Stellen Sie sich 6. vor, dass die neuen Computer wie ein Würfel mit sechs Zahlen aussehen und dass man sie auch zum Würfeln benutzen kann. Ob die Festplatte das aushält?*
7. Überarbeitung QM-Handbuch	*Wussten Sie schon, dass Schneewittchen für die Zwerge ein QM-Handbuch erstellt hat? Ja, auch Zwerge arbeiten nach der ISO 9001.*
8. Ziel: Absatz der Produkte um 10 % erhöhen.	*Sehen Sie sich, wie Sie 8. in der Gondel einer Achterbahn stehen. Da Sie Schuhe mit einem 10 cm hohen Absatz tragen, ist das sehr wackelig.*
9. Unfall Dienstwagen	*Sehen Sie 9. vor Ihrem geistigen Auge, wie Sie mit dem Dienstwagen (Vorsicht Tierliebhaber) eine Katze anfahren.*
10.Bericht Kongress Berlin	*Der zehnte Punkt Ihrer Baumliste ist ja die Bibel. Stellen Sie sich vor, wie auch Moses einen Vortrag auf Ihrem Kongress gehalten hat. Statt eines Beamers benutzte er allerdings Steintafeln.*

Jetzt versuchen Sie bitte, alle zehn Punkte zu wiederholen, ohne dass Sie auf das Buch schauen. Diese Übung hat sicherlich überraschend gut funktioniert, oder? Glückwunsch, Sie haben das grundsätzliche Prinzip der Gedächtnistechniken jetzt verstanden und erfolgreich ausprobiert.

Zahlen gehirnfreundlich abspeichern

Das Merken von Zahlen ist für viele Menschen ebenfalls ein schwieriges Thema. Kein Wunder, denn Zahlen sind meistens abstrakte Gebilde, die unserem »Steinzeitgehirn« wenig Reize bieten. Spannend ist, welche unbewussten Gedächtnisstrategien manchmal weiterhelfen, um Zahlen doch gut behalten zu können. Typisch ist beispielsweise das Gruppieren von überschaubaren Blöcken oder das Memorieren nach Gehör. Eine Telefonnummer kann durchaus melodisch oder in Reimform klingen. Systematisch ist diese Vorgehensweise natürlich nicht.

Bei mega memory® gibt es für das Memorieren von Zahlen eine praktische und schnell lernbare Lösung. Sie wissen doch noch, was auf der Baumliste die 07 war, oder? Richtig, die Zwerge. Wenn ich mir nun eine 07 merken möchte, benutze ich dazu das Bild der Zwerge, bei einer 92 das Knie. Sie brauchen lediglich die bereits oben erwähnte 100er-Liste zu erstellen und können damit wunderbar Zahlen gehirngerecht in Bilder umwandeln. Nehmen wir an, Sie haben eine Geldkarte mit der PIN-Nummer 9106. Dann stellen Sie sich beispielsweise vor, dass Sie Ihre Karte immer in einem Schuh (bzw. Fuß = 91) verstecken und jedes Mal vorher würfeln (= 06), in welchem. Sie werden staunen, wie schnell und sicher Zahlen so im Kopf bleiben.

Das funktioniert natürlich genauso mit längeren Zahlenverknüpfungen. Welche Telefonnummer verbirgt sich hinter der folgenden Geschichte? Stellen Sie sich die Szene möglichst bildlich vor: Sie sitzen mit Ihrem »Po« auf einem wackeligen »Hocker« und kippen um. Dabei brechen Sie sich die »Nase« und fahren mit dem »Auto« zum Krankenhaus. Richtig: 94039904. Da Sie bisher nur zwei Listen zur Verfügung haben, sind auch nur sehr eingeschränkte Beispiele möglich. Doch das Grundprinzip der gehirngerechten Zahlenmemorierung kennen Sie jetzt.

Wie war noch Ihr Name: Herr Jäger, ääh Förster?

Auf das Thema Namen möchte ich auch noch kurz eingehen, da es für sehr viele Berufstätige ein wichtiges Thema ist. Außerdem sind Namen ein gutes Beispiel, nach welchen Kriterien sich unser Gedächtnis seine Erinnerungen aussucht.

Sich Namen zu merken, fällt vielen Menschen auffallend schwer. Für viele meiner Teilnehmer ist es ein wichtiges Ziel, diese Fähigkeit zu verbessern, weil sonst in der Kommunikation zum Mitmenschen ein wichtiger Bestandteil fehlt.

Dabei ist die Situation einfach zu erklären. Erstens haben wir heute mit sehr vielen Menschen beruflich Kontakt; manche sehen wir nur einmal im Jahr, andere kennen wir vielleicht nur vom Telefon. Zweitens haben die Namen mittlerweile selten etwas mit dem Beruf oder sonstigen Eigenschaften der Person zu tun. Welchen Grund sollte unser Gehirn haben, sich Namen einfach zu merken?

Auch bei einem meiner Seminare mit Verkäufern einer exklusiven britischen Automarke wurde auch das Thema »Namen merken« als kritisch genannt. Einige Teilnehmer berichteten von folgender typischen Erfahrung: «Ein Kunde, der vor zwei Jahren ein Auto bei mir gekauft hat, kommt herein. Spontan fällt mir wieder ein, welches Modell und welche Ausstattung er gekauft hat. Ich erinnere mich sogar noch an seine Hunde. Doch der Name, der fällt mir überhaupt nicht ein.«

Geht es Ihnen auch manchmal so, dass Sie im Kontext einer Person verschiedene Erinnerungen haben? Sie wissen vielleicht, welches Hobby dieser Mensch hat, aus welcher Stadt er kommt, dass er immer karierte Krawatten trägt oder im negativen Fall, dass im Sommer regelmäßig sein Deo versagt.

Sobald Informationen emotional sind, fällt unserem Gehirn die Erinnerung leicht. Auch, wenn Sie jemanden ganz besonders sympathisch finden oder eben furchtbar unangenehm, ist der Name leicht gemerkt. Stellen Sie sich einen Herrn Müller vor, der Ihnen ständig den letzten Parkplatz wegnimmt. Müller! Diesen Namen werden Sie sich sicherlich schnell merken. Doch was ist mit einem Herrn Müller, zu dem Sie keine besonders emotionale Beziehung haben?

Ihr Gehirn braucht Emotionen, die auch mit dem Namen verbunden sind. Wenn das nicht automatisch funktioniert, können Sie den Namen einer Person künstlich emotionalisieren!

In Seminaren finden es die Teilnehmer sehr erstaunlich, wenn es ihnen leicht gelingt, die Namen von 20 unbekannten Personen in wenigen Minuten sicher abzuspeichern. Wir verbinden dann ein bestimmtes Merkmal der Person, eine sichtbare oder verknüpfte Eigenschaft (sein Auto, Hobbys etc.) mit dem Namen, und schon funktioniert das Namenmerken einfach. Es ist das gleiche Prinzip wie bei der Baum- oder Körperliste. Nur nutzen wir in diesem Fall keine Liste, sondern die Person selbst dient zur Verankerung des Namens. Der mit dieser Person ausgelöste Reiz bringt automatisch auch den Namen wieder ins Bewusstsein. Voraussetzung ist wieder, dass der ganze Vorgang gehirngerecht, also möglichst »merk«würdig ist.

Mit dieser Technik können Sie sich Namen auf jeden Fall besser merken. Dennoch kann es passieren, dass es mal nicht funktioniert. Bitte denken Sie daran, dass Sie mit Ihren Erwartungen im realistischen Bereich bleiben! Es ist also völlig in Ordnung, wenn Sie einen Kunden nach zwei Jahren zufällig im Stadion wiedersehen und Ihnen der Name gerade nicht einfällt.

Grenzen von Gedächtnistechniken

Die hier vorgestellten Gedächtnistechniken sind eine erfolgreiche und wundersame Methode, Informationen schnell und vor allem gehirngerecht ins Langzeitgedächtnis zu bekommen. Aber das wichtige Training Ihres Arbeitsgedächtnisses ist damit noch nicht getan. Die wenigen, aber fundierten Untersuchungen zu diesem Thema kommen immer wieder auf das gleiche Ergebnis: Auch wenn sich jemand zum Experten für Gedächtnistechniken entwickelt, wird die eigentliche Fähigkeit, gleichzeitig mehrere Informationen zu verarbeiten, nicht verbessert.

Fazit: Nutzen Sie auf jeden Fall diese einfache Methode; trainieren Sie aber auch andere, ebenso wichtige Fähigkeiten wie etwa Ihren Umgang mit Multitasking oder das effiziente Lesen.

3. Wie viel »Vergessen« ist normal?

Wenn Sie andere Kapitel des Buches bereits gelesen haben, werden Sie wissen: »Die Frage nach der Vergesslichkeit ist eigentlich unrichtig gestellt.«

Unser Gehirn vergisst Dinge, die einmal gründlich abgespeichert werden, nicht wirklich. Es ist eher so, dass wir aus verschiedenen Gründen nicht mehr an die irgendwo abgespeicherten Informationen herankommen. Die richtige Frage muss also lauten: »Wie viel ›nicht an Informationen herankommen‹ ist normal?«

In den letzten 100.000 Jahren hat sich unser Gehirn nicht grundsätzlich verändert. Erst in den letzten Jahrhunderten erleben wir die neue Situation, uns sehr große und abstrakte Wissensmengen merken zu müssen. In den letzten 25 Jahren hat sich die Eskalation der Reizüberflutung enorm zugespitzt. Die Hauptpriorität unserer Steinzeitprogrammierung bleibt jedoch:

- wesentliche Fakten schnell zu erkennen und von unwesentlichen zu unterscheiden,
- gute Entscheidungen zu treffen, und zwar solche, die das Überleben sichern,
- sich emotional auf andere einzustellen und mit ihnen kommunizieren zu können (Phänomen der sog. Spiegelneuronen).

Vielleicht haben Sie schon einmal von den sog. »idiot savants« gehört. Menschen, die wegen ihrer speziellen Fähigkeiten für die Hirnforschung sehr interessant sind. Diese Savants nutzen das Gehirn so, dass es auf den ersten Blick zu Neid führen könnte. Stellen Sie sich vor, Sie haben 12.000 Bücher gelesen und wissen noch ziemlich genau die Inhalte. Oder wie wäre es, wenn Sie aus den letzten zehn Jahren alle Details, die passiert sind, Tag für Tag, Stunde für Stunde noch genau wiedergeben könnten? Oder Sie fliegen etwa eine Stunde mit dem Hubschrauber über Rom und wären danach in der Lage, die Stadt perspektivisch richtig mit einer Genauigkeit von beinahe 100 % aufzuzeichnen?

Welche Eigenschaften haben Savants gemeinsam? Diese Menschen wissen sehr viel, können jedoch die wesentlichen Fakten nicht herausfiltern, sind kaum in der Lage, Entscheidungen zu treffen und können sich emotional kaum auf ihre Umwelt einstellen. Beinahe alle Savants sind Pflegefälle. Und – möchten Sie tauschen? Vielleicht hilft Ihnen die Erkenntnis, dass ein großer Teil Ihrer Erfolge in Beruf und Schule davon abhängt, dass Sie auch »vergessen« können. Mehr über die Savants erfahren Sie in Kapitel 7.

Vergessen Sie die Entschuldigung mit dem Alter

Es regt mich schon ein wenig auf, wenn Teilnehmer sich beruhigt und leichtfertig zurücklehnen und ihre Gedächtnisprobleme wie folgt entschuldigen: «Ich bin ja schon über 40 …«

Es ist in der Hirnwissenschaft längst etabliert, dass die Sache mit dem Alter eine andere Rolle spielt, als noch vor 25 Jahren behauptet. Doch es scheint noch Generationen zu dauern, bis sich das neue Wissen herumspricht. Insbesondere durch die modernen bildgebenden Verfahren (wie etwa das MRT) ist es heute möglich, Gehirne beim Denken zu beobachten. Junge Gehirne lassen sich ebenso beobachten wie ältere Gehirne. Die Überraschung: Ja, es gibt Unterschiede, doch nicht so, wie man früher glaubte.

Gehirne verändern im Laufe der Jahre ihre Funktionsweise. Wie stark das im Einzelfall tatsächlich passiert, ist jedoch individuell sehr unterschiedlich. Die Aufmerksamkeit lässt mit zunehmendem Alter etwas nach, die Fokussierung auf einzelne Dinge fällt schwerer. Das klingt zunächst nachteilig, ist aber ebenso vorteilhaft, weil mehr Weitblick entsteht. Das Gesamte wird mehr wahrgenommen.

Den größten Vorteil des zunehmenden Alters sind jedoch die Erfahrungen. Das Gehirn ist Spezialist darin, bisherige Erfahrungen mit neuen Erfahrungen zu vernetzen und daraus zu lernen. Wer schon viel erlebt hat, kann neue Dinge besser einordnen, Irrtümer schneller erkennen und damit effektiver arbeiten.

Manchmal liegen die Gründe für »Vergesslichkeit« woanders

Sehr oft entwickelt sich ein Gedächtnisproblem beispielsweise aus einem Mangel in der menschlichen Biochemie: Im Folgenden liste ich einige Punkte auf, die auch dafür verantwortlich sein können, dass Sie unkonzentriert sind und sich neue Informationen nicht gut merken können:

1. Ernährung

Wenn etwa 20–30 % der zugeführten Energie allein zur optimalen Versorgung des Gehirns nötig sind, ist es leicht vorstellbar, wie wichtig die Komponente Ernährung ist. Insbesondere der Vitamin-B-Komplex steht in direktem Zusammenhang zur Qualität der Synapsenbildung; ein Mangel macht sich in der Merkfähigkeit bemerkbar. Ein Energiemangel kann schnell entstehen, wenn Sie sich einseitig oder ungesund ernähren. Ausgelaugte Böden geben dem Gemüse oftmals messbar weniger Nährstoffe als noch vor dreißig Jahren. Fertigessen enthalten oft viel Fett und viel Chemie, aber wenig Gesundes. Dazu gehört sicherlich auch in vielen Fällen die typische Kantinenernährung.

2. Medikamente
Viele Menschen haben sich an die dauerhafte Einnahme von Medikamenten gewöhnt. Beruhigungsmittel und Schlafmittel, womöglich noch in Kombination mit Alkohol, vermindern Ihre Denk- und Merkfähigkeit.

3. Stress und Emotionen
Diese Problematik spielt eine wesentliche Rolle. Schlafmangel und Stress gehören zu den häufigsten Ursachen von Gedächtnisstörungen. Lesen Sie hierzu auch das Kapitel mit den Entspannungstechniken. Manchmal gehen gestresste Menschen zum Arzt, weil sie sich nichts merken können und kommen mit dem Verdacht auf ein beginnendes Burnout-Syndrom nach Hause.

4. Krankheiten
Eine Veränderung der Schilddrüsenfunktion, Bluthochdruck oder Diabetes können auch die Leistungsfähigkeit des Gehirns beeinflussen. …

4. So lernen Sie am besten im Schlaf

Sicherlich haben Sie diesen »schlechten Witz« mit dem Buch unter Ihrem Kopfkissen auch schon oft gehört. Nun, was haben Lernen und Schlafen für eine Gemeinsamkeit?

In den 80er Jahren war es ein Geheimtipp, mit Kassetten während der Nacht Vokabeln etc. zu lernen. Leider machten immer mehr Menschen die Erfahrung, dass diese Methode nicht wirklich funktioniert. So entwickelte sich das Thema zur ewigen Lachnummer.

Heute ist die Lernforschung wieder auf einem anderen Kurs. Tatsächlich zeigen moderne Experimente, dass der Lernprozess im Schlaf positiv beeinflusst werden kann. Voraussetzung ist allerdings, dass man im Wachzustand bereits gelernt hat.

Ein Forscherteam am Lübecker Institut für Neuroendokrinologie experimentierte und war erfolgreich. Die Grundthese: Tiefschlafphasen tragen entscheidend zu unserer Gedächtnisbildung bei. Wird diese Phase beeinflusst, verändert sich der Lernerfolg. Der Versuch: Medizinstudenten, die tagsüber sehr intensiv lernten, bekamen nachts leichte elektrische Impulse. Dadurch wurden die im Schlaf sehr langsamen Hirnströme verstärkt. Das Ergebnis: Die Lerninhalte waren bei den Studenten mit den elektrischen Impulsen signifikant besser verankert als in der Vergleichsgruppe! Der Institutsleiter, Prof. Jan Born, sieht darin einen ersten großen Erfolg in der Grundlagenforschung zum Thema »Lernen im Schlaf«.

Schon lange wissenschaftlich nachgewiesen ist, dass Ruhephasen oder Schlaf ein geeignetes Mittel sind, um Lerninhalte besser zu behalten. Prof. Born sieht hier nicht allein den Erholungseffekt:« Im Schlaf werden Informationen nicht nur eingeschliffen, sondern aktiv verarbeitet. Gelernte Stoffe werden neu strukturiert und vorhandenen zugeordnet.«

Hierzu noch ein spannendes Experiment von Prof. Born, der für seine Leistungen den Leibniz-Preis erhielt: Probanden sollten Zahlenreihen anhand von zwei Grundregeln bilden. Eine versteckte, dritte Regel wurde nicht erklärt. Das spannende Ergebnis: Die Teilnehmer, die zwischendurch schlafen durften, fanden mehr als doppelt so häufig die dritte Regel! Offenbar hatte das Gehirn während des Schlafs die richtige Struktur gefunden.

Hier gibt es übrigens eine interessante Schnittstelle zum Kapitel 8. Die dort vorgestellten Mind-Machines sind Geräte, die über audiovisuelle Stimulierung Ihr Gehirn nach Lernphasen in eine Frequenz bringen, die den Lernvorgang unterstützt.

Fazit: Die besten Tipps für Ihr Gedächtnis

1. Nutzen Sie die Vorteile von Gedächtnistechniken für Ihren Beruf

Mit dieser Methode werden Sie Ihr Langzeitgedächtnis sehr viel besser nutzen. Es hat den gleichen Effekt wie ein Schlüsselhaken. Wenn ich weiß, wo der Schlüssel hängt, brauche ich ihn nicht zu suchen. Ich finde ihn schnell, ja beinahe unbewusst. Ab Seite 67 finden Sie die Baum- und Körperliste mit dazu passenden Übungen.

Sehr gut lernt man die Techniken in einem Seminar. Ein Buch gibt Anregungen und erste Hilfestellungen, reicht aber nicht aus, um wirklich Meister dieser Methode zu werden. Als Alternative zu einem normalen Seminar bietet sich ein interaktives Lernsystems an. Hier empfehle ich Ihnen das hervorragende Selbstlernseminar mega memory®. Weitere Infos und Bestellmöglichkeiten finden Sie unter www.datenflut.info/Kaufempfehlungen.

2. Öffnen Sie alle Kanäle

Stellen Sie sich vor, Ihr Gehirn wäre wie ein Behälter, in den Wasser hineinläuft. Es gibt mehrere Kanäle, aber nur einer ist geöffnet. Deshalb füllt sich der Behälter nur langsam. Wenn Sie mehrere Kanäle öffnen (Sehen + Hören + Fühlen) geht es viel besser und schneller. Üben Sie in den nächsten 14 Tagen immer wieder bewusst, die Welt mit verschiedenen Kanälen wahrzunehmen. Ein Feuerwehrauto hat rote und blaue Farben, Sie hören auch die Sirene, haben vielleicht ein Gefühl für Gefahr und riechen den Rauch an der Brandstelle.

3. Ruhe, Rast und Schlaf unterstützen Ihr Gedächtnis

Nach einer Einheit Input braucht es eine Ruhezeit, damit Ihr Gehirn das neue Wissen gut vernetzen und strukturieren kann. Pausen dienen also nicht nur der Erholung, sondern sind Teil einer qualitativ hochwertigen Informationsverarbeitung. Mit einem »Nickerchen« erhöhen Sie nicht nur Ihre Leistungsfähigkeit, sondern auch Ihr Erinnerungsvermögen.

Wiederholen Sie neues Wissen abends kurz vor dem Schlafengehen. Ihr Gehirn ist dann optimal vorbereitet für die Vernetzung in der Nacht. Auch im Büro macht es Sinn, nach anstrengenden Arbeitseinheiten eine kurze Pause (3–5 Minuten) einzulegen. Nur so ist gewährleistet, dass Ihr Gehirn die erarbeiteten Informationen auch vernetzen kann.

4. Achten Sie auf Ihre Tiefschlafphasen

In diesen Phasen wird Wissen in Ihrem Langzeitgedächtnis strukturiert und vernetzt. Optimal unterstützen Sie Ihren Tiefschlaf, wenn Sie vor Mitternacht schlafen, keine Schlafmedikamente nehmen und etwa zwei

Stunden zuvor keinen Alkohol mehr trinken. Sport als körperlicher Ausgleich ist sehr wichtig, sollte aber auch etwa zwei Stunden vor der Nachtruhe beendet sein.

5. Verändern Sie Ihre Glaubenssätze

Der Blick in den Spiegel mag mit den Jahren Veränderungen zeigen. Glauben Sie nicht weiter, dass auch Ihr Gedächtnis deshalb schlechter funktionieren muss. Das ist der wissenschaftliche Stand von vor 25 Jahren und gilt heute so nicht mehr. Ganz im Gegenteil. Die heutige Hirnwissenschaft beweist mit moderner Technik, dass unser Gehirn bis ins hohe Alter sehr gut lernfähig ist. Sehen Sie hier bitte auch die Schnittstelle zum Multitasking-Training (Kapitel 3), das eine wichtige Brücke zwischen einer konzentrierten und aufmerksamen Wahrnehmung im Arbeitsgedächtnis und einer sicheren Abspeicherung im Langzeitgedächtnis fördert.

6. Wiederholen Sie wichtige Informationen des Tages

Gehen Sie am Abend nochmals den Tag gedanklich durch. Versuchen Sie dabei, sich systematisch an alle wichtigen Ereignisse und Informationen von morgens bis abends zu erinnern. Dinge, die Sie längerfristig behalten möchten, sollten Sie dabei besonders stark gewichten. Arbeiten Sie dazu mit Visualisierungen und Emotionen. Sie werden merken, wie sich die Geschehnisse des Tages wesentlich besser ins Langzeitgedächtnis vernetzen. Doch Vorsicht: An Tagen mit eher negativen Erlebnissen sollten Sie darauf verzichten. Sonst passiert es schnell, dass Sie sich erneut über ein Ereignis ärgern.

5 Verändern Sie Ihre Lesegeschwindigkeit

Wann lohnt es sich, dieses Kapitel zu lesen?

Es lohnt sich für Sie, wenn mindestens zwei der Punkte zutreffen:

- Müssen Sie beruflich mehr als 30 Minuten am Tag lesen?
- Haben Sie das Gefühl, Sie lesen zu langsam?
- Fehlt Ihnen beim Lesen oftmals die Konzentration?
- Behalten Sie die Inhalte nur nach mehrmaligem Lesen?
- Verspüren Sie nach dem Lesen manchmal Unsicherheit, ob Sie die Kernaussagen auch richtig erfasst haben?
- Fragen Sie sich, wie Sie die Textinhalte effizient dokumentieren können?
- Ist das viele Lesen für Sie ein Stressfaktor im Beruf?

Möglicher Nutzen: Sehr viel Zeitersparnis, schnelleres Textverständnis, Sicherheit im Umgang mit Texten

Schnelles Lesen ist ein wesentlicher Baustein für den Erfolg in Ausbildung und Beruf. Immerhin erhalten wir etwa 70 % unserer Informationen schriftlich. Stellen Sie sich die Zeitersparnis vor, wenn Sie Ihre Lesegeschwindigkeit nur um 25 % erhöhen! Das macht in einem Jahr bei einer durchschnittlichen Lesezeit im Büro bereits mehr als zwei Wochen Arbeitszeit aus!

Seit 2004 führe ich das Seminar »Effizientes Lesen« in verschiedenen Unternehmen (Bayer AG, Siemens AG, ThyssenKrupp etc.), Institutionen oder offenen Seminaren durch. Die bisherigen Seminarteilnehmer kommen aus vielen verschiedenen Berufsgruppen bzw. Hierarchieebenen von Sekretariats- bis zu Vorstandspositionen und müssen regelmäßig beruflich lesen. Dabei hat sich gezeigt, dass über 90 % der Teilnehmer weit unter ihren Möglichkeiten lesen. Dies führt zu einer erheblichen Zeitverschwendung, zu Demotivation und oftmals auch zu Stress.

Die Grundlagen zum Seminar »Effizientes Lesen« beruhen auf den langjährigen Erfahrungen von Rotraut und Walter Uwe Michelmann. Beide gelten in Deutschland als Experten für berufliche Leseergonomie. In über dreißigjähriger Leseforschung haben sie nützliche Erkenntnisse zur Leseoptimierung gewonnen und in den Büchern »Effizientes Lesen« (Gabler-Verlag) sowie »Turbolesen« (Falken-Verlag) veröffentlicht. 2010 ist das Buch »Effizient und schneller lesen« als überarbeitete Neuauflage im Anaconda-Verlag erschienen. Mit der »DGfbL | Deutsche Gesellschaft für berufliches Lesen e.V.« ist zudem eine wichtige Plattform für die Thematik des »effizienten Lesens« entstanden (Webadresse: www.beruflicheslesen.de).

1. Wieso ist das Verbesserungspotenzial so hoch?

Wenn ich meine Teilnehmer frage, warum sie ihre Lesegeschwindigkeit nicht verdoppeln, kommen sofort Gegenargumente, dass es nicht funktioniert oder aber keinen Sinn macht. Spannend ist, dass nach dem Seminar die Teilnehmer ihre Lesegeschwindigkeit deutlich erhöht haben … und dies funktioniert sehr einfach.

Stellen Sie sich folgende Situation vor: Ihre Lesequalität ist so hoch, dass der Stapel neu zu lesender Informationen immer überschaubar klein bleibt. Ein gutes Gefühl, oder?

Manche Teilnehmer haben die Sorge, dass schnelleres Lesen dazu führt, die Inhalte nicht gut abzuspeichern. Es ist zunächst eine Herausforderung, sie vom Gegenteil zu überzeugen. Wenn es dann bei der letzten Lesezeitmessung tatsächlich funktioniert, ist es ein großes Erfolgserlebnis.

Es klingt verblüffend: Durch schnelleres Lesen nutzen Sie die Kapazität des Kurzzeitgedächtnisses besser. Innerhalb der sogenannten »Gegenwartsdauer von Informationen« begegnen wir mehr Argumenten und Aspekten. Zusammenhänge lassen sich so besser erkennen. Gleichzeitig wird gedankliches Abschweifen verhindert. Insgesamt verbessert sich das Verstehen und Verarbeiten des Textes.

Wieso gibt es beim effizienten Lesen so ein hohes Potential? Wir lernen das Lesen in der Schule. Dabei wird von Seiten der Lehrer oder Eltern nicht auf optimale Lesetechniken geachtet. Man liest eben gut oder leider nicht so gut. Die meisten Erwachsenen stehen mit ihrem Leseverhalten noch auf dem Niveau der Schulzeit, weil es später kein Feedback, keine Hilfestellungen oder Korrekturen gegeben hat. Manchmal beobachtet man sogar Erwachsene, die noch immer mit dem Finger über jede Zeile gehen oder (was für die Umgebung nervig ist) sogar hörbar laut mitlesen.

In diesem Kapitel erfahren Sie wichtige Grundlagen zur Technik »Lesen« und machen Übungen, die Sie voranbringen. Es sind nur wenige Dinge zu beachten, um das Lesen optimal zu gestalten. Jeder ist in der Lage, diese Punkte umzusetzen. Was zunächst dagegen spricht, sind langjährige Gewohnheiten. Das Lesen ist eine stark verankerte Gewohnheit, die wir als Kind gelernt haben. Im Normalfall hat sich seitdem nichts daran verändert. Oftmals sträubt sich unser Gehirn, wenn Gewohnheiten geändert werden, und es versucht, in den alten Mustern zu bleiben. Das Ändern der Lesegewohnheiten braucht deshalb einen starken Willen und wiederholte Übung.

Es kann deshalb auch sein, dass Sie mit Ihren autodidaktischen Versuchen der natürlichen Lesebeschleunigung nicht vollständig zufrieden sind. Dann sollten Sie Ihre praktischen Fähigkeiten bei einem Präsenztraining schulen. In einem Seminar gelingt es, Schritt für Schritt die alten Lesegewohnheiten zu optimieren.

2. Welche Lesegeschwindigkeit ist für Sie angemessen?

Eine interessante Reflexion der eigenen Lesefähigkeit ist die anfangs gemessene Lesegeschwindigkeit. Bei meinen Seminaren verwende ich dafür einen Lesetext (1122 Wörter) aus einem »Geo-Magazin«, der sich mit Merkstrategien beschäftigt. Die Aufgabe ist es, den Text, wie sonst im beruflichen Kontext üblich, zu lesen. Weitere Informationen werden nicht gegeben.

Die Lesegeschwindigkeit wird in Wörtern pro Minute (wpm) gemessen. Bei bisher keinem Teilnehmer lag die anfänglich gemessene Lesegeschwindigkeit unter 100 wpm, immerhin aber bei etwa 50 % der Teilnehmer im Bereich von 120 bis 240 wpm. Die häufigsten Selbsteinschätzungen dafür sind: »So lese ich immer, ich habe noch nicht darüber nachgedacht« und »Ich versuche, möglichst gründlich zu lesen und den Inhalt sofort zu behalten«. Nur etwa 10 % der Teilnehmer erreichen anfangs Lesegeschwindigkeiten von etwa 360 wpm, sehen jedoch häufig bei sich die Problematik, den Text »zu überfliegen« und den Inhalt kaum zu erfassen. Nach dem Seminar ist für viele Teilnehmer eine zuverlässige Lesegeschwindigkeit von 360 wpm normal.

Bei der Messung der Lesegeschwindigkeit muss man auch berücksichtigen, dass die oben genannten Durchschnittswerte entsprechend dem inhaltlichen Textniveau oder dem eigenen Vorwissen abweichen können. Die Rede eines Politikers ist wahrscheinlich schneller zu lesen, weil sie nicht so viele wesentliche Details enthält. Manche Fachbücher dagegen enthalten sehr dichte Passagen. Dennoch geben die Werte einen ersten sehr guten Hinweis über die im Berufsleben »normale« Lesegeschwindigkeit.

Wie funktioniert »Lesen« eigentlich?

Überrascht Sie diese Frage? Vielleicht weil Sie noch nie bewusst darüber nachgedacht haben. Doch für das Verständnis einer sinnvollen Lesebeschleunigung sollten wir uns kurz mit diesem Thema auseinandersetzen.

In der Grundschule lernen Sie zunächst, Buchstaben miteinander in Verbindung zu bringen und als Laute auszusprechen. Nach und nach ergeben sich daraus verständliche Worte. Dann kommt der nächste Schritt, der Ihnen wahrscheinlich nicht mehr bewusst ist. Sie lesen Wörter so, wie Sie auch Muster wahrnehmen. Das funktioniert ähnlich wie beim Erkennen einer Fährte im Wald. Das Wort »Apfelbaum« wird innerhalb einer 50stel Sekunde in Ihrem Gehirn als bekannt wahrgenommen, und es werden Assoziationen wie Bilder, Gefühle, Erfahrungen etc. freigesetzt. Allein die Tatsache, dass die Erkennung eines Wortes so schnell funktioniert, ist schon ein erster Beweis dafür, dass unser Gehirn viel schneller »lesen« und verstehen kann, als wir aufgrund unserer bisherigen Erfahrungen annehmen.

Selbst ein Text, in dem die Buchstaben eines Wortes durcheinander stehen, wird vom Gehirn richtig erkannt. Es ist unglaublich, was unser Gehirn alles kann! Probieren Sie es selbst mit dem folgenden Text aus:

Btite Lseen!
Gmäeß eneir Sutide eneir elgnihcesn Uvinisterät ist es nchit witihcg, in wlecehr Rneflogheie die Bstachuebn in eneim Wrot snid, das ezniige was wcthiig ist, ist dsas der estre und der leztte Bstabchue an der ritihcegn Pstoiion snid. Der Rset knan ein ttoaelr Bsinöldn sien, tedztorm knan man ihn onhe Pemoblre lseen. Das ist so, wiel wir nciht jeedn Bstachuebn enzelin leesn, snderon das Wrot als gseatems.

Aoccdrnig to rseearch at an Elingsh uinervtisy, it deosn't mttaer in waht oredr the ltteers in a wrod are, the olny iprmoatnt tihng is taht the frist and lsat ltteers are in the rghit pclae. The rset can be a toatl mses and you can sitll raed it wouthit porbelms. Tihs is bcuseae we do not raed ervey lteter by itslef but the wrod as a wlohe.

Stlelen Sei scih vro, dsas Sei ni enier Fßugnägreznoe stheen und ni dre Mnecshnemngee Irhe Fnreuidn suechn. Owbhol veile Mnescehn gliehce Mrekmlae hbaen (b.Z. Harae, Jaens, Fgiur, Gnag), ereknnen Sei Irhe Frunedin mit eniem Bilck. Enbeso ekrennen Lseer Wrote na irhem Fulss oedr acuh huäfig an dme esrtne udn ltzeen Bchbustaen. Mna msus nchit iemmr jeedn enizlenen Bchustbaen lseen. Jdees Wrot blidet eni enihietlchies Gnazes, dsa mna otf sfoort ekrnenen knan, onhe scih uz tuäeschn. Diteals (wneiger wchitgie Bchustbaen oedr Slbien) snid otf nchit ntöig, mu dne Snin uz efrassen!

Esrt bie unebkananten oedr lnägreen Wrötren mti hoehm Vretuashcnugsgard, msus mna, wnen enie Lsönung übrehuapt mgölcih sit, ngeau etnlschssülen, mu mi Txet nchit zurckügheen und eni zwietes Mla lseen uz mssüen. Wreden zusztälcih dre esrte udn dre tlezte Buhctsabe vretaushct, wrid eni Vresteehn miest sher shcewr odre aukrn mgölich.

Doch warum gelingt es, mit dem Auge Zeile für Zeile zu lesen? Unser Auge ist sehr sprunghaft. Wenn wir uns ein Bild, ein Gebäude oder eine Person ansehen, geschieht dies mit sehr vielen, nicht kontrollierbaren Sprüngen. Die Antwort heißt: Subvokalisation. Sie steuert unsere Augen durch den Text. Eine gelungene Klangfolge von einzelnen Wörtern, die wir innerlich mitsprechen, ergibt einen Satz oder Teilsatz. Dieses Mitsprechen sollte bei einem erwachsenen Leser nicht mehr hörbar sein, ist aber dennoch am Kehlkopf messbar. Die Subvokalisation ist für das »normale« Lesen unentbehrlich. Die Technik des Lesens ist ein Meisterwerk der menschlichen Entwicklung und funktioniert so präzise, dass es sehr viel Sinn macht, das natürliche »flüssige« Lesen auch optimal zu nutzen.

Flüssiges Lesen ohne Hetzerei

Achtung! Folgender Hinweis ist sehr wichtig. Wenn wir in diesem Kontext von Lesebeschleunigung sprechen, ist keinesfalls ein hektisches Rasen durch den Text gemeint. Sie kennen das vielleicht vom Sport: Ab einer gewissen Geschwindigkeit geht einem die Puste aus. So ist es auch beim Lesen. Sie sollten niemals das Gefühl haben, auf der Flucht zu sein.

Lesebeschleunigung bedeutet eher, dass wir unser Auge nicht daran hindern, flüssig den Text zu lesen. Im optimalen Fall geschieht das von ganz allein, ohne dass Sie etwas bewusst dafür tun müssen. In der Lesepraxis reicht es oftmals aus, die angelernten Lesebremsen wegzulassen. Denken Sie als Vergleich an eine Autofahrt: Manche Autofahrer fahren nicht flüssig, sondern bremsen sehr häufig unnötig. Wir werden uns also nicht nur mit dem Gaspedal, sondern auch sehr stark mit dem Bremspedal beschäftigen.

Für viele Teilnehmer ist folgende Vorstellung hilfreich: »Ich bin eine Lesemaschine.« Maschinen sollen einfach nur funktionieren. Stellen Sie sich einen Kopierer vor, der bei jeder Kopie über die Inhalte nachdenkt und dadurch extrem langsam wird. Ein Vorteil von Maschinen ist, dass sie weder zurückblicken, noch aus tugendhaften Gründen langsam arbeiten oder ständig den Sinn ihrer Arbeit reflektieren.

Vielleicht hilft Ihnen die bewährte »Als-ob«-Strategie. Stellen Sie sich diesmal vor, Sie haben eine zweite Möglichkeit zu lesen. Die eine kennen Sie bereits seit vielen Jahren. Die andere ist sehr einfach. Sie lesen einfach, sonst nichts. Stellen Sie Ihre Lesemaschine an und los geht's. Am Anfang kann es sein, dass Ihnen die bekannten bremsenden Muster auffallen. Sobald Sie das feststellen, können Sie diese unterbrechen und weiter lesen.

Falls Sie noch immer Bedenken gegen das flüssige Lesen haben, ist das sehr gut verständlich. Ihr Gehirn ist auf eine andere Art des Lesens konditioniert und wehrt sich zunächst gegen die vorgeschlagenen Änderungen. Am einfachsten funktioniert eine Veränderung dieser Einstellung durch positive Erfahrungen. Wenn Sie erleben, dass es funktioniert, wird die Bereitschaft zur langfristigen Umsetzung sofort steigen.

Den meisten Menschen gelingt eine solche Verhaltensänderung allerdings nicht allein durch das Lesen eines Buches. Deshalb – wenn Sie ernsthaft an Ihren Lesefähigkeiten arbeiten wollen, sollten Sie vielleicht ein passendes Seminar besuchen.

3. Häufige Lesebremsen

Einige der wichtigsten Lesebremsen möchte ich Ihnen hier nennen:

1. Bewusst langsam lesen
Ist es nicht wichtig, dass wir die Dinge gründlich und ordentlich machen? Das haben wir zumindest in der Grundschule als Lerntugend mitbekommen. Beim Lesen ist es eine verbreitete Meinung, dass die Lesequalität besonders hoch ist, wenn man langsam liest. Genau das Gegenteil ist aber der Fall! Wenn wir zu langsam lesen, ist unser Gehirn sehr schnell unterfordert, gelangweilt und damit auch abgelenkt. Stellen Sie sich einmal vor, ich würde so langsam zu Ihnen sprechen: »Haaalllo diiiiiies issst ein Seeemiiiiinaaaar zuuumm Themaaaaa effiiiiziennnntessss Leeeseeen.« Das hält niemand lange aus. Vielleicht hilft Ihnen auch folgender Vergleich: Nicht alle Dinge funktionieren besser, wenn wir sie besonders langsam machen. Denken Sie beispielsweise ans Fahrradfahren. Wenn Sie zu langsam fahren, kippen Sie um!

Das Kurzzeitgedächtnis lässt sich vereinfacht mit einem (beinahe) überlaufenden Fass vergleichen. Es hat einen beschränkten Inhalt, andererseits fließt ständig etwas vom Inhalt ab. Nur wer so schnell nachfüllt, wie die Informationen abfließen, hält es voll. Die eher kurze Gegenwartsdauer von Informationen wird so besser genutzt.

Wir haben mehr Argumente und Gesichtspunkte gleichzeitig im Bewusstsein, als das bei einem zu geringerem Lesetempo der Fall wäre. Dies führt zu einem besserem Verstehen und höherer Merkfähigkeit. Doch Vorsicht: Das Fass soll nur optimal aufgefüllt werden, aber nicht überlaufen. Sonst entsteht die nicht gewünschte Informationsflut.

Wer nur aus Sorge langsam liest, weil ansonsten Informationen verloren gehen könnten, erlebt eine große Überraschung. In praktischen Übungen wird deutlich, dass bei höherer Lesegeschwindigkeit mehr behalten wird als zuvor.

2. Regression

Eine sehr verbreitete Unsitte beim Lesen ist das Zurückblicken. Dies geschieht oftmals bewusst, weil ein gelesenes Wort nicht verstanden wurde. Bei vielen Lesern entwickelt es sich auch zu einer Art Tick, bei fast jedem Satz noch mal einen Blick zurückzuwerfen. Das ist einerseits ein sehr großer Zeitaufwand, weil jede dieser Unterbrechungen bis zu zwei Sekunden dauert, und andererseits wird die Konzentration beim Lesen sehr gestört.

Natürlich haben Sie jederzeit die Möglichkeit, in einem Text zu stoppen und auch nochmals den Satz zuvor anzuschauen. Doch macht es auch wirklich Sinn? Diese Frage sollten Sie sich im Einzelfall stellen. Ihr Gehirn wird von dem Text am meisten verstehen und auch behalten, wenn Sie flüssig, ohne viele Unterbrechungen lesen. Oftmals ist es auch so, dass Unklarheiten im Verlauf des weiteren Textes geklärt werden oder vielleicht im Zusammenhang auch gar nicht mehr so wichtig sind.

Jetzt, da Ihnen die Regression bewusst ist, fällt Sie Ihnen wahrscheinlich zum ersten Mal auf. Wenn es beim Lesen wieder passiert, dann können Sie ab jetzt bewusst entscheiden, einfach weiterzulesen. In meinen Seminaren gelingt es vielen Teilnehmern sehr schnell, auf die Regressionen zu verzichten.

3. Lesen und gleichzeitig reflektieren bzw. lernen

Viele glauben an eine besonders hohe Effektivität, wenn der Lese- und Lernprozess direkt miteinander verbunden wird. Tatsächlich kommt es jedoch dann meistens zu einer Überforderung unseres Arbeitsgedächtnisses. Vielleicht haben Sie sich auch schon einmal dabei beobachtet, dass Ihre Augen weiter durch den Text gingen und Sie gleichzeitig über das Gelesene nachgedacht haben. Es funktioniert nicht wirklich gut.

Die Erfahrungen in der Leseforschung zeigen, dass es meistens sinnvoll ist, einen Text zunächst flüssig zu lesen, ohne sich dabei bewusste Gedanken über das Behalten bzw. Lernen zu machen. Dieser Schritt sollte später und separat geschehen. Fazit: Entweder Sie lesen oder Sie lernen. Beides gleichzeitig mindert die Qualität spürbar. Übrigens: Auch wenn Sie nicht bewusst nachdenken, wird Ihr Gehirn die Textinhalte gut erfassen.

Übung Lesebremsen

Nutzen Sie jetzt die Gelegenheit, wenige Minuten in einem Ihrer Fachbücher zu lesen. Achten Sie dabei auf Ihr Leseverhalten. Haben Sie das Gefühl, bewusst langsam zu lesen? Blicken Sie immer wieder auf das bereits Gelesene zurück? Schweifen Sie immer wieder ab, weil Sie den Text bereits bewusst reflektieren? Es kann auch sein, dass Sie noch andere Lesebremsen an sich feststellen. Stellen Sie diese Dinge kurz fest und lesen Sie dann einfach weiter. Den ersten wichtigen Schritt haben Sie mit dieser Übung gemacht. Sie wissen jetzt, was Sie beim Lesen noch alles nebenbei machen und wie Sie Ihr Lesen bremsen.

Drei Lesebremsen, auf die Sie achten sollten:

1. Bewusst langsam lesen.
2. Regression – zurückblicken.
3. Lesen und dabei gleichzeitig reflektieren bzw. lernen.

Achten Sie ab heute auf diese drei Lesebremsen und Sie werden schon eine deutliche Verbesserung Ihrer Lesegeschwindigkeit bemerken.

4. Wie Sie Bücher in zehn Minuten »planvoll nicht-lesen«

Teilnehmer beklagen sich regelmäßig, dass sie Fachbücher zumeist ziel- und strategielos durcharbeiten. Das Inhaltsverzeichnis wird durchgesehen, der Einband kurz gelesen und dann beginnt die Lektüre mit dem ersten Kapitel. Über den Inhalt des Buches besteht eher Ungewissheit, und oft reicht die Lesemotivation nicht über die ersten 20 Seiten hinaus.

Eine wichtige Technik ist deshalb das »Lesen mit System«, wozu auch das planvolle Nichtlesen gehört. Dieser Ansatz in acht Schritten ist für die meisten Teilnehmer neu, interessant und sehr nützlich. Insbesondere die ersten fünf Schritte (Blättern, Schlüsselwörter, Suchworttechnik, im Umfeld lesen und Grafik ansehen) werden als »planvolles Nichtlesen« vorgestellt. Die Idee, etwas durch »Nichtlesen« zu bearbeiten, klingt doch sehr sympathisch, oder? Als Alternative zum unnützen Lesen ist es auf jeden Fall sehr effizient. Zwei Bestandteile des »planvollen Nichtlesens« möchte ich Ihnen etwas genauer vorstellen:

a) Das Blättern im Sekundentakt

Klingt es für Sie vielleicht merkwürdig oder lustig, ein ganzes Buch durchzublättern? Im Seminar wird das systematische und rhythmische Durchblättern eines Buches im Vorfeld sehr unterschiedlich bewertet. Die einen sagen »interessante Idee«, andere fragen sich, ob das Blättern tatsächlich sinnvoll und effektiv ist.

Nachdem im Seminar das Blättern mit einem Buch praktisch geübt wird, herrscht die eindeutige Meinung, dass diese Technik sehr nützlich ist. Die Teilnehmer sind überrascht, wie viele Informationen sich bereits in der Zeit von etwa zwei Minuten ergeben. Hier einige der Vorteile:

- Sie haben ein besseres Gefühl für die Strukturierung des Buches (Grafiken, Textfluss, Zusammenfassungen der Kapitel etc.).
- Sie spüren, wie groß die jeweiligen Anteile im Buch sind (z.B. Theorie und Praxis).
- Viele Kernaussagen bzw. Schlüsselwörter werden durch Überschriften oder Textinhalte bereits wahrgenommen.
- Sie merken, ob Ihnen der Schreibstil des Autors gefällt oder nicht.
- Negative Emotionen, insbesondere bei dicken Fachbüchern, werden neutraler und eher in Interesse umgewandelt.
- Sie spüren, ob die Lesbarkeit von Schrift und Schriftgröße eher angenehm oder unangenehm ist.

Wichtig: die optimale Technik beim Blättern

Machen Sie sich das Buch zunächst gefügig. Insbesondere bei neuen Büchern werfen die Seiten beim Aufschlagen Wellen. In dieser Form können Sie kaum blättern oder lesen. Wenn es nicht gerade ein wertvolles Sammelobjekt ist, sollten Sie das Buch beherzt aufschlagen und im Bereich der Buchfalz beweglich machen.

Die Technik funktioniert für Rechts- und Linkshänder gleich. Optimal ist es, wenn das Buch auf einem Tisch liegt und von der linken Hand festgehalten wird. Die rechte Hand streift diagonal von rechts oben nach links unten und wieder zurück von links unten nach rechts oben. Dann blättern Sie um und fangen wieder von vorne an. Ihre Augen sind einfach nur auf die Buchmitte gerichtet, der Kopf bewegt sich nicht. Tatsächlich folgen Ihre Augen dem Finger reflexartig, denn darauf haben Sie keinen Einfluss. Das Prinzip «Auge folgt Finger« kann man auch schon bei Babys beobachten. Wichtig ist, in einem klaren Rhythmus zu bleiben, also etwa im Sekundentakt zu blättern.

Übung Blättern im Sekundentakt
Nehmen Sie sich jetzt einige Minuten Zeit und blättern Sie durch ein Buch. Denken Sie dabei nicht zu viel nach und lassen Sie sich überraschen, was Ihre Augen in der kurzen Zeit alles wahrnehmen. Da es um Effizienz geht, noch ein Hinweis. Beim Blättern besteht immer die Gefahr, an einer Stelle hängen zu bleiben. Versuchen Sie, im Rhythmus zu bleiben und relativ durchgängig zu blättern.

Übrigens: Im Seminar erhalten die Teilnehmer die Aufgabe, ein Buch innerhalb von zehn Minuten mit den o. g. fünf Schritten durchzuarbeiten. Danach sollen Sie folgende Fragen beantworten:

- Ist das Buch für mich interessant?
- Wo im Buch sind die wichtigen Inhalte?
- Was sind die Kernaussagen?

Die Ergebnisse sind erstaunlich. Die Kombination aus Blättern, Schlüsselwörter suchen, im Umfeld lesen und Grafiken auswerten führt dazu, dass alle Teilnehmer eine klare Meinung zu ihrem Buch haben und auch wissen, wo die interessanten Inhalte sind.

Es fällt zudem leicht, Aussagen über die Vorgehensweise des Autors und die Struktur des Buches zu machen. Die Teilnehmer sind in der Lage zu entscheiden, ob sie dieses Buch kaufen würden bzw. welche Kapitel tatsächlich für sie lesenswert sind. Im Fazit wird diese Vorgehensweise als wertvolles Instrument im Umgang mit Fachbüchern beurteilt.

b) Im Umfeld lesen

Haben Sie schon einmal den Fernseher eingeschaltet und sind dann bei einer Sendung »hängen geblieben«? So geht es vielen Lesern auch. »Kurz« mal reingeschaut, schon sind zehn Minuten um … Wenn Sie im Rahmen des »planvollen Nichtlesens« ein interessantes Schlüsselwort erkennen, wissen Sie vielleicht noch nicht genau, ob diese Textpassage wirklich passende Inhalte bietet. Deshalb können Sie dann kurz im Umfeld lesen. Wichtig: Diese Tätigkeit ist von Ihnen genau definiert, z.B. auf eine Zeitdauer von max. einer Minute. Dadurch ist gewährleistet, dass

Sie in einer überschaubar kurzen Zeit (z.B. zehn Minuten) möglichst viele Informationen aus unterschiedlichen Bereichen Ihres Textes erfassen können.

5. Rahmenbedingungen Ihrer Lesebeschleunigung

Es ist kaum zu glauben, wie unscheinbare Rahmenbedingungen unser Lesen beeinflussen. Lassen Sie uns kurz auf die wichtigsten Punkte eingehen:

Licht:
Optimales Lesen funktioniert bei etwa 1000 Lux, das entspricht einem bewölkten Frühlingshimmel. Die meisten Büroleuchten entsprechen dem nicht. Zu dunkel, zu grell, flackernd, es gibt viele ungünstige Varianten. Erstaunlich, wie viele Menschen jeden Tag in schlechten Lichtverhältnissen lesen müssen, obwohl ausreichende Beleuchtung heute technisch keinerlei Problem ist. Es gibt spezielle Leselampen, die in einer optimalen Lichthelligkeit ohne Spiegelung etc. das Lesen vereinfachen. Das häufige Gegenargument: »In unserem Büro sind die Lampen eben nicht so gut.«

Nun, was soll ich dazu sagen? Entweder Sie nutzen Ihren Einfluss auf eine andere Beleuchtung, oder Sie bringen sich selbst ein geeignetes Leselicht mit. Ansonsten wissen Sie zumindest, warum Ihr Lesen nicht gut funktioniert. Mit einer ungünstigen Beleuchtung sind alle Bemühungen um ein beruflich effizientes Lesen wenig sinnvoll!

Mobiliar:
Auch hier sind Einschränkungen sofort in der Qualität des Lesens spürbar. Wenn Ihr Bürostuhl permanent zu Rückenschmerzen führt, dann wird Ihre Energie kaum beim konzentrierten Lesen sein. Es stellen sich wichtige Fragen: Sitzen Sie bequem? Haben Sie bei der Bildschirmarbeit einen optimalen Monitor? Ist der Abstand zum Monitor für Ihre Augen optimal? Ist Ihr Blickwinkel auf den zu lesenden Text ermüdungsfrei?

Ein allgemeiner Tipp ist, häufiger die Leseposition zu wechseln. Wenn möglich, sollten Sie alle 20 Minuten die Leseposition wechseln. Optimal ist es beispielsweise, zwischendurch an einem Stehpult zu lesen.

Lesen am Bildschirm:
Seit es Computer, Internet, E-Mails etc. gibt, sitzen Menschen oftmals stundenlang pro Tag vor dem Monitor. Auch hier ist das effiziente Lesen sehr wichtig. Je nach Einstellung der Geschwindigkeit und Qualität des Bildschirms kann man beispielsweise auch eine E-Mail in der Scroll-Geschwindigkeit des Mail-Programms vom Bildschirm lesen. Achten Sie allerdings darauf, dass Sie, wo immer möglich, gut lesbare Schriftarten auswählen. Bei der Anzeige archivierter Dokumente sind Monitore ab 21 Zoll besonders geeignet.

Brille:
Sie werden es kaum glauben, aber oftmals scheitert das effiziente Lesen an der falschen Brille. Ändern sich die Dioptrin-Werte, sieht Ihr Auge ggf. den Text nicht mehr scharf. Dies führt zu einer extremen Verlangsamung des Lesens, zu Kopfschmerzen und Verspannungen.

Insbesondere bei Menschen ab 40 Jahren gibt es das Phänomen, dass zum Lesen eine eigene Brille benötigt wird. Mittlerweile gibt es Gleitsichtbrillen, die bei der Korrektur der sog. »Alterssichtigkeit« gute Hilfe leisten. Diese Brillen mit Trifokalgläsern (obere Zone für Fernsicht, mittlere Zone für Zwischenentfernungen und untere Zone für Nahsicht) werden von Optikern gern als die Lösung aller Seh- und Leseprobleme verkauft. Das stimmt auch vom Prinzip. Wenn Sie jedoch stundenlang am Computer oder vor Unterlagen sitzen, leistet eine spezielle Computer- oder Lesebrille wesentlich bessere Hilfe. Der knappe Nahsichtbereich hat eine sehr enge Blickspanne. Insbesondere bei längerem und schnellerem Lesen stören die Unschärfen rechts und links vom Blickmittelpunkt. 360 wpm sind so nicht zu schaffen.

Wie merkt man, dass die Augen eine andere Brille benötigen? Auch bei klein gedruckten Texten sollte sich Ihr Auge schnell auf den Text einstellen. Das bedeutet, dass Sie unmittelbar den anvisierten Text lesen können. Wenn Sie allerdings einige Sekunden erst den Text bewegen, um den richtigen Leseabstand zu finden oder den Text immer weiter weg halten, wenn Sie das Gefühl haben, es bleibt ein wenig unklar oder verschwommen, dann ist dies ein gutes Indiz für die Notwendigkeit eines Besuches beim Optiker oder Augenarzt.

Ruhe und Pausen:
Lesen ist für das Auge und Gehirn ein sehr anspruchsvoller und anstrengender Vorgang. Es ist aus mehrfachen Gründen sinnvoll, etwa alle 15 Minuten eine Lesepause einzulegen.

- Die Konzentration lässt erfahrungsgemäß nach etwa 15 Minuten deutlich nach. Vielleicht haben Sie es schon erlebt, dass Ihre Augen weiter durch den Text gehen, Sie dabei aber völlig unkonzentriert oder abgelenkt sind. Im Sinne einer hohen Effizienz sollte eine kurze Pause von zwei oder drei Minuten eingelegt werden.
- Nach 15 bis 20 Minuten sollten Sie die Inhalte für das Langzeitgedächtnis sichern. In der kurzen Pause wird sich das Gelesene im Gehirn bereits vernetzen. Dabei ist es hilfreich, wenn Sie nicht über den Text nachdenken. Nach der Pause sollten Sie prüfen, welche Inhalte für Sie wichtig sind, was noch fehlt oder nicht verstanden wurde und wie die Inhalte ins Langzeitgedächtnis übertragen werden.
- Millionen von »Büromenschen« leiden an Rückenproblemen, Verspannungen etc. Auch zur Vermeidung einer Verspannung oder Ver-

krampfung ist es sehr sinnvoll, Lesepausen einzulegen und wieder in einen entspannten Zustand zu kommen.

6. Textbilder als wichtiges Leseinstrument

Die Textbildmethode ist ein nützliches und vielseitiges Instrument, welches auch in den Seminaren als hilfreich bewertet wird. Es überrascht, dass Inhalte, die mit Worten kaum wiedergegeben werden können, als Textbild leicht darstellbar sind. Das liegt an der gehirngerechten Art, die Inhalte vernetzt zu strukturieren. Textbilder stellen die Struktur und Kernaussagen eines Textes schnell, genau und übersichtlich dar.

Eine häufige Aussage ist z.B.: «Mir fällt erst jetzt mit Hilfe des Textbildes auf, dass der einseitige Magazinbericht kaum Fakten enthält.« Teilnehmer berichten, wie sie durch ein Textbild zum »Nachdenken angeregt werden« und es schaffen, sich von dem Wortlaut des Autors zu lösen. Natürlich kann ein Textbild auch zum Erfassen von Lernstoff, zur Ideenfindung oder als Brainstorming-Instrument genutzt werden. Juristen oder Ingenieure arbeiten häufig mit Zeichnungen, um komplexe Sachverhalte besser zu verstehen oder zu dokumentieren. Doch auch für diese Berufsgruppen ist es eine neue und positive Erfahrung, Textbilder als Instrument des effizienten Lesens zu benutzen. (Illustration aus: »Michelmann/ Michelmann: Turbo-Lesen«, Seite 56, Abb. 6 und 7).

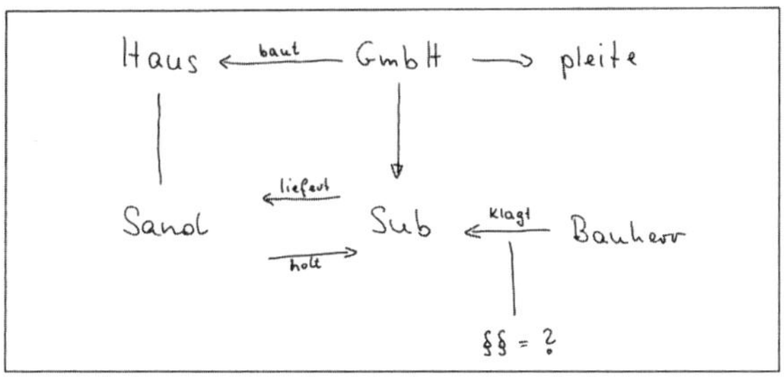

Textbild zu einem Rechtsfall, 1. Versuch

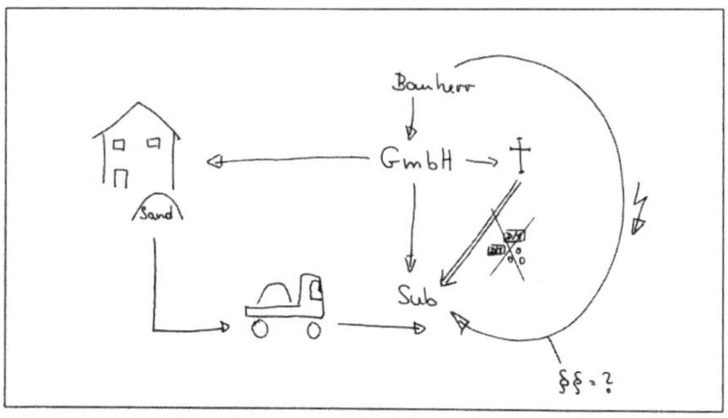

Textbild zu einem Rechtsfall, 2. Versuch

Textbilder vereinfachen die Erklärung als auch das Verständnis von komplexen Zusammenhängen. Verständnislücken, logische Brüche und Phrasen werden schneller entdeckt. Abläufe als Textbild prägen sich zudem als geschriebene Pläne viel besser im Gehirn ein. Textbilder eignen sich zur Planung, Delegation oder Präsentation von komplexen Inhalten.

Textbilder ...

- machen Widersprüche und inhaltliche Lücken im Text sofort deutlich.
- ähneln der Vorgehensweise bei Tafelbildern.
- zeigen sofort Schwerpunkte und Zusammenhänge.
- machen es einfacher, den Inhalt mit eigenen Worten wiederzugeben.
- motivieren zu lesen und den Textinhalt zu erkunden.
- sind gut geeignet, um anderen Personen einen Textinhalt zu erklären.

Regeln zum Erstellen von Textbildern:
Können Sie gut zeichnen? In den Seminaren wird manchmal die Befürchtung geäußert, dass die eigene »Kunstfertigkeit« für ein Textbild

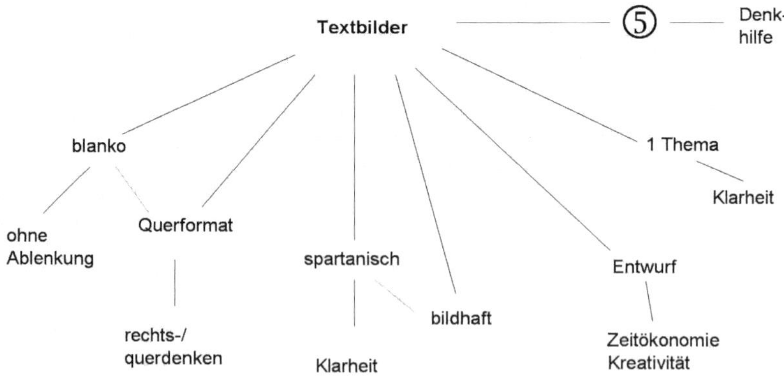

Einfaches Textbild mit dem Inhalt: Wie gestalte ich Textbilder? Textbilder sind für jeden beruflichen Leser hervorragende Arbeitshilfen.

nicht ausreicht. Keine Sorge. Das Textbild unten links zeigt sehr schön, dass auch Wortbilder gut geeignet sind. Zeichnen Sie nur, wenn es Ihnen leicht fällt, ansonsten ist es nicht mehr effizient.

Abgrenzung zum Mind-Mapping

Das von Tony Buzan kreierte Mind-Mapping ist Ihnen vielleicht bekannt. Diese Technik eignet sich beispielsweise hervorragend in einem Gruppenbrainstorming. Es gibt allerdings zwei wesentliche Gründe, wieso ein Textbild im Rahmen des Lesens besser geeignet ist:

1. Ein Mind-Map (insbesondere in Softwareprogrammen) hat immer einen Haupttitel, von dem alle Untertitel abzweigen. Das entspricht jedoch meistens nicht der inhaltlichen Struktur von Texten, in denen es mehrere gleichberechtigte Schwerpunkte gibt.
2. Mind-Maps sind bunt und bieten viele Reize für das Auge. Diese Reize lenken das Gehirn jedoch schnell von den Inhalten ab. Textbilder sind hingegen einfach und einfarbig gestaltet. Die Konzentration auf die Inhalte und Zusammenhänge fällt dadurch spürbar leichter.

7. Das Wunder vom 20 x schnelleren Lesen

In Vorgesprächen mit den Verantwortlichen für Weiterbildung stellt sich heraus: Das Thema »Lesen« wird zumeist als sehr interessant und wichtig eingestuft. Zum Teil gibt es auch negative Erfahrungen mit nicht funktionierenden Methoden der so genannten Leseoptimierung. Hier sind beispielsweise Seminare gemeint, die versprechen, an einem oder zwei Tagen eine vierzigfache Lesegeschwindigkeit zu erreichen.

Vielleicht denken Sie jetzt, es sei naiv, an solche Lesewunder zu glauben. Einerseits haben Sie recht. Es funktioniert nicht nach so kurzer Zeit. Seminare dieser Art hinterlassen zumeist unzufriedene Teilnehmer. Hat man hingegen einen Trainingszeitraum von sechs bis neun Monaten, ist solch eine erhebliche Lesebeschleunigung schon möglich. Bereits in den 50er Jahren war die Amerikanerin Evelyn Wood in Amerika für ihre Lesetechnik mit Fingerschwung bekannt. Ihr bekanntester Schüler war J. F. Kennedy.

Auch in Deutschland können Sie diese Art des schnellen Lesens lernen. Rotraut und Walter Uwe Michelmann haben sich darauf spezialisiert. Es braucht sehr viel Training sowie Coaching und dauert etwa sechs bis neun Monate, dann sind Sie in der Lage, mit einer Fingerschwungtechnik etwa zehn Buchseiten pro Minute zu lesen und auch zu verstehen.

Man sollte allerdings ernsthaft hinterfragen, ob diese Fähigkeit für den eigenen Beruf wirklich notwendig ist. Eine Trainingszeit von mehreren Monaten bedeutet einen hohen Zeit- und Geldaufwand. Nur wer am Tag 100 Seiten und mehr lesen muss, hat mit einer solchen Technik einen wirklichen Nutzen. Deshalb sind es vornehmlich Notare, Wissenschaftler oder auch Politiker, die sich von Rotraut und Walter Uwe Michelmann schulen lassen. Der prominenteste Kunde war Bernhard Jagoda. In seiner Funktion als Präsident der Bundesanstalt für Arbeit bot die Technik des schnellen Lesens einen sehr hohen Nutzen.

Fazit: Die besten Tipps für Ihr effizientes Lesen

1. Blättern im Sekundentakt

Eine verblüffend einfache Methode, um einen schnellen Überblick über den Nutzen eines Buches oder einer Unterlage zu gewinnen. Im Sekundentakt blättern Sie systematisch durch das Buch, kennen bereits Kernaussagen und haben ein besseres Gefühl für die Strukturierung (Grafiken, Textfluss etc.) Die Anwendung der Technik wird auf den Seiten 99 bis 101 erklärt.

2. Lesen Sie flüssig und vermeiden Sie Lesebremsen

Vermeiden Sie während des Lesens unnötige Stopps und das Zurückblicken (Regression). Damit können Sie pro Buchseite schon sehr viel kostbare Zeit einsparen. Außerdem wird sich Ihre Konzentration erhöhen. Jedes Mal, wenn Sie den »Textfluss« aus den Augen verlieren, muss Ihr Gehirn erst wieder zeitaufwendig den Kontext wiederfinden. Weitere Tipps im Detail finden Sie auf den Seiten 97 und 98.

3. Achten Sie auf gutes Leselicht
Die meisten Büroleuchten sind eher zu dunkel, zu grell oder flackern. Geeignetes Leselicht (bei etwa 1000 Lux) ist eine wichtige Voraussetzung für stressfreies, flüssiges Lesen. Allein die Anschaffung einer guten Leselampe kann Ihre tägliche Informationsflut verringern, denn effizientes Lesen mit schlechtem Licht funktioniert nicht!

4. Erstellen Sie gehirngerechte Textbilder
Struktur und Kernaussagen eines Textes sind in einem Textbild schnell erfasst und dokumentiert. Sie lösen sich von der Sprache des Autors und kommen zu Ihrer eigenen Sichtweise. Auch komplexe Zusammenhänge sind einfach darstellbar. Vor allem werden Sie sich an ein Textbild viel länger und intensiver erinnern als an einen nur gelesenen Text. Weitere Infos zur Erstellung von Textbildern finden Sie auf den Seiten 105 bis 107.

5. Am einfachsten optimieren Sie Ihr Lesen in einem Seminar
Lesegewohnheiten sind unbewusst verankert und oftmals unbeweglich. Dies bedeutet, dass neue Erkenntnisse eine Umgewöhnungsphase brauchen. Eine wichtige Aufgabe des Trainings besteht deshalb darin, einen Rahmen zu schaffen, in dem Sie bereit sind, die neuen Lesemodelle auszuprobieren, kleine Korrekturen und Motivationen zu erhalten und letztlich mit einem Erfolgserlebnis nach Hause zu gehen.

Sie haben jetzt einen guten Überblick vom »effizienten Lesen«. Sie wissen, dass eine Erhöhung oder sogar Verdoppelung Ihrer Lesegeschwindigkeit möglich ist. Sie kennen einige Lesebremsen, haben erste Schritte unternommen, um Bücher effizient durchzuarbeiten und wissen um die vermeintlich unscheinbaren Rahmenbedingungen des Lesens. Dies ist schon ein wertvoller Anfang, der Ihnen beim beruflichen Lesen weiterhelfen wird. Ihren persönlichen Nutzen optimieren Sie jetzt durch die Anwendung der neuen Fähigkeiten und indem Sie sich weiter mit dem Thema beschäftigen.

6 Computer und Büro: Mit Informationen sinnvoll umgehen

Wann lohnt es sich, dieses Kapitel zu lesen?

- Sitzen Sie oft im Büro und empfinden Zeitdruck?
- Müssen Sie oftmals Vorgänge im Ordner, Schrank oder Computer suchen?
- Kommen Sie vor lauter E-Mails kaum mehr zum Arbeiten?
- Sind Sie bereit, Ihre Arbeitsabläufe und Gewohnheiten zu überdenken?

Möglicher Nutzen: Effizientere Strukturen in der Büroarbeit, mehr Zeit für das Wesentliche, bisherige Abläufe optimieren

Warum fängt das Kapitel mit dem Thema »E-Mails« an? Nun, weil diese Technik derzeit am meisten Verwirrung, Ärger, Frustration und Zeitverschwendung mit sich bringt. Natürlich ist das wachsende Problem des »E-Mail- Stresses« allseits bekannt. Nur an den Lösungen fehlt es noch. Ich erlebe es in meinen Seminaren, wie Blackberry-Junkies bereits Entzugserscheinungen haben, wenn sie nicht alle zehn Minuten ihre Nachrichten kontrollieren. Was hat sich da in den letzten Jahren entwickelt? Im folgenden Kapitel erfahren Sie, wie schlimm die Situation im Umgang mit E-Mails tatsächlich ist und auch, welche Möglichkeiten Sie haben, um aus dieser Situation das Beste zu machen.

1. Wie Sie effizient mit E-Mails und Co. umgehen

IQ fällt durch E-Mail-Belastung mehr als durch Cannabis

Eine aktuelle Forsa-Umfrage im Auftrag der Techniker-Krankenkasse zeigt die Situation: Jeder Zweite fühlt bereits wenige Tage nach der Rückkehr von Sonne, Strand und Meer, dass die Urlaubserholung verpufft ist. Ein wichtiger Grund sei die wahre Flut von unbearbeiteten E-Mails und Akten.

Natürlich sind E-Mails eine sehr praktische Hilfe im beruflichen Alltag. Die Vorteile sind zahlreich:

- Möglichkeit, einen breiten Personenkreis mit geringem Aufwand zu informieren
- Überwindung von Orts- und Zeitgebundenheit
- Offenheit der Kommunikationskultur
- können nach Büroschluss noch bearbeitet werden
- gemeinsames Arbeiten an Dokumenten über große Distanzen
- Informationen können schnell weitergeleitet werden

Aber es gibt auch neue Gefahren:

- Die Informationsflut wird unüberschaubar.
- Das Abarbeiten von E-Mails nach der Arbeit belastet die Freizeit.
- Überfüllte E-Mail-Briefkästen machen es schwierig, Prioritäten zu setzen.
- Es herrscht der Erwartungsdruck, dass Mails sehr schnell beantwortet werden.
- Persönliche Gespräche nehmen ab.
- Stimmungen und voreilige Meinungen werden unreflektiert weitergegeben.
- Durch die Kürze leidet die Qualität der Sprache.
- Die Tendenz steigt, Informationen einfach weiterzuleiten und Verantwortung abzuschieben.

Nicht nur die Menge der Nachrichten, sondern auch die Art, wie mit den neuen Kommunikationsmitteln umgegangen wird, verursacht Informationsflut. Einige Nutzer verwenden z.B. den »Allen-antworten«-Button, obwohl die Mitteilung nur an eine Person gerichtet ist.

Bevor wir über Lösungsmöglichkeiten nachdenken, zunächst noch einige erschreckende Fakten:

Karen Renaud (Universität Glasgow), Judith Ramsay (Universität Stirling) und Mario Hair (Statistiker von der Universität Paisley) untersuchten Menschen im Umgang mit E-Mails am Arbeitsplatz. Dabei fühlte sich jeder Dritte von der täglichen Masse unter Druck gesetzt. 30–40-mal in der Stunde schauten die Probanden nach neuen E-Mails. Dabei wurden sie wegen der dauernden Überwachung neuer Nachrichten schneller müde, frustriert und unproduktiv. Außerdem unterbrachen sie ständig ihre Arbeit, während sie sich andererseits konzentrieren mussten. »E-Mail-Communication is an amazing tool but it's got out of hand«, stellt Karen Renaud fest. Überraschend: Bei den Untersuchten fiel der IQ kurzfristig aufgrund der E-Mail-Belastung um 10 % – das ist doppelt so viel wie bei Studien zum Missbrauch von Cannabis.

Dr. Thomas Jackson von der britischen Loughborough University hat in einer Studie nachgewiesen, dass nach jedem Blick in den Mail-Eingangskorb durchschnittlich 64 Sekunden vergehen, bevor man wieder zum ursprünglichen Gedanken zurückkehrt. Allein diese Ablenkungszeit addiert sich schon auf etwa 8,5 Stunden pro Woche. Hinzu kommen andere Zeitverschwendungen wie Spams identifizieren, unwichtige Nachrichten löschen bzw. das Lesen von eigentlich sinnlosen Nachrichten. ClearContext hatte schon 2006 gemessen, dass die meisten beruflichen Mailer pro Tag über zwei Stunden damit verbringen. Mit steigender Tendenz, denn die Zahl der eintreffenden Mails wächst stetig.

Das alles addiert sich zu einem gigantischen Zeitfresser. Der Effekt bereitet auch schon Betrieben Kopfzerbrechen, denn in manchen Abteilungen wird außer E-Mails wohl kaum noch etwas produziert. Der »Kein-E-Mail-heute«-Tag, den Deloitte und Intel versuchsweise ausprobiert hatten, war nicht von Erfolg gekrönt.

Deloitte brach den mailfreien Mittwoch nach einem Monat wieder ab. »So etwas funktioniert nicht, weil es den Leuten nicht hilft, ihre schlechten Angewohnheiten zu ändern«, glaubt Dr. Tom Stafford von der University of Sheffield.

E-Mails können genauso abhängig machen wie das Spielen, sind sich Mediziner mittlerweile sicher. Das Ergebnis von Studien: Der E-Mail-Eingang wird wesentlich häufiger geprüft, als es dem Nutzer bewusst ist. Und da wir auf diese Weise unsere Alltagsroutine, unseren Arbeits-

oder Gedankenablauf ständig unterbrechen, kostet es uns zusätzliche Zeit, wieder zur ursprünglich unterbrochenen Tätigkeit zurückzufinden.

Dr. Jackson seinerseits fand noch heraus, dass manche Leute von E-Mails stärker abhängig zu sein scheinen als vom Handy. So reagierten Probanden auf eine neu eintreffende E-Mail binnen sechs Sekunden. Das ist schneller, als ein Handy dreimal läuten zu lassen. War es eine wichtige Mail, wurde der Absender tatsächlich innerhalb von 1:44 Minuten mit einer Antwort bedacht. Im Durchschnitt!

Dr. Karen Renaud, Dozentin an der University of Glasgow, hat drei Usergruppen bei den Mailern definiert: die Entspannten, die Getriebenen und die Gestressten (Quelle: The Observer, Sunday 12. August 2007). Bei der ersten Gruppe verändert die Inbox kein bisschen das Leben der Person. Sie schauen mal nach, wenn sie Zeit und Lust haben und kümmern sich darum, wenn es ihnen passt. Die Getriebenen schauen oft nach, haben aber das Gefühl, Menge und Aufgabe noch im Griff zu haben. Bei den Gestressten wird der Druck auf Dauer zu viel. Sie kommen kaum gegen die Mail-Flut und deren Forderungen an. »Das Ergebnis sind alle möglichen Sorten von Gesundheitsproblemen«, beobachtete Dr. Renaud. Auch sie fand heraus, dass praktisch alle Probanden ihre E-Mails viel häufiger kontrollieren, als sie es selbst wahrhaben wollen. Ein gutes Drittel der untersuchten Gruppe musste alle fünf Minuten den Eingangskorb öffnen.

Und wie sieht es bei Ihnen aus? Ach so, Sie schauen nur jede Stunde nach neuen E-Mails ... Noch mal Glück gehabt!

Beachten Sie den E-Mail-Verhaltenskodex

Was können Sie konkret tun, damit der Umgang mit E-Mails effizienter wird?

Als Sender:

- Die »Betreff«-Zeile sollte Kernaussagen enthalten. Bei 50–100 E-Mails pro Tag hilft ein klarer Titel beim Sortieren.

- Gestalten Sie die E-Mail kurz und prägnant, gut gegliedert und bleiben Sie beim Thema. Optimal ist es, wenn Sie sich pro E-Mail auf nur ein Thema konzentrieren. Dabei sollten die Kernpunkte in den ersten drei Sätzen erkennbar sein.

- Die berüchtigten »Carbon copies« (cc's) sollten Sie nur wenn unbedingt nötig benutzen. Die Adressaten sollten zudem wissen, warum sie diese E-Mail erhalten. Ansonsten besteht eine zunehmende Gefahr, dass der Empfänger entweder verärgert ist oder die E-Mail einfach löscht. Carbon copies verwirren, wenn nicht klar ist, wer antworten oder handeln soll. Es kann so passieren, dass nichts passiert, weil jeder annimmt, der andere sei zuständig.

- Blinde Carbon Copies (bcc) erlauben das Senden von E-Mails an verschiedene Empfänger, ohne dass der Einzelne erfährt, wer auch noch auf der Liste ist. Solche E-Mails werden oft ungelesen gelöscht. Sicherer ist es, jedem Empfänger separat eine E-Mail zu schicken.

- Zeilen mit mehr als 70 Zeichen und durchgehende Texte mit GROSSBUCHSTABEN sind schwer zu lesen.

- Auf eine E-Mail sollten Sie zeitnah antworten. Allgemein wird Ihre Antwort spätestens innerhalb von zwei Tagen erwartet. Bei hundert neuen E-Mails am Tag ist Ihr Thema sonst schnell aus dem Gedächtnis.

- Achten Sie auf Rechtschreibung und Grammatik. Es wirkt eher inkompetent, wenn Sie auf Sprachregeln verzichten. Zudem können sich viele Leser nicht auf den Inhalt konzentrieren, wenn sie ständig auf unangenehme Fehler stoßen.

- Beim Antworten sollten Sie alle Informationen löschen, die im Vorfeld hin- und hergeschickt wurden. Das gilt zumindest, wenn diese zum Verständnis der E-Mail unnötig sind. Für den Empfänger sinkt die Informationsflut und es spart Zeit.

- Achten Sie darauf, dass Ihre Antwort verständlich bleibt! Wenn Sie mit »Ja« antworten, ist nicht unbedingt klar, was Sie damit meinen. Besser ist: »Ja, wir treffen uns am Dienstag um 16.00 Uhr.«

- Nehmen Sie sich zum E-Mail-Schreiben genügend Zeit und Ruhe. Vor allem sollten Sie keine E-Mail im Ärger verfassen und gleich losschicken.

- Verzichten Sie auf HTML-Formatierungen. Diese werden nicht von allen Mailprogrammen angezeigt und ärgern Empfänger, die E-Mails als Text archivieren. Sind in unsichtbaren Bildern Links zu externen Seiten enthalten, kann zudem Drittpersonen mitgeteilt werden, wann und wo Sie Ihre E-Mail gelesen haben.

- Verzichten Sie auf spezielle Formate. Sie können heute davon ausgehen, dass der durchschnittliche Empfänger pdf-Dateien, Word, Excel und Power-Point lesen bzw. umwandeln kann.

- Löschen Sie vor der Weiterleitung einer E-Mail vertrauliche Informationen. Sie wissen nicht, wer Ihre E-Mail noch erhält. Es kann passieren, dass am gleichen Tag bereits das halbe Unternehmen eine Kopie erhält, auch Ihr Chef.

- Verzichten Sie auf große Datenmengen. Bedenken Sie, dass die technische Ausstattung bei Ihrem Empfänger vielleicht nicht auf dem neuesten Stand ist. Auch heute gibt es noch Gegenden, die noch nicht durchgehend mit DSL versorgt sind. Das Datenvolumen von 1 MB sollte nach Möglichkeit nicht überschritten werden.

- Auf binäre Attachments (Grafiken oder Musik-Files, Programme usw.) sollten Sie verzichten oder wenn möglich mit separater Text-E-Mail ankündigen. Virenprogramme werden oft durch solche E-Mail-Attachments verbreitet. Insofern besteht auch bei einem bekannten Absender ein potenzielles Risiko für den Empfänger.

- Nicht auf Spam-Mails antworten. Beim Antworten wird signalisiert, dass die Adresse aktiv ist. Ein Feedback hätte nur noch mehr Spams zur Folge.

Vielleicht denken Sie, der E-Mail-Verhaltenskodex ist doch selbstverständlich. Leider erlebe ich die Praxis völlig anders. Spannend ist, dass sich auch Mitarbeiter über die heutige E-Mail-Flut beschweren, die selbst unnötig dazu beitragen, indem sie keinen Verhaltenskodex einhalten. In meinen Seminaren zum Umgang mit der Informationsflut wird es meistens sehr emotional, wenn es um den Umgang mit Informationen oder Störungen innerhalb des Kollegenkreises geht.

Als Empfänger:

- Schalten Sie die akustischen und visuellen E-Mail-Meldungen ab. So werden Sie nicht ständig gestört, wenn neue E-Mails kommen. Überlegen Sie sich einen Rhythmus, der für Sie passt. Im Normalfall reicht völlig aus, wenn Sie alle 60 bis 120 Minuten in den Briefkasten sehen. Besser ist es, wenn Sie es schaffen, nur zwei- oder dreimal am Tag Ihre E-Mails abzurufen.

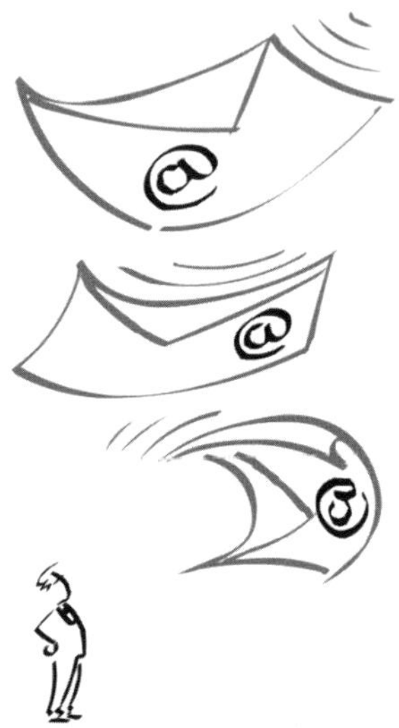

- Wenn Sie eine E-Mail mit dem Hinweis »Zur Info« erhalten, zeigt es grundsätzlich an, dass eine Antwort nicht nötig ist. Ersparen Sie dem anderen, eine E-Mail lesen zu müssen, in der Sie nur den Erhalt der Info bestätigen.
- Falls Sie nicht innerhalb von 48 Stunden auf eine E-Mail antworten können, sollten Sie den Sender kurz informieren, dass seine E-Mail eingegangen ist und dass Sie zu einem späteren Zeitpunkt antworten. Das gilt insbesondere bei neuen Kontakten (Kunden etc.), die Sie noch nicht persönlich kennen. Damit hat der Empfänger die Sicherheit und Wertschätzung, dass seine Nachricht angekommen ist und bearbeitet wird.
- Falls Sie länger außer Haus sind, sollten Sie den »Autoresponder« aktivieren. Somit können Sie ein paar Tage (ohne E-Mails) abschalten, ohne dass sich der Absender Gedanken macht. Setzen Sie diese Technik aber nicht ein, um grundsätzlich jede E-Mail erst einmal zu beantworten. Dies wirkt auf den Leser eher unangenehm.

2. Gehirngerechtes Verwalten von Informationen

Treffen Sie Entscheidungen nach dem MAUS-Prinzip

Manche Teilnehmer sagen, ein chaotischer Schreibtisch sei in ihrem Unternehmen der Indikator dafür, dass man genug zu tun hat. Nun, wenn es so ist, sollten Sie die folgenden Hinweise besser ignorieren. Ich möchte nicht verantwortlich dafür sein, dass Sie noch mehr Arbeit erledigen müssen. Ansonsten gehört es wohl eher in das Reich der Legenden, dass ein unordentlicher Arbeitsplatz hilfreich ist. Ihr Gehirn lässt sich gern von allem ablenken, was zwischendurch wahrgenommen wird. Das kann der Bildschirmschoner sein, das Gespräch am Nachbartisch oder auch die vielen Unterlagen, die mit der momentanen Erledigung nichts zu tun haben. Der effiziente Umgang mit Informationen erfordert eine hohe Konzentration!

Dazu gibt es noch einige Gefahren auf dem Chaos-Schreibtisch:
- Unterlagen müssen zu lange gesucht werden
- der Überblick fehlt, was und wann erledigt werden muss
- Verlockung, immer neue Sachen anzufangen, aber nicht zu beenden

Ärgerlich ist es, ein Dokument mehrfach in die Hand zu nehmen, kurz den Inhalt zu erfassen und dann unerledigt wieder auf irgendeinen Stapel zurückzulegen. Wenn Sie ein Dokument aus dem Posteingang in der Hand halten, sollten Sie diesen ersten Kontakt nutzen, um eine klare Entscheidung zu treffen.

Das MAUS-Prinzip:

M wie Müll: Es ist für Sie eine große Entlastung, unnötige Informationen in den Papierkorb zu werfen. Wenn Sie sofort merken, dass ein Dokument nicht hilfreich ist, wird sich das auch in näherer Zukunft kaum ändern. Schnell sammeln sich riesige Berge mit Informationen an, die »vielleicht« einmal nützlich sein könnten. Vielleicht! Sicher ist jedoch, dass dieser Berg immer Unsicherheit und auch Stress ausstrahlt, denn er ist unbearbeitet.

A wie Aktenordner: Heften Sie nur ab, was Sie wirklich brauchen. Wichtig: Machen Sie es sofort bzw. zeitnah. Das Abheften von Unterlagen funktioniert auch sehr gut in einer Zeit, in der Sie nicht kreativ arbeiten, konzentriert lesen oder gut entscheiden können. Auch im müden Zustand finden die Unterlagen noch den richtigen Ordner.

U wie Unternehme ich etwas? Wenn Sie sich für eine Bearbeitung entscheiden, dann sortieren Sie das Dokument sofort in den passenden Projektordner etc. und notieren sich in Ihrem Kalender den Erledigungstermin.

S wie Senden an andere? Die passenden Informationen an die richtigen Leute weiterzuleiten, kann von existenzieller Bedeutung für Sie oder das Unternehmen sein. Oft ist es aber nicht so! Zu den positiven Benimm-Regeln in Zeiten der Informationsflut gehört es, nur gezielt Dinge an andere weiterzuleiten. Um etwas loszuwerden oder weil man sich keine klaren Gedanken gemacht hat, sollten Sie besser nichts verschi-

cken. Ansonsten nehmen Sie in Kauf, dass Sie beim Empfänger Sympathiepunkte verlieren.

Tipp: Schaffen Sie für jede Ihrer »Maus-Entscheidung« eine eigene Ablage bzw. einen Ordner. Notieren Sie diese Entscheidung ggf. auf der Unterlage mit Datum für den Erledigungstermin. Sortieren Sie die Sachen chronologisch.

Schaffen Sie sich (Ihre) Ordnung im Büro

Wenn wir hier über Ordnung reden, erinnern Sie sich vielleicht an die Kinderzeit, als Ihre Eltern ständig mahnten, endlich wieder einmal das Zimmer aufzuräumen. Keine Sorge, ganz so ist es hier nicht gemeint. Ich bin sicher, Ihr Büro sieht auf den ersten Blick ziemlich ordentlich aus. Dennoch haben die meisten Arbeitsplätze noch Potenzial, die Effizienz zu erhöhen und die Informationsflut am Schreibtisch zu vermindern. Denken Sie an die Addition der kleinen Verschwendungen. Auch zehn Minuten weniger Suchzeit am Tag addieren sich im Jahr bereits zu einer Arbeitswoche, und Ihr Gehirn wird zudem entlastet. Oft sind es nur Kleinigkeiten, die aus Gewohnheit seit vielen Jahren in der gleichen Art und Weise gemacht werden, ohne dass Sie diese Vorgehensweise hinterfragen.

In diesem Kapitel werden Sie einige Anregungen finden, die von Ihnen relativ einfach umgesetzt werden können. In den darauf folgenden Kapiteln werden Sie mit dem »Katzenprinzip« sogar ein einheitliches Ordnungssystem kennenlernen. Dessen Umsetzung ist etwas aufwendiger, amortisiert sich jedoch schon nach kurzer Zeit. Zudem zeigt eine Umfrage der Firma Logitech, dass über 50 % der Führungskräfte in Unternehmen Mitarbeiter mit chaotischem Schreibtisch für weniger kompetent halten. Etwa 70 % der Führungskräfte wünschen sich Mitarbeiter mit einem aufgeräumten Schreibtisch. Ihr Arbeitsplatz ist eine Visitenkarte!

Bevor Sie anfangen, etwas zu verändern, sollten Sie sich Ihre jetzige Bürosituation nochmals klar vor Augen führen. Das funktioniert beispielsweise, indem Sie sich Ihr Büro, die Schränke, Ordner etc. bewusst aus Sicht eines Besuchers anschauen. Eine gute Alternative sind Fotos. Wenn Sie Ihren Schreibtisch, Schrankinhalte etc. fotografieren, werden Sie überrascht sein, dass Sie Ihren Arbeitsplatz aus einer völlig anderen Perspektive betrachten. Sie werden Dinge entdecken, die Ihnen im beruflichen Alltag nicht mehr auffallen. Vielleicht sehen Sie plötzlich den hohen Stapel mit unerledigten Vorgängen mit kritischeren Augen. Sie wissen einerseits, dass dieser Anblick subtil und permanent Druck auf Sie ausübt. Andererseits gilt: Auch wenn Sie sich an den Anblick gewöhnt haben, bleibt ein ständig ungutes Gefühl …

Sorgen Sie systematisch für Sauberkeit und Ordnung

Vielleicht spüren Sie in diesem Moment den Impuls, durch eine spontane Aktion sofort etwas zu verändern. Gut so! Doch fangen Sie bitte zuerst mit einer Liste an, welche Dinge überhaupt geändert werden sollen. Ansonsten ist die Gefahr sehr groß, dass bereits die nächste Störung Ihr Vorhaben verhindert.

Wenn Sie genügend Punkte gesammelt haben, sollten Sie auch festlegen, in welcher Reihenfolge Sie vorgehen. Wenn möglich, tragen Sie die Aktionen als feste Termine in Ihren Kalender ein. Nehmen Sie sich genügend Zeit, denn nur wenn Sie systematisch und überlegt vorgehen, ergeben sich später die gewünschten Effekte an Vereinfachung und Zeitersparnis.

Aus dem Blick, aus dem Sinn

Können Sie sich von manchen Dingen schwer trennen, obwohl die Vermutung nahe liegt, dass diese Sachen nicht mehr benötigt werden? Alles was unnötig in Ihrem Arbeitsbereich Platz und Aufmerksamkeit kostet, signalisiert Ihrem Gehirn, dass es in Ihrem beruflichen Leben unendlich viel zu erledigen gibt. Probieren Sie folgenden Trick: Packen Sie alles Unnötige in Kartons. Diese sollten gut beschriftet mit dem

Aussortierdatum und den genauen Inhalten im Keller oder Lager deponiert werden. In ein oder zwei Jahren, wenn Sie die Dinge zwischenzeitlich nicht benutzt haben, wird es Ihnen viel leichter fallen, sich davon zu trennen. Falls nicht, dann warten Sie eben noch einmal ein oder zwei Jahre. Erreicht haben Sie jedoch schon jetzt, dass Ihr Gehirn an einem »aufgeräumten« Arbeitsplatz besser arbeiten kann und die gefühlte Informationsflut geringer wird.

Arbeitsplatz in fünf Bereiche einteilen

Damit Sie optimal und konzentriert arbeiten können, teilen Sie Ihren Arbeitsplatz in fünf klar definierte Bereiche ein. Dabei sind die Bereiche 1 bis 3 auf dem Schreibtisch.

1. Der 40-cm-Bereich:
Hier liegen nur Unterlagen, an denen Sie aktuell arbeiten und die Sie mit Ihren abgewinkelten Armen gut erreichen können. In vielen Büros entspricht das in etwa den Abmessungen Ihrer Schreibtischunterlage.

2. Der 60-cm-Bereich:
Hier stehen alle Utensilien, die Sie häufig benötigen. Dazu gehören auf jeden Fall das Telefon, der Terminkalender, Hefter, Locher etc. Diesen Bereich erreichen Sie mit ausgestrecktem Arm.

3. Der 80-cm-Bereich:
Der Bereich, bei dem Sie sich etwas strecken müssen, setzt einen entsprechend großen Schreibtisch voraus. Mit ausgestrecktem Arm und vorgebeugtem Oberkörper erreichen Sie optimalerweise Ihre Ablage sowie den Postein- und Postausgangskorb.

4. Der Arbeitszimmer-Bereich:
Dieser Bereich ist nicht mehr auf dem Schreibtisch. Es ist eine Art Zoom-Bereich, der unmittelbar neben oder unter dem Schreibtisch anfangen kann und sich bis in den letzten Winkels Ihres Büros erstreckt. Je häufiger Sie bestimmte Geräte, Akten etc. benötigen, um so näher sollten diese Unterlagen in Schreibtischnähe untergebracht sein.

5. Der Auslagerungsbereich:
Dinge, die Sie wirklich nur sehr selten benötigen, können ggf. ausgelagert werden. Diese Option hängt von den Bedingungen Ihres Arbeitsplatzes ab. Falls Sie ein eher kleines Büro haben und es die Möglichkeit einer Lagerung außerhalb gibt, dann sollten Sie diese Möglichkeit nutzen.

Ich werde häufiger gefragt, ob diese Einteilung in fünf Bereiche nicht etwas übertrieben oder sogar pedantisch ist. Nun, viele Büros sind bereits bewusst oder intuitiv nach den oben genannten Grundsätzen geordnet, weil die Effizienz dadurch spürbar steigt. Andererseits kennen Sie sicherlich auch Kollegen, bei denen es nicht so gut funktioniert. In einem solchen Fall kann eine »pedantische« Anwendung der fünf Bereiche Wunder wirken. Reizüberflutung und gefühlte Informationsflut sind in unordentlichen Büros beinahe eine sichere Konsequenz. Wenn unser Geist klar denken soll, dann braucht er auch klare Strukturen vor Augen. Das gilt zumindest für die meisten Menschen. Sollte es bei Ihnen jedoch anders sein, dann lassen Sie bitte alles so, wie es ist.

Wenn Sie das Thema »Ordnung im Büro« ganz besonders interessiert, sollten Sie sich über die Inhalte dieses Buches hinaus damit beschäftigen. Ein Experte zu diesem speziellen Thema ist Jürgen Kurz. Sein Buch »Für immer aufgeräumt« und sein Seminarkonzept für mehr Effizienz im Büro sind empfehlenswert.

Datenverwaltung nach dem »KATZE-Prinzip«

Improvisieren Sie gern? In der Musik ist die Kunst des Improvisierens ein echtes Highlight, im Büro der Anfang vom Chaos. Vielleicht sagen Sie sich jetzt: »Bei mir sind alle Informationen ordentlich sortiert und abgespeichert.« Gut, wenn es so ist, denn hier liegt ein meist unbeachtetes Zeitspar- und Nerven-Schon-Potenzial.

Machen wir einen kleinen »Test«: Wie antworten Sie auf folgende Fragen?

- Suchen Sie manchmal zu lange nach Dateien, E-Mails oder Papieren in Ihren virtuellen oder echten Ordnern?
- Ist die gesuchte Information, von der Logik her, an verschiedenen Orten zu finden?
- Sind Ihre verschiedenen Ablagesysteme (E-Mails, Dateien im Computer und Akten im Büro) nach dem gleichen System organisiert?

Falls Sie auch nur eine Antwort mit NEIN beantworten, dann haben Sie jetzt große Chancen, Ihre Effizienz zu steigern, Zeit zu sparen und Ihre Nerven zu schonen.

Denken Sie auch daran, wie schnell unser Arbeitsgedächtnis überfordert ist. Ein gehirngerechtes System muss also leicht überschaubar und von der Struktur her gut nachvollziehbar sein. Dazu darf die Anzahl der möglichen Parameter möglichst nicht über fünf liegen. Besonders wichtig ist, dass die Struktur bei E-Mails, Dateien und in Papierordnern gleichermaßen durchgeführt wird. Die folgenden Kriterien führen uns zum »KATZE-Prinzip«.

Das KATZE-Prinzip

Kunden: Was ist der wichtigste Erfolgsfaktor Ihrer Arbeit? Wahrscheinlich, dass es Kunden gibt, die Ihre Leistungen oder Produkte kaufen. Kunden sind zudem ein konstanter Faktor in unserer Arbeit, den wir sehr leicht zuordnen können. Deshalb sollte der »Kundenordner« an erster Stelle stehen.

Angebote: Das, was die Produktivität und letztlich die Basis eines Unternehmens ausmacht, sind die Dienstleistungen bzw. Produkte, die es anbietet. Deshalb heißt der nächste Ordner »Angebote«. Damit sind alle konkreten Angebote gemeint, wobei es in größeren Unternehmen auch Angebote für sog. interne Kunden sein können.

Teamarbeit: Viele Prozesse finden heute in einem Team statt. Solche Teamprojekte haben eigene Abläufe, Protokolle, Pläne etc., an denen mehrere Personen beteiligt sind. Deshalb heißt der nächste Ordner »Teamarbeit«.

Zukunft: Ein weiterer Ordner beschäftigt sich mit der strategischen Zukunft, etwas, was im Alltagsgeschäft meistens zu kurz kommt: Schöpferische Gedanken in Richtung Zukunft sichern vielleicht den langfristigen Erfolg des Unternehmens. Mit dem Ordner »Zukunft« sollte man sich regelmäßig und mit ausreichender Zeit beschäftigen.

Extra: Der Ordner »Extra« beinhaltet alle Informationen, die sonst noch da sind. Das funktioniert nach dem Ausschlussprinzip. Informationen, die nicht direkt einem Kunden zugeordnet werden können, die nicht ein Angebot sind, die nicht in einem Teamprozess sind und die keine strategischen Zukunftsideen enthalten, gehören in den Ordner »Extra«. Bei diesem Ordner sollte immer klar sein, dass er nichts mit der Produktivität des Unternehmens zu tun hat. Je mehr Zeit ich dort verbringe, umso weniger kümmere ich mich um die Kunden, Produkte oder Innovationen, die das Unternehmen langfristig sichern.

Um sich diese einfache Ablagestruktur gut merken zu können, hilft das Akronym »Katze«.

01	**K**	Kundenordner
02	**A**	Angebote (Produkte / Dienstleistungen)
03	**T**	Teamarbeit (Projekte mit Kollegen, Partnern etc.)
04	**Z**	Zukunft (strategisch, zukunftsorientiert)
05	**E**	Extra (sonstige allgemeine Dinge)

Was ist beispielsweise, wenn ein Produkt in einem direkten Zusammenhang mit einem Kunden steht? Dann gibt es in diesem Fall einen Zuordnungskonflikt. Hier hilft die einfache Regel, den nächsthöheren Ordner zu benutzen.

Noch einige Hinweise:

- Bei einer größeren Zahl von Unterordnern oder Dokumenten kann es sinnvoll sein, die Ordnung alphabetisch oder nach Wichtigkeit geordnet numerisch zu gestalten. Auch Mischungen sind denkbar. Ein Kundenordner kann beispielsweise grundsätzlich alphabetisch sein; die Kunden, mit denen ich jeden Tag zu tun habe, sind jedoch numerisch ab 001 sortiert. Das hat den Vorteil, dass sie im Ordner nach oben sortiert werden.

- Um von dieser Methode maximal zu profitieren, sollten alle Bereiche Ihrer Datenverwaltung exakt nach dem gleichen Prinzip funktionieren. Erst wenn virtuelle E-Mail-Ordner, Dateiordner und Papierordner gleich strukturiert sind, kommt der volle Erfolg. Für unser Gehirn sind Muster und Wiedererkennungseffekte sehr wichtig. Im Detail bedeutet es sogar eine Hilfe, wenn die Ordner im Computer exakt gleich beschriftet sind wie die Papierordner.

Und so sieht dann beispielsweise meine Verzeichnisstruktur aus:

Kundenordner:
- *ABB*
- *Bayer*
- *Deichmann*
- *Edeka*
- *Fahrner Logistics*
- *Fischer Systems*
- *Ford*
- *Henkel*
- ...

Angebotsordner:
- *Effizienter Umgang mit der Informationsflut*
- *Image-IQ – Limbisch präsentieren*
- *Mega Memory – Gedächtnistechniken*

- *Effizientes Lesen*
- *Kreativitätstechniken*
- *Lehr- und Lernmethoden für Trainer und Lehrer*
- *…*

Teamordner:
- *01 Regionaltreffen Trainer*
- *02 Projektgruppe Bücher schreiben GSA*
- *03 Projekt Schlossgeflüster*
- *04 Audioseminar*
- *05 Dart-Netzwerk*
- *…*

Zukunft:
- *Neue Wege in der Akquise*
- *Durchführung von Webinaren*
- *Neues Buchprojekt*
- *Weitere Qualifizierungen*
- *…*

Extra:
- *01 Steuer*
- *02 Homepage-Updates*
- *03*
- *04 …*

3. Moderne Technik, um Informationsflut zu vermeiden

In diesem Buch finden Sie immer wieder die Gratwanderung zwischen nützlicher Technik im Beruf einerseits und zeitraubenden Instrumenten andererseits. Die passende Technik sinnvoll eingesetzt, wirkt auf jeden Fall unterstützend. Dabei sind »kleine Helfer« mit vielleicht fünf Minuten Zeitersparnis am Tag schon beachtlich. Wenn Sie drei solcher zusätzlichen Hilfsmittel einsetzen, bringt Ihnen das bereits einen Zeitvorteil von einer ganzen Arbeitswoche pro Jahr. Zeit, die von Ihnen viel sinnvoller eingesetzt werden kann. Hier stelle ich einige dieser Möglichkeiten vor:

a) Hardware am Schreibtisch

Laut Statistischem Bundesamt arbeiten über 15 Millionen Menschen in Deutschland täglich mit Tastatur und Maus am Computer. Bedenken Sie die vielen Stunden, die Sie jeden Tag damit arbeiten. Es ist deshalb sinnvoll, aus Sicht der Ergonomie und Effizienz eine optimale Wahl zu treffen. Ja, auch die Ergonomie beeinflusst Ihr Vermögen, mit der Informationsflut umzugehen. Wer ständig verspannt ist, weil Stuhl, Monitor, Tastatur oder Maus nicht den beruflichen Ansprüchen genügen, verliert wertvolle Energie. Wenn Ihre Aufmerksamkeit alle drei Minuten bei Ihren Rückenschmerzen ist, wird Ihre Arbeit darunter spürbar leiden. Durch Bewegungslosigkeit und Fehlbelastungen ist das Büro sogar eine erhebliche Quelle für langfristige Schäden wie etwa Bandscheibenvorfälle.

Haben Sie alles auf dem Schirm?

Wenn Sie stundenlang Informationen über Ihren Computer empfangen, ist die Auswahl des Monitors ein wichtiger Parameter Ihrer Arbeitsqualität. Ab 22 Zoll macht ein Monitor richtig Spaß. Sie können problemlos zwei Dokumente nebeneinander öffnen und die Inhalte auch noch sehr gut lesen. Bei einem kippbaren Monitor können Sie ein Dokument im Hochformat so vergrößern, dass es auch aus weiterem Abstand noch sehr gut lesbar ist.

Ihr Monitor sollte in etwa auf Armlänge direkt vor Ihnen stehen. Die Höhe sollten Sie so einstellen, dass Sie mit geradem Rücken und leicht nach unten gesenkten Augen darauf schauen können. Um im Tagesverlauf die Körperhaltung bequem ändern zu können, sollte der Monitor zudem schwenkbar sein. Wenn Sie im Büro viel mit dem Laptop arbeiten, ist ein Zweitmonitor ergonomisch unbedingt empfehlenswert.

Die Zeit ist zu wertvoll, um eine »unbegabte« Maus zu verwenden
Bereits bei einer Arbeitszeit am Computer von täglich etwa zwei Stunden gewinnen Sie mit einer Multifunktionsmaus pro Tag ca. fünf Minuten Zeit. 5 Min. x 220 Tage = 1.100 Min: Das entspricht mehr als zwei Arbeitstagen im Jahr!

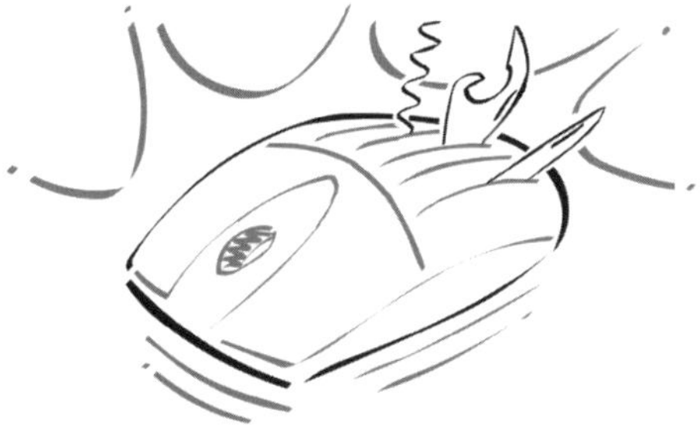

Es ist verblüffend, was eine moderne Maus heute leisten kann. Sie liegt ergonomisch in der Hand, ist kabellos, reagiert schnell auf allen Arbeitsflächen und hat etliche Zusatzfunktionen. Dazu gehört z.B. eine Tastenrad-Steuerung für schnelle Bildläufe, integrierte Vorwärts- und Rückwärtstasten zum Durchblättern von Webseiten oder eine praktische Zoomfunktion.

Besonders praktisch ist ein Umschalter für schnelle Wechsel zwischen geöffneten Fenstern. Wenn Sie mehrere Dokumente gleichzeitig geöffnet haben, überlagern sich diese auf Ihrem Bildschirm. Die offenen Fenster müssen ständig verschoben, verkleinert oder vergrößern werden, um den benötigten Ausschnitt zu finden. Mit der Umschalttaste ist der Wechsel kein Problem. Sie können mit der Maus einfach zwischen den Fenstern hin- und herschalten.

Achten Sie bei der Maus unbedingt auf eine gute und bequeme Handhabung! Orthopäden sprechen mittlerweile auch vom »Mausarm«. Unser Körper ist für die monotonen Bewegungen am Computer nicht geschaffen. Stundenlang ruhig zu sitzen und mit zwei Fingern eine Maus zu bedienen, das führt schnell zu Schmerzen am Ellenbogen oder Handgelenk. Durch eine Verkürzung der Muskulatur am Unterarm entsteht z.B. häufig eine Sehnenscheidenentzündung.

Um einen Mausarm zu verhindern oder (in leichten Fällen) zu behandeln, sind Dehnübungen empfehlenswert. Strecken Sie zunächst den betroffenen Arm aus. Jetzt ziehen Sie die Hand mit der anderen Hand zum Körper hin, bis Sie ein Ziehen kurz vor dem Ellbogen spüren. Diese Übung sollte möglichst täglich (bei Schmerzen stündlich) durchgeführt werden.
Übrigens: Wenn die Dehnübungen nicht helfen, sollten Sie möglichst bald einen Arzt aufsuchen. Hat sich der Schmerz erst einmal etabliert, dauert erfahrungsgemäß auch die Heilung viel länger.

Tipp: Zur Vorbeugung von Überbelastungen sollte die Maus grundsätzlich mittig zwischen Tastatur und Körper (Höhe Bauchnabel) positioniert werden. Dadurch wird der Arm nicht so überstreckt, und die Belastung sinkt spürbar.

b) Sonstige technische Helfer

Ist Ihnen schon das »passende Licht aufgegangen«?

Im Kapitel 5 wurde das Thema Licht bereits aufgegriffen. Die passende Schreibtischbeleuchtung ist mitverantwortlich für den Grad Ihrer Informationsflut. Wenn Ihr Bürolicht zu dunkel oder zu grell ist, funktioniert die Informationsaufnahme durch Ihre Augen spürbar schlechter. Spezielle Leselampen, wie etwa das Modell »Daylight«, die in einer optimalen Lichthelligkeit ohne Spiegelung etc. das Lesen vereinfachen, gibt es im Handel bereits ab 30–50 Euro.

Wer schreibt, der bleibt … vor allem mit einem »digital pen«

Machen Sie häufig handschriftliche Notizen bzw. Zeichnungen und müssen diese in den Computer übertragen? Für viele meiner Seminarteilnehmer ist es noch immer eine geliebte Gewohnheit oder Notwendigkeit, z.B. im Meeting mit Stift und Papier zu arbeiten. Doch was macht man mit diesen Informationen? Schnell werden sie Teil Ihrer unüberschaubaren Informationsflut, oftmals unnütz in einem der vielen Ordner abgeheftet. Oder es kostet Sie viel Zeit, die Daten in den Computer einzugeben.

Mittlerweile ist die Technik soweit ausgereift, dass die Arbeit mit einem digital pen richtig Spaß macht. Die Anzahl der angebotenen digital pens ist hoch, und auf den ersten Blick scheinen die Funktionen gleich zu sein. Erst bei näherer Betrachtung entdecken Sie wichtige Unterschiede. Es lohnt sich demnach ein Vergleich. Zudem finden Sie im Internet Warentests zu den einzelnen Modellen. Im Vergleich zu einem Touchscreen schreiben Sie bei einem »digital pen« auf echtes Papier. Dazu brauchen Sie allerdings spezielle, kostenintensive Schreibblöcke. Es handelt sich um ein gerastertes Papier mit (unsichtbar) aufgedruckten Steuersymbolen. Wenn Sie schreiben, wird das mit einer im Stift internen Kamera aufgenommen. Mit Bluetooth oder per USB-Kabel werden die Daten an den Computer übermittelt.

Wenn es für Sie wichtig ist, auch das gesprochene Wort festzuhalten, ist der »Livescribe Echo« ggf. die richtige Wahl. Es ist eine Erfahrung, die jeder kennt: Gleichzeitig mitzuschreiben und zuzuhören funktioniert nicht sehr gut. Viele Details gehen verloren. Mit dem digital pen können Sie Ihre Aufzeichnungen machen und gleichzeitig in einem Vortrag oder Meeting die Sprache aufnehmen. Das Besondere ist, dass Sie später an der entsprechenden Stelle auf dem Papier die passende Zuordnung der Sprachdatei wiederfinden. Gesprochenes und Geschriebenes werden direkt miteinander verknüpft! Bei einem internen Speicher von 8 GByte reicht die Kapazität des Stiftes für mehrere Wochen.

4. Nutzen Sie ein Wissensmanagement-Archiv

Wissensmanagement ist der planvolle Umgang mit Wissen und seine organisierte Vermehrung im Unternehmen. Die beim einzelnen Mitarbeiter vorhandenen Kompetenzen, Erfahrungen und Fertigkeiten werden der gesamten Organisation zur Verfügung gestellt. Man spricht in diesem Zusammenhang auch von dem »Gedächtnis einer Organisation«.

Oftmals behalten die Mitarbeiter in Unternehmen das kostbare Wissen für sich. Das kann daran liegen, dass es kein Wissensarchiv dafür gibt oder es auch an der Einsicht fehlt, wie wichtig es ist, das eigene Wissen gewinnbringend einzusetzen. Eine leider verbreitete Art, wie Zeit und Geld im Arbeitsprozess verschwendet werden. Hier ein Beispiel: Stellen Sie sich vor, Sie haben plötzlich ein Problem mit Ihrem USB-Anschluss; er wird vom Computer nicht mehr erkannt. Der Techniker steht frühestens in vier Tagen zur Verfügung – na ja, so ein kleines Problem werden Sie schon selbst lösen können. Die erste halbe Stunde probieren Sie alles Mögliche aus: Computer aus, wieder an, andere Geräte anschließen usw. Dann merken Sie, dass Sie so nicht weiterkommen. Richtig, dafür gibt es ja das Internet. In Google geben Sie die entsprechenden Stichwörter ein. Nach einer weiteren halben Stunde haben Sie mindestens sieben Ideen, woran es liegen könnte. Vier davon sind zu kompliziert, also probieren Sie die anderen drei aus. Und es geschieht tatsächlich das Wunder: Nach etwa 75 Minuten funktioniert Ihr Computer einwandfrei, hurra! Eine Lösung, auf die man selbst nie gekommen wäre, brachte das gewünschte Erfolgserlebnis.

Ich möchte mit dieser kurzen Geschichte, die ich übrigens persönlich erlebt habe, nicht andeuten, dass Sie demnächst sofort einen Fachmann holen sollten. Nein, ganz im Gegenteil, es sind im beruflichen Alltag oftmals die großen Heldentaten, die wir heute noch erleben können, wenn wir es schaffen, unsere Computerprobleme zu lösen!

Der kritische Punkt liegt woanders. Das gleiche Problem hatte ich zwei Jahre später noch einmal … Das Einzige, woran ich mich erinnern konnte, war leider, dass ich dieses Problem schon einmal hatte. Schade, die Lösung hatte ich nicht dokumentiert!

Eine solche Geschichte ist Ihnen sicherlich ebenfalls schon einmal passiert. In Unternehmen mit vielen Mitarbeitern ist es auch so, dass die gleichen Probleme von mehreren Leuten gelöst werden müssen, weil es keine Dokumentation oder einen sinnvollen Austausch gibt. Und wenn ein Mitarbeiter das Unternehmen verlässt, nimmt er dieses Wissen mit.

Aus diesen Gründen ist ein Wissensarchiv sehr empfehlenswert. Es handelt sich um eine Softwarelösung, die über das Intranet oder einem ausgelagerten Server erreichbar ist. Dort werden alle Wissensbausteine, die auch in Zukunft für Sie oder Ihre Kollegen wichtig sein könnten, abgespeichert. Dazu gehören Prozessabläufe, Checklisten, Dokumentenvorlagen etc. Es können auch ganz banale Dinge, wie das Bedrucken eines Briefumschlages sein. Eine solche Dokumentation ist auch in Zeiten von Google sinnvoll, da die firmeninterne Dokumentation in diesem Beispiel bereits Ihren Drucker und Ihr spezielles Anforderungsprofil berücksichtigt.

Fazit: Die besten Tipps für Ihr Infomanagement im Büro

1. Nutzen Sie den E-Mail-Verhaltenskodex

- Eignen Sie sich den E-Mail-Verhaltenskodex (s. Seite 115 ff) an und handeln Sie danach. Sie werden merken, dass Ihr positives Vorbild auf andere (hoffentlich) abfärbt und Sie auch in den Genuss gehirngerechter und vor allem relevanter E-Mails kommen.

2. Entscheiden Sie bewusst, welchen Informationen Sie Ihre Zeit schenken

- Wie viele Zeitschriften (Fachmagazine etc.) haben Sie abonniert? Und wie geht es Ihnen damit? Wenn Sie nicht dazu kommen, die Inhalte zu lesen bzw. herauszuarbeiten, kann eine Kündigung sehr entlastend wirken.

- Wenn Sie ständig nutzlose Werbeinformationen erhalten, lassen Sie sich mit (relativ) wenig Aufwand von der Verteilerliste streichen.

- Gehen Sie behutsam mit Ihren Kontaktdaten um. Wo immer Sie im Internet, auf Tagungen oder Messen Ihre Kontaktdaten weitergeben, erhalten Sie garantiert später Mails, Anrufe, Post etc.

3. Machen Sie Ihr Büro zu einem effizienten Arbeitsplatz

- Schaffen Sie sich Ihre persönliche Ordnung im Büro (s. S. 121 bis 125). Wenn dieses Thema für Sie besonders wichtig ist, finden Sie detaillierte Hilfestellungen in dem Buch »Für immer aufgeräumt« von Jürgen Kurz. Bedenken Sie bei Ihren Aktionen die »Addition der kleinen Verschwendungen«. Wenn Ihr neues Ordnungssystem am Tag zehn Minuten einspart, sind das bereits vier ganze Arbeitstage im Jahr!

- Nehmen Sie sich eine Stunde Zeit und informieren Sie sich über effiziente Alternativen zu Ihrem Bildschirm, zur Maus und Tastatur. Schon eine passende Leselampe (mit hellerem und angenehmen Leselicht) auf Ihrem Schreibtisch kann das Problem der Informationsflut spürbar vermindern (s. S. 130 bis 133).

- Eine neu gegründete Gruppe Information Overload Research Group (IORG) hat das Ziel, gegen die Informationsflut vorzugehen. IT-Unternehmen wie Microsoft, Intel, Google und IBM arbeiten mit an diesem Projekt. Schauen Sie doch mal auf die Homepage unter: http://iorgforum.org. Hier erhalten Sie weitere Tipps.

4. Gehen Sie mit Informationen im Büro gehirngerecht um

- Treffen Sie bei Briefen, E-Mails, Werbung etc. sofort eine Entscheidung, ob diese Information nützlich für Sie oder andere Mitarbeiter ist und handeln Sie nach dem »MAUS-Prinzip« (s. S. 119 bis 121). Jede Information, die Sie mehrfach »in die Hand« nehmen, bringt vor allem Zeitverluste.

- Nutzen Sie ein einheitliches Datenverwaltungssystem für E-Mails, Dateien und Akten nach dem »KATZE-Prinzip« (s. S. 126 bis 129). Es ist für unser Gehirn eine große Hilfe, wenn wir Informationen intuitiv zuordnen, ablegen und wiederfinden können.

- Zunehmend gibt es intelligente Software, die Ihnen bei der Bewertung von E-Mails hilft. Google Mail hat z.B. ein gut funktionierendes Angebot, um wichtige von unwichtigen E-Mails zu unterscheiden. Die Software ist lernfähig und kann aufgrund Ihrer Bewertungen schon nach kurzer Lernphase vorhersagen, welche E-Mails für Sie interessant sind. Mehr Infos und ein kurzer Film dazu unter http://mail.google.com/mail/help/intl/de/priority-inbox.html.

5. Nutzen Sie ein Wissensmanagement-Archiv

- Nutzen Sie ein Wissensmanagement-Archiv, damit Sie und Ihre Organisation von dem Wissen der einzelnen Mitarbeiter profitieren. Lösen Sie ein Problem nur einmal. Beim nächsten Mal können Sie den Lösungsvorgang nachlesen.

7 Übernehmen Sie die Kontrolle in Ihrer Informationswelt

Wann lohnt es sich für Sie, dieses Kapitel zu lesen?

- Haben Sie bisher den Eindruck, die Informationsflut sei ein »Schicksal«, das Sie nicht beeinflussen können?
- Möchten Sie das Maß der Reizüberflutung selbst mehr bestimmen?
- Sind Sie bereit für kleine Veränderungen mit großer Wirkung?

Möglicher Nutzen: Höhere Selbstsicherheit, mit der Informationsflut erfolgreich umzugehen; klare Abgrenzung, in welchem Umfang Sie Informationsflut zulassen; persönliche Ziele erreichen

Stellen Sie sich unsere Informationswelt als ein riesiges Buffet vor. Auf Schiffsreisen oder in Hotels habe ich schon Buffets gesehen, die man mit Worten nicht mehr beschreiben kann. Können Sie sich vorstellen, ein solch riesiges Buffet aufzuessen? Natürlich nicht! Manche Zeitgenossen stopfen allerdings soviel in sich hinein, dass sie spätestens nach drei Tagen ein größeres Magen-Darm-Problem haben. Langfristig macht es nur Sinn, eine für sich ausgewogene Ernährung zu finden, die gesund und fit hält und auch nicht zu sehr belastet. Mit Sicherheit bedeutet dies auch, auf den Verzehr von Masse zu verzichten, denn zu viel Essen macht krank. Was hat das mit unserem Thema zu tun?

Es ist ein passender Vergleich für das Überangebot von Informationen. Wer langfristig mehr Informationen zu sich nimmt, als er verdauen kann, wird krank. Dies ist übrigens über langjährige Studien und Befragungen medizinisch belegt. Achten Sie also auch beim »Verzehr« von Informationen darauf, ob es überhaupt sinnvoll ist, sich damit zu beschäftigen und auch auf die Art, wie Sie sich damit beschäftigen. Es ist wie beim Buffet. Sie allein haben die Verantwortung, richtige Entscheidungen beim dem »Was« und »Wie viel« zu treffen.

Dieses Kapitel hilft Ihnen, sich mehr Transparenz zu Ihrem persönlichen Informationskonsum zu verschaffen. Sie können dann Entscheidungen treffen, wie Sie zukünftig mit der Informationsflut umgehen werden. Was sind Ihre Ziele und welche Fähigkeiten brauchen Sie?

1. Ein normaler Tag im Leben des Carl S.

Carl S. sitzt wie jeden Morgen in seinem Auto und ist auf dem Weg ins Büro. Seit es diese Baustelle gibt, braucht er zusätzlich 20 Minuten. Es wird heute wieder ein sehr voller Tag, das weiß er jetzt schon. Um 09.00 Uhr startet das erste Meeting, vorher muss er noch ein Skript erstellen. Seit er in der Geschäftsführung der Seemann KG arbeitet, kann man nun wirklich von einer steilen beruflichen Karriere sprechen. Natürlich hat alles seinen Preis. Seine Familie beschwert sich, wenn er jeden Tag zwölf Stunden weg ist und selbst am Wochenende noch Berge von Arbeit mit nach Hause nimmt. Doch er hat jetzt diesen Job und die Verantwortung. Es ist einfach nicht anders zu schaffen, als die privaten Dinge nach hinten zu schieben. Irgendwann wird es auch wieder anders sein … Alleine die über 140 E-Mails am Tag kosten ihn, wenn er schnell ist, schon etwa zwei Stunden. Und schließlich muss er ja auch produktiv arbeiten und Ergebnisse vorbringen. Andererseits ist es schon extrem nervig, dass 90 % der Informationen für ihn unwichtig sind. Doch um sicherzugehen, dass nichts Wichtiges verloren geht, liest er lieber alle Sachen durch. Fehler, so wie sie seinem Vorgänger passiert sind, will und kann er sich nicht erlauben. Letztens erzählte ihm ein alter Schulfreund, dass es in seinem Unternehmen mittlerweile einen verbindlichen E-Mail-Verhaltenskodex gäbe. Seitdem hätte die Datenflut etwas nachgelassen … So etwas wäre schon gut, aber wer soll es durchsetzen und sich vielleicht auch noch unbeliebt machen?

Es gibt genügend andere Probleme. So sagt sein Arzt, diese Tabletten dürfe man max. sechs Monate nehmen; wenn sich der Zustand dann nicht verbessert, sollte er an eine Stresstherapie denken oder vielleicht an eine Kur. Selten so gelacht! Nur wegen dieser häufigen Kopfschmerzen und Schlafstörungen muss man ja nicht gleich von einem Burnout reden. Ja, es ist sehr stressig, doch das geht ja den anderen genau so. Da muss man durch, wenn man erfolgreich sein will. Und das Allerletzte, was er will, ist, dass in der Firma irgendjemand von diesen Dingen erfährt …

2. Ihre persönliche Einstellung zur Informationsflut ist entscheidend

Sie haben es schon geahnt: Irgendwann in diesem Buch musste eine solche Stelle kommen, oder? Die Informationsflut verschwindet nicht auf Knopfdruck. Es braucht neben Erkenntnissen und Fähigkeiten vor allem Ihre mutigen Entscheidungen.

Sie allein können in dem System nichts ändern? Dieses Argument wird mir häufig genannt. Spannend finde ich, dass oftmals im gleichen Unternehmen Mitarbeiter sehr unterschiedlich stressfreundliche Lösungen finden; nur redet man nicht unbedingt darüber, dass man nach dem Urlaub alle E-Mails einfach löscht, wenn es zu viele sind, oder? Dass alle anderen auch von der Informationsflut und vom Stress betroffen sind, ist sicherlich ein übliches, aber kein besonders gutes Argument.

Mit der Sorge um den Arbeitsplatz wird ebenfalls oft argumentiert. Stimmt, das kann eine echte Sorge sein. Doch wie reagiert Ihr Arbeitgeber, wenn Sie der Stress krank macht? Und was ist mit Ihren persönlichen Zielen? Ist dort noch Platz für Entspannung, Hobbys, Familie etc.? Lassen Sie uns zunächst einmal beleuchten, wie Ihre Ausgangssituation mit einem »normalen« menschlichen Gehirn ist …

Sie sind ein Jäger … Wirklich?

Unser Gehirn hat sich in den letzten 100.000 Jahren kaum verändert bzw. wesentlich weiterentwickelt. Deshalb kann man auch sagen, dass wir mit einem Steinzeitgehirn herumlaufen. Bis vor 100 Jahren war es für die meisten Menschen und deren Lebenssituationen völlig ausreichend, das Hirn eines Jägers und Sammlers zu haben. Ständige Reizüberflutung und Informationsflut sind neue Phänomene, und die menschliche Gehirnentwicklung hinkt dieser Entwicklung hinterher. Was bedeutet das praktisch? Mit Ihrem Steinzeithirn haben Sie einige grundlegende Programme, die nicht wirklich zum Zeitalter der Informationsflut passen. Diese Kernkompetenzen laufen automatisch ab. Unser Steinzeithirn reagiert vor allem auf überlebenswichtige Informationen. Es konzentriert sich auf das Wesentliche, um erfolgreich existieren zu können.

Stellen Sie sich die folgende Situation bildlich vor. Sie leben vor 53.246 Jahren in einer Höhle in der Eifel, und Ihre berufliche Hauptbeschäftigung ist die Jagd. Ein großes Tier zu erlegen ist sicherlich nicht nur für das Überleben Ihrer Höhlensippe wichtig, sondern auch ein Symbol für Mut, Kraft und Erfolg. Der beste Jäger hat die größte Sippe! Auf der Jagd zählt vor allem die Konzentration auf Ihre Beute. Genauso wichtig ist es aber auch, nicht selbst als Nahrung eines anderen Tieres zu enden. Das ist Ihr Leben. In den Momenten, in denen Sie mit dem Speer auf das Tier zielen, sind Sie in höchster Anspannung. Ebenso angespannt sind Sie aber auch, wenn Sie flüchten, kämpfen oder sich verstecken müssen … An diesen Mechanismen hat sich bis heute nichts geändert. Noch heute »sträuben sich die Nackenhaare«, wenn jemand im Großraumbüro hinter Ihnen herumschleicht. Oder lauert dort vielleicht irgendwo ein wildes Raubtierr?

Warum erzähle ich Ihnen die Geschichte mit dem Jäger? Es scheint mir wichtig, immer wieder zu sehen, wohin sich unsere Kernkompetenz in über 100.000 Jahren entwickelt hat. Sie sollten akzeptieren, dass es völlig in Ordnung ist, wenn Ihr Gehirn in der heutigen Zeit an harte Grenzen geführt wird. Vielleicht beruhigt es Sie ein wenig, dass »nicht Sie ein Problem haben«, sondern dass die Rahmenbedingungen für das menschliche Gehirn in mancherlei Hinsicht nicht mehr optimal sind.

Was Sie von den »Savants« lernen können

Stellen Sie sich folgende Situation vor: Sie haben 12.000 Bücher gelesen und können die Inhalte ziemlich perfekt wiedergeben. Das klingt sehr verlockend, oder? Kim Peek, der diese Fähigkeiten beherrscht, diente Dustin Hoffman als »Vorbild« für den Film »Rain Man«. Wie die meisten anderen Savants auch, hat ein Kim Peek zwar eine erstaunliche Inselbegabung, ist aber nicht in der Lage, sein Leben selbständig zu gestalten. Informationen leicht abzuspeichern und wiederzugeben reicht eben nicht aus, um damit erfolgreich zu sein. Letztlich kommt es auf die Entscheidung an, welche Informationen wichtig bzw. nützlich sind, und diese auch praktisch umzusetzen.

Menschen mit dem Savant-Syndrom haben bestimmte, sehr außergewöhnliche geistige Fähigkeiten (sog. Inselbegabungen). Dafür sind andere intellektuelle Leistungen nur unterdurchschnittlich vorhanden. Fünfzig Prozent der bekannten Inselbegabten sind Autisten. Der Film »Rain Man« hat das Savant-Syndrom in der Öffentlichkeit bekannt gemacht.

Stellen Sie sich vor, Sie stehen an einer vierspurigen Straße und nehmen tausende Informationen wahr, die Sie problemlos abspeichern und wiedergeben können. Sie gehen los und werden von einem Auto überfahren. Warum? Sie haben in den vielen tausend Informationen eine wesentliche Information nicht herausgefiltert: »Da kommt ein Auto mit hoher Geschwindigkeit. Vorsicht!« Möchten Sie noch immer die Inhalte von 12.000 Büchern im Gedächtnis haben?

Durch die Beschäftigung mit den Savants lernen wir viel über unser »normales« Gehirn. Schauen Sie sich bei Gelegenheit die dreiteilige Serie »Expeditionen ins Gehirn« an. Sie werden einerseits staunen, welche Fähigkeiten Savants haben und sich andererseits darüber freuen, dass Ihr Gehirn nicht so »unglaublich« ist.

Ein Buch, dass ich Ihnen persönlich sehr empfehlen kann, ist von Daniel Tammet: »Elf ist freundlich und Fünf ist laut« im Patmos-Verlag. Tammet gehört zu den wenigen Autisten, die über ihre Situation bewusst reden und schreiben können. In seinem Buch beschreibt er beispielsweise das zwanghafte Bedürfnis nach Ordnung und Routine. Andererseits nimmt er Zahlen als Formen, Farben oder Strukturen wahr und merkt sich so die Zahl Pi mit 22.514 Kommastellen. Fremdsprachen lernt er innerhalb einer Woche fließend. Einige seiner intuitiven Lernstrategien ähneln auch den Gedächtnistechniken in diesem Buch (s. Kapitel 4).

Fazit: Sie werden über die Savants staunen und vielleicht einige Strategien lernen. Sie werden andererseits Ihr »normales« Gehirn viel mehr zu schätzen wissen als bisher.

Perfektion – die Angst, dass es nicht gut genug ist

In meinen mega memory® Seminaren gibt es eine Übung, bei der sich die Teilnehmer relativ schnell 30 Erledigungen und Argumente merken sollen. Aufgrund der vorher gelernten Fähigkeiten gelingt das sehr gut. Einige merken sich nur 26 oder 27 Punkte. Was glauben Sie, wie die Reaktion ist? Es ist unglaublich, aber manche Teilnehmer ärgern sich, weil drei Punkte fehlen. Dann frage ich: »Wie viele Begriffe hätten Sie heute Morgen behalten können?« Antwort: »Vielleicht fünf.« Obwohl eine so starke Steigerung da ist, bleibt der Fokus auf dem, was fehlt. Ja, das ist der berühmte Blick für das »halbleere« Glas, welches in unserer Gesellschaft schon früh konditioniert wird. Es fängt in der Schule mit der Korrektur von Klassenarbeiten an. Die Wahrnehmung liegt bei den Fehlern und nicht bei den richtigen Lösungen. Viele Menschen erleben es auch so im Berufsleben: Wenn nicht darüber gesprochen wird, muss es wohl gut gewesen sein …

Hat man Ihnen schon einmal folgende Frage gestellt: »Wie, das wussten Sie nicht?« Und hat sich dann Ihr schlechtes Gewissen gemeldet, weil Sie sich offensichtlich nicht genügend informiert hatten? Da wir heute immer eine größere Anzahl von Informationen zur Verfügung haben, als wir verarbeiten können, besteht die Gefahr, wichtige Informationen zu übersehen und eine nicht optimale Entscheidung zu treffen.

Finden Sie sich damit ab, dass wir im Informationsdschungel kaum die 100 % perfekte Lösung finden werden. Der Zeitaufwand wäre viel zu groß. Sie sollten an Ihrem Gefühl arbeiten, mit einer Lösung nach

dem Pareto-Prinzip inneren Frieden zu finden. Wenn Sie mit 20 % Aufwand bereits 80 % Erfolg haben, dann haben Sie gute Arbeit geleistet. Alles, was darüber hinausgeht, ist für viele Mitarbeiter kaum noch zu leisten. Perfektion ist wichtig für einen Uhrmacher, jedoch äußerst fraglich für einen gestressten Manager im Internetzeitalter.

Was wäre, wenn Sie nicht einschalten?

Für viele »moderne« Menschen ist es mittlerweile undenkbar, auf ihre ständige Erreichbarkeit zu verzichten. In meinen Seminaren und Vorträgen polarisiert dieses Thema bei Diskussionen stark. Während die einen vehement ihre Erreichbarkeit verteidigen, finden es andere absurd. Ich habe schon einen Streit zwischen Teilnehmern schlichten müssen, weil durch die ständige Arbeit mit dem Blackberry das Seminar gestört wurde.

Sicherlich freut es die Unternehmen, wenn Mitarbeiter 168 Stunden pro Woche und an jedem Ort erreichbar sind. Auch für den Mitarbeiter schafft es mehr Flexibilität, auf wichtige Fragen besser und schneller reagieren zu können. Letztlich erhöht diese Technik aber den Stresspegel, wenn Sie nicht regelmäßig und kontrolliert das Gerät ausschalten.

Die ständige Erreichbarkeit ist ein negativer Baustein in der reizüberfluteten Welt. Umfragen zeigen, dass sich 70 % der Manager von dieser Situation sehr belastet fühlen, dennoch gelingt es den wenigsten, darauf zu verzichten. Die Gründe sind durchaus unterschiedlich. Die Motivation zum Dauereinsatz kann beispielsweise darin liegen, allen Aufgaben gerecht werden zu müssen. Andere glauben ernsthaft, dass es ohne ihre Erreichbarkeit nicht weitergeht. Viele Mitarbeiter haben einfach nur Angst, sich dem Diktat zu entziehen und damit negativ aufzufallen.

Wo die Gründe auch liegen, die Gesundheit ist gefährdet. Wer es nicht schafft, seinen eigenen Lebensrhythmus von der Arbeitswelt abzugrenzen, geht persönlich ein hohes Risiko ein. Prüfen Sie doch mal den Grad Ihrer persönlichen Erreichbarkeit. Sind Sie mit diesem Zustand zufrieden? Falls nicht, definieren Sie neu, wann, wo und wie Sie erreichbar sein möchten. Besinnen Sie sich darauf, dass es für Ihr Wohlbefinden und Ihre Gesundheit wichtig ist, sich auch zurückziehen zu können. Überlegen Sie konkret, zu welcher Anforderung Sie zukünftig »Nein« sagen, um nicht dauerhaft überfordert zu sein.

3. Mögliche Folgen der Informationsflut für Ihre Gesundheit

Stress entsteht vor allem als Abwehrreaktion auf äußere Bedrohungen. Das Gehirn registriert Gefahr, worauf reflexartig das autonome Nervensystem aktiviert wird. Das ist eines der »Höhlenprogramme«, welches uns schon vor 100.000 Jahren das Überleben ermöglichte. Wir sind in Alarmbereitschaft, Hormone werden ausgeschüttet, die Muskeln werden besser durchblutet bzw. angespannt und wir haben zusätzliche Energien für die Flucht oder den Kampf. Stress ist insofern eine hilfreiche Reaktion des Körpers auf Gefahr. Wird Stress jedoch zu einer Dauersituation, reagieren Körper, Geist und Seele oftmals mit einer Erkrankung.

Stress als bedrohliches Phänomen unserer Zeit

Bis heute wird das Wort »Stress« sehr vielschichtig benutzt und ist auch im wissenschaftlichen Kontext nicht ganz eindeutig definiert. Für unsere Betrachtung ist das auch weniger wichtig. Wir schauen eher auf die negativen Folgen einer Dauerbelastung, wie sie beispielsweise durch ständige Reizüberflutung und Hetze entstehen. Die Zahlen hierzu sind erschreckend. Die Zusammenarbeit der Techniker Krankenkasse mit dem F.A.Z.-Institut und dem Meinungsforschungsinstitut Forsa hat dies 2009 in einer bevölkerungsrepräsentativen Umfrage gezeigt. Danach empfin-

Mehr als die Hälfte der Berufstätigen leidet unter Termindruck und Hetze (Angaben zu den häufigsten Stressursachen am Arbeitsplatz, in % der befragten Erwerbstätigen [1])

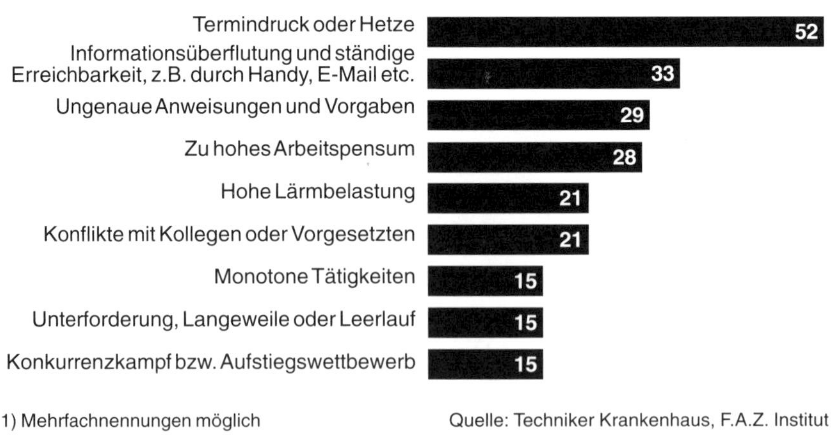

1) Mehrfachnennungen möglich

Quelle: Techniker Krankenhaus, F.A.Z. Institut

den 80 % der Deutschen ihr Leben als stressig. Jeder Dritte steht unter Dauerdruck. Bereits 20 % der Befragten leiden unter gesundheitlichen Stressfolgen.
Die Umfrage bestätigt medizinische Statistiken, wonach Menschen im Dauerdruck mehr als doppelt so häufig unter Herz-Kreislauf-Erkrankungen leiden. Aber auch Rücken- und Kopfschmerzen, psychische Probleme und Schlafstörungen treten laut der Studie desto häufiger und stärker auf, je größer die Stressbelastung ist.

Größter Stressfaktor ist der Arbeitsplatz, wobei etwa 30 % angeben, am Limit zu arbeiten. Termindruck und tägliche Hetzerei sowie die ständige Erreichbarkeit (Laptop, Blackberry etc.) werden als Hauptgründe genannt. In Deutschland wurden 2009 wegen Burnout-Symptomen Mitarbeiter insgesamt für etwa zehn Millionen Tage krank geschrieben. Die Zahl solcher Krankschreibungen ist innerhalb der letzten fünf Jahre um 17 Prozent angestiegen.

Manche Entwicklungen unserer »Leistungsgesellschaft« sind schon sehr eigenartig. Der Umgang mit Stress gehört dazu. Sicherlich fördern viele äußere Faktoren, wie unser marktwirtschaftliches System, die Entwicklung der Technik und die Konkurrenz globaler Märkte, ein stressförderndes Leben.

Doch in den vielen Diskussionen erlebe ich noch eine andere Komponente: Stress als gelebter »Wert« bzw. als Indikator für beruflichen Erfolg. Etwas überspitzt könnte man sagen, dass Stress heute ein Statussymbol darstellt, auf das viele »erfolgreiche« Menschen nicht verzichten können. Achten Sie mal darauf, wie viele Ihrer Gesprächspartner mit dem eigenen Stress kokettieren. »Oh je, es ist alles kaum zu schaffen und ich habe keine Zeit mehr für mich, aber Erfolg hat nun mal seinen Preis. Übrigens, mein Chef ist so zufrieden mit mir, dass ich nächstes Jahr wieder befördert werde.«

Wenn auch Sie diese oder eine ähnliche Einstellung haben, könnte es sein, dass Sie auf den nächsten Seiten einige heikle Überraschungen erleben. Es ist egal, welche Einstellung Sie zu einem Leben im Informationsstress haben, die Folgen sind bei dauerhaftem Stress immer negativ. Deshalb ist es sinnvoll, im ersten Schritt darauf zu achten, den negativen Stress wieder bewusst wahrzunehmen.

»Negativer« Stress und die spürbaren Folgen

Das Erkennen von Stress fällt typischerweise schwer, wenn wir uns daran gewöhnt haben. Außerdem muss man positiven und negativen Stress abgrenzen.

Für den positiven Stress (auch Eustress genannt) gilt selbst bei großen beruflichen bzw. privaten Herausforderungen: Solange Freude empfunden wird und die Aufgabe nicht zur Überforderung führt, ist eine Anstrengung über längere Zeiträume unbedenklich. Kritisch wird es erst, wenn Sie sich überfordert fühlen.

Es gibt viele Stressanzeichen, auf die Sie selbst achten können. Dabei unterscheidet man Anzeichen des Körpers, des Verhaltens und der Gedanken (siehe Tabelle oben):

Eine stresshafte Dauerbelastung kann langfristig zu einem Burnout führen. Dennoch ist es wichtig, beide Situationen nicht zu vermischen. Typisch für Stress ist, dass subjektiv zu viel Druck und Anspannung empfunden wird. Dennoch ist die optimistische Vorstellung vorhanden, dass dieser Zustand (z.B. durch einen Urlaub) jederzeit wieder veränderbar ist. Gestresste Menschen fühlen also die Chance, ihre Situation zu bewältigen und zu kontrollieren.

Verhalten	Körper	Gedanken/Gefühle
Nervosität	schnellerer Puls	Angespanntheit
Reizbarkeit	erhöhter Blutdruck	Nervosität
Ruhelosigkeit	schnellere Atmung	Unzufriedenheit
mangelnde Leistung	Erschöpfung	Traurigkeit
wenig Energie	trockener Mund	Ärger
wenig Kreativität	Muskelverspannung	Hilflosigkeitsgefühl
Unkonzentriertheit	Rückenschmerzen	Versagensängste
nicht abschalten können	Kopfschmerzen	blockiertes Denken
übermäßige Ernährung	Muskelzuckungen	Missstimmung
Alkohol	Einschlafprobleme	
	Durchschlafprobleme	

Menschen mit einem Burnout fühlen eher zu wenig Energie und Hoffnung, um etwas zu verändern. Außerdem ist die Selbstwahrnehmung für die Ursache des Leidens versperrt. Das Gefühl, für das Problem keine Lösung finden zu können, ein Gefühl von Hilflosigkeit oder Gleichgültigkeit, ist typisch. In der Praxis sind die Übergänge zwischen Stresssymptomen und Burnout fließend. Oftmals ist es hilfreich, sich das Feedback einer anderen Person einzuholen. Mit dem Blick von außen oder der Erfahrung des »richtigen« Fachmanns kann die Situation und der Handlungsbedarf schneller geklärt werden.

Der wahre Bericht einer Bekannten

Die folgenden Zeilen sind nicht fiktiv. Eine gute Bekannte hat es so erlebt und für dieses Buch aufgeschrieben. Ihren Namen habe ich natürlich geändert. Ihre Erlebnisse sind nicht repräsentativ, weil es »den« genauen Auslöser oder Verlauf von Burnout und Co. nicht gibt. Jeder Betroffene erlebt es in einer individuellen Variante. Doch was Sie lesen, ist durchaus typisch und kann jedem von uns so oder so ähnlich auch passieren.

»Ich bin Kerstin. Seit 15 Jahren arbeite ich in einem großen öffentlichen Haus in Bielefeld. Wir haben im Jahr über 100.000 Besucher, mit ihren verschiedensten Anliegen. Es ist ein Arbeitsplatz, an dem ich täglich hunderten von Mikroreizen ausgesetzt bin.

Ich hätte es merken können, dass es mit mir bergab geht. Schon im Herbst letzten Jahres hatte ich eine Art Nervenzusammenbruch. Ich war gerade dabei, den Raum aufzuräumen und für die Öffnung fertig zu machen, als ich mit meiner neuen 30,00 Euro teuren Strumpfhose am Klettband der Bühnenumrandung hängenblieb. Ich bin total ausgeflippt. Ich war so wütend, dass ich schreiend durch den Raum lief, gegen Stühle trat, sie einfach mit den Händen umkippte und danach schimpfend und heulend auf meinem Schreibtischstuhl zusammensackte. Mein Chef war heruntergerannt, da man mich in alle Etagen hinauf schreien gehört hatte; er und die übrigen Mitarbeitenden umstanden mich hilflos. Mein Chef wollte mich nach Hause schicken. Ich verneinte und meinte, es würde gleich wieder besser.

Im Mai dieses Jahres ging es dann auf einmal sehr schnell. Einen Tag nach der Trennung von meinem Freund geriet ich in einen Putz- und Aktionsanfall und powerte mich völlig aus. Als ich später mit meinen zahlreichen Einkaufstüten die Treppen zu meiner Wohnung hochstieg, geschah es. Mein Herz fing an verrückt zu spielen. Es raste und setzte gleichzeitig immer wieder Schläge aus. Es war ein Gefühl, als würde sich der Herzschlag wie ein Korkenzieher quer durch meine Brust ziehen. Ich bekam Todesangst, ließ meine Einkäufe fallen und klingelte bei meinen Nachbarn. Dort beruhigte ich mich ein wenig. Der unruhige Herzschlag hielt mich jedoch immer wieder an diesem Tage in Angst.

Drei Tage später war ich mit Freundinnen essen. Dort hatte ich meinen zweiten Anfall, der schon eine Dreiviertelstunde dauerte. Ich hätte mich an diesem Abend selber ins Krankenhaus eingeliefert, aber es wurde dann plötzlich, nachdem ich erzählt hatte, was mich gerade belastete, besser.

Am anderen Morgen fuhr ich mit der Bahn zur Arbeit und fing einfach an zu heulen. Ich fühlte mich nicht fähig, zur Arbeit zu gehen. Ich rief weinend an und bekam für den Tag frei. Da auch das Wochenende anstand, hatte ich ein wenig Zeit mich zu erholen. Ich war nur zu Hause und fühlte mich total erschöpft. Ich ging die nächste Woche wieder zur Arbeit, war jedoch überhaupt nicht belastbar und weinte bei jeder Gelegenheit, bzw.

war launisch und hielt mir alles vom Hals; fast alles war für mich eine Überforderung: Da will schon wieder einer was von mir! Lasst mich in Ruhe!

Den dritten Anfall hatte ich am darauffolgenden Wochenende. Freunde wollten mit mir essen gehen. Kaum hatten wir uns zwanzig Meter auf das Restaurant zu bewegt, bekam ich wieder die Herzprobleme. Diesmal dauerten sie sechs Stunden lang. Ich fuhr mit den Freunden in äußerster Panik zum Notarzt, der machte ein EKG und war sich nicht sicher, ob ich Vorhofflimmern hätte. Er verschrieb mir Beruhigungsmittel. Wir fuhren zur Notapotheke, ich schluckte eine Pille und wartete auf die Wirkung. Diese war nur mäßig. Ich konnte trotzdem irgendwie schlafen und saß am nächsten Morgen dann endlich mal bei meinem Hausarzt, der dann den ganzen Apparat von Untersuchungen anlaufen ließ. Ich ließ mich nicht krank schreiben.

Ergebnis nach fast drei Wochen verschiedenster Untersuchungen: Burnout-Syndrom, das Herz ist o.k. (zum Glück), vegetative Erschöpfung, die durch großen inneren Druck Extrasystolen hervorbringen kann. Er verordnete mir eine Kur. Parallel bin ich zu einer Akupunkteurin gegangen, die mir auch geholfen hat. Die Kur wurde abgelehnt, da ich niemals mit diesem Sachverhalt krank geschrieben war. Ich habe Feng Shui mit meinem Terminkalender gemacht, betreibe Meditation, habe meinen Arbeitsbereich neu organisiert, wir bekommen Team-Supervision, ich gehe früh ins Bett und überlege mir nun gut, was ich am Tag mache.«

Wie erkennen und verhindern Sie einen Burnout?

Es wird derzeit über keine Störung so viel geredet, spekuliert und veröffentlicht wie über das »Ausbrennen« (Burnout). Sehr wahrscheinlich kennen auch Sie jemanden aus Ihrem Bekanntenkreis, der davon betroffen ist, oder?

Die Arbeitsbelastung hat in den letzten 20 Jahren nachweislich zugenommen. Studien zeigen jedoch, dass Menschen auf diese Belastungen sehr unterschiedlich reagieren und nicht in gleichem Maße gefährdet sind. Deshalb ist es wichtig, über individuelle Strategien und Einsichten nachzudenken.

Die Steigerungsraten der betroffenen Menschen, die unter einer starken geistigen, körperlichen und seelischen Erschöpfung leiden, sind erschreckend hoch. Gefährlich ist, dass sich die Symptome schleichend entwickeln. Oftmals dauert es Jahre, bis ganz unerwartet ein völliger Zusammenbruch geschieht.

Obwohl unzählige Bücher, Workshops und Therapieangebote Hilfe versprechen, scheint der Begriff nicht eindeutig zu sein. Über 130 Symptome werden genannt. In den meisten Fällen wird ein Zusammenhang mit der Arbeit beschrieben. Außerdem wird der Leistungsdruck unserer modernen Gesellschaft als ursächlich genannt. Bis heute ist ein Burnout als Krankheit jedoch nicht vollständig anerkannt. Insofern wundert es auch nicht, dass eine Diagnose sehr unterschiedlich ausfallen kann. Für betroffene Menschen, die dringend Hilfe benötigen, ist diese Ausgangssituation leider unüberschaubar. Es braucht schon etwas Glück, den passenden Arzt oder Therapeuten zu finden.

Mir ist es bei diesem heiklen Thema sehr wichtig, Ihnen die Chance einer guten Selbsteinschätzung zu bieten. Deshalb freue ich mich über die Hilfestellung durch einen Fachmann. Die folgenden Seiten sind mit Unterstützung von Wolfgang Spitta aus Bonn entstanden. Er ist Arzt für Psychiatrie und ein Experte im Bereich Stress und Burnout (www.praxis-spitta.de).

Um hier Klarheit zu schaffen ist es wichtig, die drei verschiedenen Bedeutungen, in denen der Begriff Burnout verwendet wird, zu trennen und einzeln zu betrachten:

a) Burnout als Marke

Das Geschäft mit Burnout blüht. Mit Angeboten, die das ganze Spektrum von Therapie über Ratgeber bis zu Wellness abdecken, wird viel Geld verdient. Dabei sind längst nicht alle Angebote seriös und hilfreich. Inzwischen hat sich »Burnout« als eine bekannte Marke etabliert. Vergleichbar mit der Nutzung von bestimmten Konsumprodukten scheint man sich unter dem Etikett »Burnout« nicht mehr erklären zu müssen. Ein Burnout-Syndrom zu haben, bewirkt beim Zuhörer genügend Assoziationen.

b) Burnout als Prozess

Burnout wurde zum ersten Mal von dem Psychoanalytiker Herbert Freudenberger beschrieben. Als vielbeschäftigter Therapeut engagierte er sich zusätzlich intensiv und ehrenamtlich in psychosozialen Einrichtungen. An sich selbst beobachtete er, wie er der Belastung immer weniger gewachsen war und »ausbrannte«. Ähnliches beobachtete er bei den im psychosozialen Bereich beschäftigten Mitarbeitern. Daraus leitete er einen Prozess ab, wie man von voller Gesundheit bis zum völligen Burnout kommt. In der Folge wurden weitere Wege als Prozess beschrieben, sodass es heute viele Modelle dazu gibt. Die wissenschaftlichen Studien dazu stellen einen solchen »normalen« Prozess in Frage. Es scheint für jeden Betroffenen einen eigenen Weg in einen Burnout zu geben: mal schneller und mal langsamer.

c) Burnout als Endzustand des Prozesses

Das, was unter dem »völligen Burnout« verstanden wird, ist medizinisch gesehen eine mittelschwere oder schwere Depression. Außerdem haben die meisten von Burnout Betroffenen eine süchtige Persönlichkeitsstruktur – nicht umsonst kennt jeder den Begriff des «Workaholic«.

Die vielen Symptome, die im Zusammenhang mit Burnout genannt werden, gehören zu den verschiedenen Depressionsformen und Suchtstörungen. Anderen zu sagen, dass man einen Burnout hat, ist da viel weniger unangenehm als zu erklären, man habe eine Depression und eine süchtige Persönlichkeit. Zumal ein Burnout oft noch als heroisches Zeichen intensiven Engagements gewertet wird. Leider stimmt es nicht, dass »nur wer brennt, auch ausbrennen kann«. Auch Menschen, die sehr wenig Engagement in ihrer Arbeit haben, können einen Burnout bekommen.

Wie erkennen Sie, ob Sie für einen Burnout gefährdet sind?

So oder so ähnlich beginnen die meisten Selbsttests. Aber leider nutzen solche Tests häufig nichts. Warum das? Für die Entstehung eines Burnout sind zwei Ursachen maßgeblich. Zum einen nimmt die psychosoziale Belastung des Einzelnen stetig zu durch individuellen und gesellschaftlichen Stress, wie z.B. Leistungsdruck, Informationsüberflutung, berufliche und persönliche Überforderungen etc.

Zum anderen werden tragfähige soziale Beziehungen qualitativ und quantitativ weniger, u.a. durch familiäre Zerfallsprozesse, berufliche Mobilität, virtuelle Beziehungen, häufige Trennungen und Scheidungen etc.

Die Menschen, die später einen Burnout bekommen, verlieren als erstes die Beziehung zu sich selber. Sie nehmen ihre eigenen Bedürfnisse, Gefühle, Sehnsüchte und Wünsche immer schlechter wahr. Ja, sie machen sich sozusagen taub für ihre Seele. Im Arbeitsumfeld erlebt man Menschen, die unter Bedingungen arbeiten, die von außen betrachtet unerträglich sind. Wenn man einen Betroffenen aber fragt, wie er das aushält, bekommt man zur Antwort: »Das geht doch noch, da hätten Sie mal letzten Monat hier sein müssen, da war es wirklich stressig!« Solche Menschen verhalten sich wie gekochte Frösche: Wenn man einen Frosch in lauwarmes Wasser setzt und die Temperatur langsam erhöht, merkt er nicht, wann es für ihn zu heiß wird und er bleibt sitzen, bis er gar gekocht ist.

Und damit schließt sich der Kreis, warum Burnout-Tests oft nicht funktionieren: Die wirklich Gefährdeten reden sich ihre Lage schön. Das geht so weit, dass jemand nach einem Hörsturz oder Herzinfarkt wortreich erklärt, warum das mit seiner Lebens- und Arbeitssituation nichts zu tun hat oder warum er nichts daran ändern kann. Dazu passt auch, dass einer der wenigen wirklich erfolgreichen Vorträge zum Thema Burnout den Titel trägt »Burnout erkennen – bei meinem Partner«.

Trotzdem gebe ich Ihnen einige Aussagen an die Hand, die dabei helfen zu erkennen, ob Sie (oder Ihr Partner) gefährdet sind. Wenn diese Aussagen auf Sie zutreffen, sollten Sie das als Warnung sehen. Bewusst lasse ich Fragen zu körperlichen und seelischen Symptomen weg, da es darum geht, die Gefährdung zu erkennen, bevor sich solche Symptome entwickeln. Typische Aussagen:

- Ich habe oft ein schlechtes Gewissen, weil ich nicht allen Erwartungen in Beruf und Familie gerecht werden kann.
- Ich denke oft, dass ich meine Arbeit / meine Rolle als Partner / meine Rolle als Elternteil nicht gut genug erfülle.
- Ich versuche allen Erwartungen an mich gerecht zu werden.
- Ich kann schlecht »nein« sagen und mich abgrenzen.
- Ich habe fast keine Zeit für mich.
- Es fällt mir schwer, zu erkennen und zu fühlen, was ich wirklich will, was ich wirklich brauche und wie ich es erreichen kann.

Was können Sie tun, um einen Burnout zu verhindern?

Der wichtigste Schritt ist, dass Sie eine gute Beziehung zu sich selber haben und pflegen. So schlicht es klingen mag, es gibt dafür drei einfache und grundlegende Voraussetzungen:

- Genügend Schlaf,
- regelmäßige Bewegung,
- ausgeglichene Ernährung.

Das wirkt auf den Körper und auf die Seele. Alle drei Maßnahmen führen zu besserer Gesundheit, zu besserer Körperwahrnehmung und erhöhen im Gehirn die Botenstoffe für Stressresistenz und Wohlbefinden.

Der nächste Punkt ist Ihre klare Wahrnehmung darauf, was Ihnen persönlich wichtig ist oder was eventuell nur als Druck von außen auf Sie ausgeübt wird. Beispiele dafür sind:

- Konsumdruck (»Das müssen Sie haben! – Nur diesen Monat mit der 0 % Finanzierung!«);
- Erwartungen an perfekte Rollen in der Familie bzw. Partnerschaft;
- ganz besonders betrifft es die Erwartungen im Berufsalltag:
  sowohl kleine Erwartungen, z.B. die dauernde Verfügbarkeit über Blackberry und Notebook oder die Teilnahme an unsinnigen und quälend langen Meetings ohne greifbare Ergebnisse, als auch große Erwartungen, z.B. alle vier Jahre für die Karriere den Job oder den Kontinent zu wechseln ohne Rücksicht auf Familie und Freunde.

Der logische nächste Schritt ist dann, danach zu handeln, was man wirklich will. Das führt oft zu Konflikten, weil man nicht mehr so pflegeleicht und bügelfrei ist. An dieser Stelle werden Sie mit der Frage beschäftigt sein, ob Sie gemocht oder respektiert werden wollen. Menschen, die einen Burnout bekommen, sind oft auch Menschen, die gemocht werden wollen. Und Sie werden lernen müssen, »nein« zu sagen, wenn Sie »nein« meinen und nicht »ja« um des lieben (?) Friedens willen.

Woran merken Sie, dass sich etwas positiv verändert?

Oft sind es gute Freunde oder Ihr Partner, welche merken, dass Sie Burnout-gefährdet sind. Wenn Sie das ernst nehmen und nicht wegerklären, sind Sie auf einem guten Weg.

Ebenso ist es Ihr direktes Umfeld, dem eine positive Veränderung noch vor Ihnen auffällt. Sie werden »kantiger«, aber auch kraftvoller, authentischer und eigenständiger. Äußerlich messbare Veränderungen sind beispielsweise Ihre Schlafdauer, die Zeit, die Sie für Sport aufwenden oder was Sie essen. Noch wichtiger ist, dass Sie innerlich den Einklang mit Ihren Bedürfnissen spüren und dadurch gut abgrenzen können, wenn man Sie beispielsweise wieder ausnutzen möchte.

Und auch an den Reaktionen der Umwelt merken Sie, dass sich etwas positiv verändert. Menschen, die Sie nur ausnutzen, werden sich von Ihnen abwenden, Menschen, denen etwas an Ihnen persönlich liegt, werden sich über die Veränderungen freuen.

4. Der Rhythmus Ihrer persönlichen Chronobiologie

Sind Sie eine Lerche oder eine Eule, und was sind die Auswirkungen im Alltag? Sicherlich ist Ihnen der Begriff »Biorhythmus« bestens bekannt. Seit vielen Jahren ist er in unseren Sprachschatz integriert. Doch kennen Sie auch die Chronobiologie? Als ernstzunehmender Wissenschaftszweig beschäftigt sich die Chronobiologie mit unserer sog. inneren Uhr bzw. dem Zusammenhang von Körper, Geist und Zeit.

Wenn wir in diesem Buch über den effizienten Umgang mit der Informationsflut sprechen, ist dieses Thema ein wesentlicher Bestandteil. Informationen gut wahrnehmen, verstehen, behalten und kreativ auswerten hat sehr viel mit unserer Konzentration, kreativen Phasen und Wachheit zu tun. Die genaue Bestimmung der chronobiologischen Faktoren ist in den letzten Jahren beachtlich vorangeschritten. Obwohl erst ein Teil der Geheimnisse sicher gelöst ist, lassen sich schon viele sichere Aussagen machen, die auch für Sie im Umgang mit der Informationsflut von Bedeutung sind.

Unser Körper hat einen 24-Stunden-Zyklus, der zuverlässig funktioniert. Das Gehirn regelt mit dieser inneren Uhr die Hormonausschüttung und steuert wesentliche Funktionen. Im Grundmodell gibt es den sog. Früh- und Spättypen. Der eigene Chronotyp ist genetisch bedingt, ändert sich jedoch im Laufe des Lebens durchaus.

Die üblichen Anfangszeiten in Schule und Beruf kommen dem sog. »Frühtyp« bzw. der »Lerche« entgegen. Doch nur 35% der Bevölkerung sind tatsächlich morgens um 6 Uhr freiwillig aktiv und munter. Hat Sie schon einmal jemand als »Morgenmuffel« bezeichnet? Dann gehören Sie wahrscheinlich zu den anderen 65 %, sind eine »Eule« und gehen gerne spät ins Bett. Dafür schlafen Sie morgens lange. »Spättypen« haben einen anderen inneren Rhythmus. Wer als Spättyp jahrelang seinen Rhythmus ignoriert und sich morgens unausgeschlafen aus dem Bett quält, leidet chronisch unter Stress, oft mit langfristigen Krankheitsfolgen. Mit zunehmendem Alter lässt sich der Schlafmangel schwieriger kompensieren. Schlafprobleme können z.B. in engem Zusammenhang mit einem Leben gegen die innere Uhr stehen.

Klingelt Ihr Wecker morgens um 6.00 Uhr, ist es nach Ihrem Schlafrhythmus vielleicht noch nachts. Spät abends, wenn die Frühtypen bereits tief schlafen, können sich die Spättypen dafür noch konzentrieren und aktiv sein. Unterscheidet sich der eigene individuelle Rhythmus von den Arbeitszeiten oder von dem Familienleben, entsteht ein Konflikt.

Kinder sind eher Frühtypen, während sich der Rhythmus mit der Pubertät in Richtung Spättyp verschiebt. Das entspricht auch der Lebenserfahrung von Eltern, dass ihre Kinder ab der Pubertät Schwierigkeiten haben, morgens aus dem Bett zu kommen.

Negative Folgen für die Konzentrationsfähigkeit sind typisch, aber auch eine negative Beeinträchtigung der Gesundheit ist möglich! Studien belegen, dass sich die Schulleistungen von Jugendlichen deutlich verbessern würden, wenn die Schule morgens erst gegen 09.00 Uhr beginnen würde. Die volle Konzentration erreichen Jugendliche erst am späten Vormittag!

Das »moderne« Leben beeinflusst unseren Lebensrhythmus

Mittlerweile ist ausgiebig erforscht, dass auch externe Einflüsse die innere Uhr des Menschen beeinflussen und steuern. Der wichtigste Faktor ist das Licht. Mit dem täglichen Wechsel zwischen Hell und Dunkel wird auch die genetisch bedingte innere Uhr synchronisiert. Dieses Prinzip kann grundsätzlich nicht verändert werden. Es ist jedoch möglich, durch mehr oder weniger Licht die Phasen zu verschieben. Frühtypen bleiben länger wach, wenn sie am Nachmittag oder Abend im Tageslicht sind. Spättypen sollten in der Vormittagszeit das Licht nutzen.

Diese Vorgänge wiederholen sich Tag für Tag. Dabei korrigiert der Licht-Dunkel-Faktor diese Funktionen immer wieder auf den 24-Stunden-Takt. Eine zweiteilige Zentrale im Zwischenhirn bildet den Hauptschalter, wobei diese Nachrichten über die Netzhaut des Auges empfangen werden. Sie erfasst neben der Tageszeit auch die Jahreszeit. Von dieser Zentrale ausgehend, werden die verschiedenen Rhythmen in unserem Körper aufeinander abgestimmt. Berücksichtigen wir die vorgegebenen Rhythmen, kann man einen Nutzen daraus ziehen.

Seit der Industrialisierung erhält unser Gehirn immer weniger natürliche Anzeichen für die Synchronisierung der inneren Uhr. Wir leben in geschlossenen, gut geheizten Räumen. Hell oder dunkel wird es, wenn wir den Lichtschalter drücken. Natürliches Licht erhalten wir dagegen nicht mehr ausreichend. Letztlich kommt es heute zu Verschiebungen im Lebensrhythmus, egal ob es um Arbeitszeiten, die Essenseinnahme oder den Schlafrhythmus geht.

Übrigens: Auch der Wechsel der künstlich eingeführten Sommer-/Winterzeit bereitet dem Körper Probleme. Die eine Stunde, um welche die Uhren im Frühjahr vorgestellt und im Herbst wieder zurückgestellt werden, ist besonders für »Eulen« problematisch. Diese sind auch vier Wochen nach der Umstellung im Frühjahr noch auf Winterzeit getaktet.

Die Zeiten in der Tabelle entsprechen Durchschnittswerten, die bei Ihnen abweichen können. Versuchen Sie doch einmal herauszufinden, wann Ihre Topzeiten sind und wann vielleicht die Tiefphasen im Laufe des Tages. Wahrscheinlich wissen Sie es auch schon, weil Sie über Jahre Erfahrungen damit gesammelt haben.

Unsere innere Uhr (Durchschnittswerte)

10–12 Uhr: Topfit, sehr wach, leistungsfähiges Gehirn

13–15 Uhr: Achtung: Mittagstief

15–16 Uhr: Neuer Aufschwung, gute Lernphase

Ab 23 Uhr: Gute Zeit, ins Bett zu gehen

23–01 Uhr: Sehr kreative Zeit für viele Menschen

Doch haben Sie auch die Konsequenzen daraus gezogen? Neue Informationen zu verarbeiten oder zu behalten benötigt Ihre ganze Aufmerksamkeit. Zum Lesen von Texten sollten Sie sich deshalb ein Zeitfenster freihalten, in dem Sie erfahrungsgemäß fit sind. Es macht beispielsweise keinerlei Sinn, falls Sie zwischen 8 Uhr und 9 Uhr noch im Halbschlaf sind, schwierige Text zu lesen.

Finden Sie heraus, welcher Chronotyp Ihnen entspricht

Bei diesem für Sie nützlichen Test handelt es sich um eine wissenschaftliche Studie der Ludwig-Maximilians-Universität München. Über das Team von Prof. Dr. Till Roenneberg (Institut für medizinische Psychologie) haben schon über 70.000 Personen ihren Chronotypen ermittelt. Parameter sind u.a. die Arbeitszeiten, das Freizeitverhalten und Einschlafzeiten, alles getrennt nach Arbeits- und freien Tagen. Mit den Ergebnissen konnte die statistische Verteilung der einzelnen Chronotypen nachgewiesen werden. Vor allem erhalten Sie jedoch Anregungen, wie Sie mit Ihrem individuellen Chronotypen sinnvoll umgehen.

Dabei werden die verschiedenen Chronotypen in der Bevölkerung in sieben Gruppen (von extrem früh bis extrem spät) unterteilt. Oftmals weicht die »innere« Uhr, die unseren Chronotypus bestimmt, von der äußeren Uhr (wenn der Wecker klingelt) ab. Je mehr die beiden Uhren voneinander abweichen, umso schwieriger ist es, gesunden Schlaf zu finden. Das hat dann die weitere Konsequenz, dass Sie in der Arbeitszeit unkonzentrierter sind und mit der Informationsflut wenig erfolgreich umgehen.

Testen Sie kostenlos, welcher Chronotyp Sie sind. Hier ist der Link: www.imp.med.uni-muenchen.de/index.html

Natürlich habe ich den Test auch gemacht und war überrascht! Nach meiner Vorstellung war ich ein extremer Spättyp … Nun scheinbar nicht. Immerhin habe ich es bis zum moderaten Spättyp geschafft. Überraschend war für mich, dass ich an freien Tagen einen Schlafmangel von 30–60 Minuten habe. Spannend fand ich die konkreten Tipps zum Umgang mit Müdigkeit. Da Licht ein wesentlicher Faktor für die innere Uhr ist, helfen in meinem Fall folgende regulierende Verhaltensweisen:

- Wenn ich abends zu früh müde werde:
  Bis mittags helles Tageslicht vermeiden, ggf. sogar mit Sonnenbrille, dafür nachmittags oder gegen Abend bewusst das Licht unter freiem Himmel suchen.
- Wenn ich abends oder nachts zu spät müde werde:
  Bis mittags helles Tageslicht suchen und ab nachmittags möglichst vermeiden.

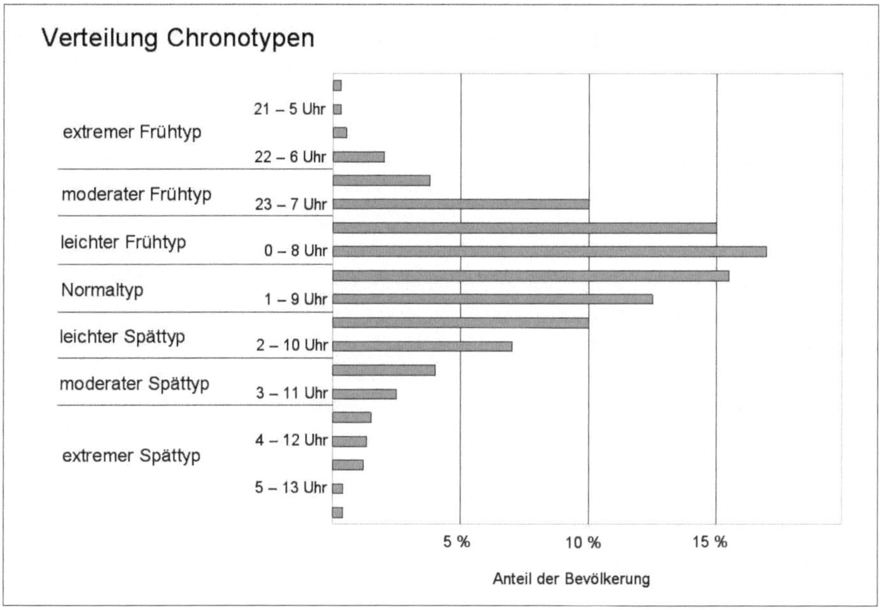

(Quelle: Grafik nachgesetzt nach einer Auswertung des Zentrums für Chronologie, Institut für medizinische Psychologie, Ludwig-Maximilians-Universität München)

5. Welche Ansichten, Fähigkeiten und Gewohnheiten werden Sie ändern?

Ein Hauptziel dieses Buches ist es, Ihnen den erfolgreichen Umgang mit der Informationsflut zu erleichtern. Oftmals geht es dabei um Ihre persönliche Entscheidung, wie viel Informationsflut Sie beruflich und privat zulassen. Da helfen leider keine effizienten Techniken, sondern allein Einsichten und konkrete Verhaltensänderungen. Wir beschäftigen uns damit auf den nächsten Seiten in insgesamt vier Schritten:

Überlegen Sie in Schritt 1, was genau »Erfolg« für Sie bedeutet. In Schritt 2 ist es hilfreich, Ihre jetzige Einstellung und derzeitigen Fähigkeiten genau zu beleuchten. Andererseits ist es auch wichtig, in Schritt 3 Ihre Ziele für die Zukunft schriftlich zu formulieren. In den vorherigen Kapiteln haben Sie bereits viel darüber erfahren, welche Werkzeuge und Fähigkeiten für Ihr Gehirn nützlich sein könnten. Jetzt geht es darum, die Dinge auf den Punkt zu bringen. Wie verhalte ich mich derzeit? Was ist die positive Absicht, die dahinter steckt? Was werde ich verändern? Wie genau werde ich etwas verändern? Was braucht es noch, damit es gelingt? In Schritt 4 können Sie in einer Zeittabelle vergleichen, wie sich der bessere Umgang mit der Informationsflut auf Ihr privates oder berufliches Leben positiv auswirkt.

Was genau denken Sie über »Erfolg«?

Beruflicher Erfolg hat oftmals einen sehr hohen Preis. Sich dem täglichen Informationsstress hinzugeben, gehört dazu. Deshalb macht es Sinn, über das Thema Erfolg nachzudenken. Wie definieren Sie Erfolg?

Wie wichtig ist es für Sie, diesen »Erfolg« zu haben? Vielleicht sehen Sie sich aus der Perspektive eines Menschen am Ende seines Lebens, der zurückschaut und sich fragt, ob er seine Lebensziele erreicht hat.

____

____

____

____

____

Wie ist Ihr bisheriger Umgang mit der Informationsflut?

Es ist wichtig, hier die nötige Zeit mitzubringen und nach innen zu schauen. Ein wesentlicher Schlüssel zum erfolgreichen Umgang mit der Informationsflut sind Ihre Einsichten und Gewohnheiten. Solange Sie beispielsweise über die vielen E-Mails klagen, aber insgeheim darüber glücklich sind, weil E-Mail-Flut ein Zeichen für Ihre Wichtigkeit ist, wird sich nichts verändern. Sie finden das Beispiel merkwürdig? Nun, genau diese Argumentation kommt recht häufig vor, aber vielleicht ist es bei Ihnen ja ein ganz anderes Thema. Auf jeden Fall ist es hilfreich, diese Dinge aufzuschreiben und nicht nur kurz darüber nachzudenken.

Mal ehrlich, was haben Sie bisher über die tägliche Informationsflut und Ihre Rolle darin gedacht?

____

____

____

____

Welche stressigen Gewohnheiten (z.B. ständige Erreichbarkeit mit dem Handy) haben Sie derzeit?

____

____

____

____

Auf welche Dinge müssen Sie leider verzichten, weil Sie vor lauter (Informations)Stress nicht genügend Zeit haben?

____

____

Ihr persönliches Zielformular

Ziele sollten möglichst klar und eindeutig sein. Formulieren Sie Ihre Ziele zum Umgang mit der Informationsflut so, dass folgende Kriterien berücksichtigt werden:

- Ihre Ziele sind positiv formuliert.
- Die Inhalte werden genau spezifiziert dargestellt.
- Alle Punkte sind von Ihnen selbst erreichbar.
- Die Ziele passen in Ihre Lebenssituation.
- Die Ziele sollten Sie motivieren, etwas zu erreichen.

Ihre Ziele werden vielleicht verschiedene Lebensbereiche streifen. Es bestehen üblicherweise Wechselwirkungen oder indirekte Wirkungen. Wenn es beispielsweise Ihr Ziel ist, am Tag eine Stunde mehr Zeit für die Familie zu haben, liegt die Lösung evtl. darin, diese Zeit im Büro durch effizienteres Lesen einzusparen.

Welche Ziele haben Sie für Ihr privates Leben (Familie, Hobby etc.)?

Welche Ziele haben Sie beruflich? Natürlich können Sie die Gelegenheit nutzen und über Ihre generellen beruflichen Ziele nachdenken. Im Kontext dieses Buches ist es auf jeden Fall sinnvoll, die Komponente Informationsflut mit einzubeziehen. Ein solches Ziel könnte beispielsweise sein, mit einem geringeren Stresspegel zu arbeiten.

____

____

____

____

Wie sehen die nächsten (konkreten) Schritte aus? Wer oder was kann Ihnen dabei ggf. helfen? Wann genau fangen Sie an?

____

____

____

____

____

Woran merken Sie, dass sich etwas positiv verändert hat?

____

____

____

Vergleichstabelle: Auf dem Weg zur Work-Life-Balance (s. nächste S.)
Tragen Sie links den typischen Verlauf Ihres aktuellen Alltags mit unterschiedlichen Farben für Arbeitszeit, Schlafzeit und Freizeit in den jeweiligen Stundenfenstern ein, rechts Ihren positiv veränderten Tagesablauf.

aktuell	zukünftig
1	1
2	2
3	3
4	4
5	5
6	6
7	7
8	8
9	9
10	10
11	11
12	12
13	13
14	14
15	15
16	16
17	17
18	18
19	19
20	20
21	21
22	22
23	23
24	24

Vergleichstabelle: Was Ihnen die Veränderungen bringen

In der Tabelle (vorige Seite) können Sie einen visuellen Vergleich anstellen, wie sich Ihr Tagesablauf positiv verändert, wenn Sie das »Hamsterrad« etwas früher verlassen. Vergleichen Sie Ihre jetzige Situation, in der Sie nichts optimiert haben, mit einer zukünftigen Situation.

In der Tabelle sollten Sie den jeweiligen Anteil von Schlafzeit, Arbeitszeit, Freizeit etc. mit unterschiedlichen Farben markieren. Denken Sie auch an typische Routineerledigungen wie etwa Duschen, Einkaufen, Abendessen etc. Diese Tätigkeiten verbrauchen zusammengerechnet überraschend viel Zeit. Wie viel Spielraum bleibt Ihnen tatsächlich für Sport, Familie, Hobbys etc.?

Viele Menschen glauben, dass sich der berufliche Stress irgendwie und irgendwann, vielleicht im Urlaub, kompensieren wird. Außerdem besteht die Vorstellung, einen Tag voller Stress in der Freizeit wieder auszugleichen zu können. Doch die Zahlen sprechen eine andere Sprache. Rechnen Sie doch einmal Ihr Zeitfenster pro Tag zusammen. Nach etwa sieben Stunden Schlaf, neun Stunden stressiger Arbeit, vielleicht einer Stunde Autofahrt sind bereits 17 von 24 Stunden verbraucht ...

Anhand der Tabelle werden Sie sehen, dass die sog. Work-Life-Balance nur sinnvoll funktionieren kann, wenn Sie bereits während der Arbeitszeit eine zu große Disbalance vermeiden. Nach einem Tag voller Stress lässt sich die gewünschte Balance kaum durch 30 Minuten Joggen erreichen.

6. Die neue Informationskultur: Übernehmen Sie Verantwortung

Wie oft haben Sie sich schon geärgert, dass Ihnen eine unnötige E-Mail Zeit geraubt hat? Wie oft haben Sie in einem Meeting gesessen und es als reine Zeitverschwendung empfunden? Wahrscheinlich haben Sie sich auch schon über Menschen geärgert, die einen Vortrag nicht hirngerecht vorbereitet haben.

Wenn in meinen Seminaren dieses Thema zur Sprache kommt, herrscht innerhalb kürzester Zeit eine aufgeregte Stimmung. Jeder kann negative Beispiele nennen, wie Kollegen durch ihre Handlungen zu Zeiträubern werden oder die Informationsflut unnötig vergrößern. An dieser Stelle frage ich die Teilnehmer, was sie konkret tun, um sich selbst etwas vorbildlicher zu verhalten. Wird beispielsweise darauf geachtet, dass an die Kollegen nur sinnvolle, übersichtliche und gut strukturierte E-Mails verschickt werden?

Tatsächlich löst dieser Gedanke manchmal Verwunderung, Irritation und Betroffenheit aus. Ja, auch wir selbst tragen jeden Tag zur Informationsflut des anderen bei!

Mit diesem (neuen) Bewusstsein fällt es vielleicht leichter, selbst mehr Verantwortung zu übernehmen. Erst wenn Sie selbst den E-Mail-Verhaltenskodex anwenden, haben Sie eine gute Chance, auch bei Kollegen eine Veränderung zu erreichen. Vielleicht sprechen Sie in Ihrem Unternehmen das Thema Informationsflut an und machen konkrete Verbesserungsvorschläge. Erst wenn es allgemein verbindliche Absprachen und Regeln gibt, kann sich die Situation verbessern. Machen Sie den Anfang!

Fazit: Praktische Tipps für Ihre Kontrolle der Informationswelt

1. Nehmen Sie Stress bei sich und anderen bewusster wahr

- Achten Sie in den nächsten Tagen einmal genau darauf, wann bei Ihnen Stress anfängt und welches typische Stressverhalten Sie dann zeigen. Wir sind oftmals so sehr an diese Muster gewöhnt, dass wir keinen geschärften Blick dafür haben. Mit etwas Übung erkennen Sie solche Situationen rechtzeitig und können gegensteuern. Führen Sie ggf. ein Stresstagebuch, um diese Beobachtungen über einen längeren Zeitraum zu überblicken.

- Machen Sie diese »Stressbeobachtung« auch bei Ihren Kollegen, Freunden etc. Achten Sie auf eine Veränderung von Körpersprache (insbesondere Mimik), Stimme und emotionalen Reaktionen. Sie werden schnell erkennen, dass auch andere Menschen frühzeitig signalisieren, dass eine auf sie zukommende Situation Stress auslöst.

2. Haben Sie konkrete Ziele, Ihren Informationsstress zu vermindern?

- Die meisten Berufstätigen sind irgendwann in den Zustand täglicher Informationsflut hineingerutscht und nehmen den damit entstehenden Stress als Normalzustand wahr. Auf den Seiten 164 bis 169 haben Sie die Möglichkeit, über verschiedene Fragen dieses Thema für sich neu zu ordnen. Finden Sie heraus, welche persönlichen Ziele Sie erreichen können, wenn Sie auf ein gewisses Maß an Informationsflut verzichten.

- Wenn Sie sich ausführlicher mit Ihren persönlichen und beruflichen Zielen beschäftigen möchten, empfehle ich Ihnen einen tieferen Einstieg in das Thema. Bei der Zielfindung ist oftmals ein Feedback von außen hilfreich; mit einem Seminar oder Coaching geht es in den meisten Fällen schnell voran. Im Internet finden Sie unter www.ziele-akademie.de viele Informationen, Workshops und ein Gratis E-Book.

3. Finden Sie den Rhythmus Ihrer Chronobiologie heraus

- Unser Leben läuft in regelmäßigen Rhythmen ab: Sommer und Winter, hell und dunkel, Wach- und Schlafphasen, Arbeit und Freizeit usw. Daraus ergibt sich ein bestimmter Rhythmus, der bei Menschen jedoch unterschiedlich sein kann. Entsprechend der eigenen Chronobiologie zu leben erhöht die Lebens- und Arbeitsqualität. Mit einem kostenlosen Test der Universität München finden Sie heraus, welche Verhaltensweisen Ihrer Chronobiologie entsprechen. Hier ist der Link: www.imp.med.uni-muenchen.de/index.html

- Nutzen Sie das neue Wissen, um Ihre Schlafgewohnheiten anzupassen. Insbesondere am Wochenende können Sie den Schlafmangel innerhalb der Arbeitswoche kompensieren.

4. Probieren Sie die Wirkung einer medienfreien Zeit aus

- Die Medien beschleunigen unsere Zeit und schaffen eine permanente Reizüberflutung. Versuchen Sie deshalb folgendes Experiment: Sie verzichten einen Tag weitgehend auf Fernsehen, Radio, Internet, Zeitungen usw. Sie merken sofort, wie etwas mehr Ruhe in den gestressten Tag einkehrt. Ich habe viele Berichte von Leuten, die nach einem ersten geglückten Versuch jetzt regelmäßig einen medienfreien Tag einlegen und sich sehr wohl damit fühlen.

- Eine kleine Variante der medienfreien Zeit wäre, dass Sie zumindest zwischendurch auf Informationsberieselung verzichten. Sie können beispielsweise auf dem Weg von oder zur Arbeit statt Radio zu hören, einfach nur Auto fahren. Wenn Sie zuviel Ruhe unruhig macht, dann hören Sie vielleicht entspannende Musik. Hierfür ist z.B. eine Mozart-CD gut geeignet.

- Eine spezielle Variante ist es, nicht erreichbar zu sein. Was wird Schlimmes passieren, wenn Sie Ihr Handy bzw. Ihren Blackberry zu bestimmten Zeiten ausschalten? Um es genauer zu wissen, müssen Sie es selbst ausprobieren. Am Anfang haben Sie wahrscheinlich ein ungutes Gefühl. Doch hat es tatsächlich negative Konsequenzen? Folgen Sie nicht nur einem Gefühl, sondern hinterfragen Sie genau, ob Ihre fehlende Präsenz (z.B. für einige Stunden) konkrete negative Folgen für Sie oder andere hat. Falls ja, ist noch abzuwägen, ob Sie diese Folgen in Kauf nehmen können und möchten. Nach einer gewissen Eingewöhnungsphase fühlen sich die meisten Menschen auch mit dem Luxus der Nichterreichbarkeit sehr wohl.

8 Wie Sie mit Komplexität gehirngerecht umgehen

Wann lohnt es sich, dieses Kapitel zu lesen?

- Glauben Sie bisher, dass die Vernunft zu den besten Entscheidungen führt?
- Möchten Sie Informationen gehirngerecht weitergeben?
- Sprechen Sie lieber kompliziert, weil das kompetent wirkt?

Möglicher Nutzen: Sie bekommen ein besseres Gefühl, wann Sie mit Komplexität eher intuitiv oder rational umgehen. Außerdem wird Ihnen mehr bewusst, wie Sie Informationen anderen Menschen gehirngerechter vermitteln können.

1. Wem können Sie mehr trauen? Rationalität vs. Bauchgefühl

Sicherlich möchten auch Sie beruflich und privat lieber die richtigen Entscheidungen treffen, egal wie groß die Informationsflut ist. Ein schöner Wunsch, der in der Praxis nicht immer funktioniert. Doch verbessert sich die Qualität unserer Entscheidungen, wenn mehr Informationen zur Verfügung stehen? Hilft es, die Argumente lange und genau zu »durchdenken«? Leider nein. Ist der optimale Punkt überschritten, wird mit jeder zusätzlichen Information eine Entscheidung eher schwieriger und schlechter. Selbst Dax-Unternehmen oder unsere Politik, die sich vieler »Experten« bedienen, sind für eine auffallend hohe Quote von Fehlentscheidungen bekannt. Auch bei der ehrlichsten Absicht, eine gute Entscheidung zu treffen, ist unser Gehirn oftmals nicht in der Lage, die Komplexität einer Situation rational zu überblicken. Wie sich die Veränderung eines Parameters auf das gesamte System auswirkt, bleibt ein Risiko. Wie können wir mit dieser Art der Informationsflut am besten umgehen?

Für sehr einfache Sachzusammenhänge gibt es Techniken der rationalen Entscheidungsfindung. Diese werde ich Ihnen kurz vorstellen. Doch in vielen Situationen macht es mehr Sinn, auf die eigene Intuition zu achten. Das sog. »Bauchgefühl« funktioniert besser, als sein Ruf es vermuten lässt. Im Alltagsleben ist die gelungene Kombination von Intuition und Rationalität optimal. Das zeigt auch die 2010 vom Unternehmermagazin »Impulse« in Zusammenarbeit mit der Universität Hamburg durchgeführte Entscheiderstudie. Der Leiter der Studie Rick Vogel fasst zusammen: »Intuition ist keine Störgröße und schon gar kein Zeichen mangelnder Professionalität.«

Für sehr komplexe Zusammenhänge – z.B.: »Wie wirkt es sich in meinem Unternehmen aus, wenn ich die Ausgaben für Qualitätssicherung um 20 % steigere?« – braucht es eine externe Unterstützung. Unser Gehirn bleibt hier in einem unsicheren Bereich der Einschätzung, insbesondere was die verschiedenen Wechselwirkungen einer Entscheidung betrifft. Hier hilft eine Software, die bereits zweimal einen Innovationspreis gewonnen hat.

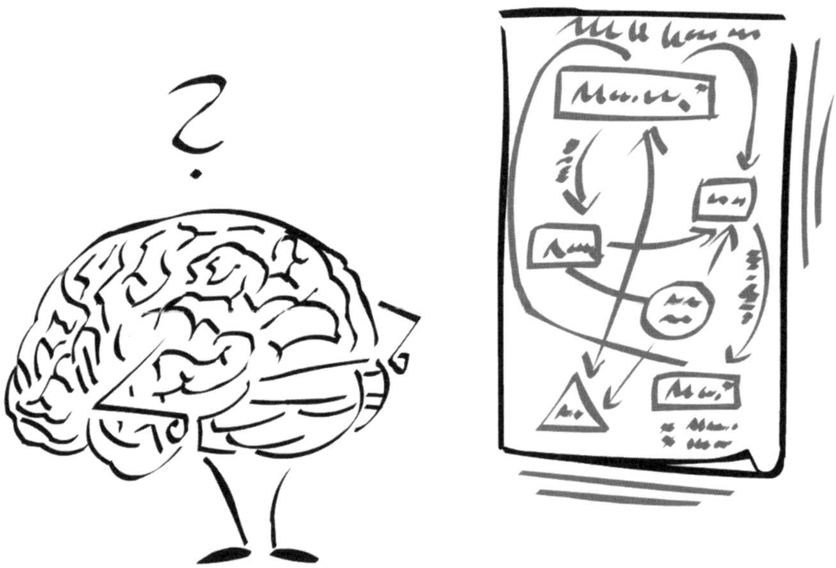

Techniken der rationalen Entscheidungsfindung

Anhand der »Nutzwertanalyse« werde ich Ihnen eine einfache Entscheidungstechnik beispielhaft vorstellen. Diese kann dann hilfreich sein, wenn die Ausgangssituation überschaubar ist. Fragen wie: »Soll ich in die Berge fahren oder ans Meer oder vielleicht doch eine Studienreise machen?« lassen sich teilweise ganz gut klären. Dennoch haben mich diese Techniken nicht restlos überzeugt. Da wo unsere Intuition, das Bauchgefühl oder der sog. »gesunde Menschenverstand« gefragt wären, versuchen Entscheidungstechniken rational ein Problem zu lösen. Sollten Sie dennoch das Thema der rationalen Entscheidungstechniken vertiefen wollen, empfehle ich Ihnen zum Einstieg das Buch: »Entscheidungen treffen. Schnell, sicher, richtig« von Matthias Nöllke. Weitere Literaturvorschläge finden Sie im Anhang.

Beispiel: *Als ersten Schritt der Nutzwertanalyse brauchen Sie eine klare Fragestellung. Diese lautet im Beispiel: »Welche Art von Urlaub mache ich im nächsten Sommer? Fahre ich in die Berge, ans Meer oder mache ich eine Studienreise?« Als nächstes brauchen Sie Kriterien für eine Bewertung. Neh-*

men wir an, es wären die folgenden zehn Kriterien, die Ihnen für eine Entscheidung wichtig sind:

___ *Vorerfahrungen zu diesem Reiseziel*
___ *neue Erfahrungen machen können*
___ *Wahrscheinlichkeit für gutes Wetter*
___ *Grad der Entspannung*
___ *Präferenz der Familie*
___ *Qualität der Unterkunft*
___ *Qualität der Verpflegung*
___ *Möglichkeit für Bewegung bzw. Sport*
___ *Preisgünstigkeit der Reise*
___ *einfache An- und Abreise*

Bitte bewerten Sie jetzt die Wichtigkeit der einzelnen Kriterien, indem Sie jeweils zwischen den Zahlen 1 bis 10 wählen und diese Zahl jeweils oben eintragen. Finden Sie beispielsweise die Wahrscheinlichkeit für gutes Wetter extrem wichtig, sollten Sie dort die 10 eintragen; ist diese jedoch am wenigsten wichtig, tragen Sie die 1 ein. Natürlich können Sie die Zahlen auch mehrfach vergeben. Wenn für Sie beispielsweise mehrere Kriterien von geringerer Bedeutung sind, können Sie dort jeweils die 3 eintragen.

Im nächsten Schritt geht es darum, die einzelnen »Urlaubsziele« mit den Kriterien für die Entscheidung zu verknüpfen. Dies findet ebenfalls mit einer Vergabe der Zahlen von 1 bis 10 statt. Wenn Sie beispielsweise wissen, dass der Urlaub in den Bergen sehr preisgünstig ist, dann geben Sie dort eine 9 oder 10. Der Urlaub am Meer ist teurer, so dass Sie eine 4 oder 5 vergeben. Die Studienreise kostet im Vergleich am meisten, so dass Sie eine 9 oder 10 vergeben. Diese Zahlen tragen Sie in der folgenden Tabelle ein (in der jeweiligen Spalte für das Urlaubsziel und in der Zeile mit dem jeweiligen Kriterium).

Das klingt komplizierter als es ist. Nehmen wir das in der Tabelle (auf der nächsten Seite) abgedruckte Beispiel. Sie bewerten das Kriterium der Weiterbildung im Urlaub mit 6. Die Möglichkeiten der Weiterbildung beim Wandern bewerten Sie nur mit 3, da Sie den ganzen Tag unterwegs sind.

Am Strand lesen Sie vielleicht Sachbücher und können sich schon eher weiterbilden, deshalb die 5. Eine Studienreise ist pure Weiterbildung, deshalb vergeben Sie eine 10.

Jetzt wird gerechnet. Durch Multiplikation in den jeweiligen Zeilen und durch Addition der drei Spalten kommen Sie zu einem Ergebnis. Eine der drei Spalten wird die höchste Punktzahl haben. Probieren Sie es am besten selbst aus!

Kriterien	Gewichtung	Berge	Meer	Studienreise
Weiterbildung im Urlaub	**6**	*x* **3** = 18	**5** = 30	**10** = 60
Vorerfahrungen zu diesem Reiseziel	_	x _____	_____	_____
neue Erfahrungen machen können	_	x _____	_____	_____
Wahrscheinlichkeit für gutes Wetter	_	x _____	_____	_____
Grad der Entspannung	_	x _____	_____	_____
Präferenz der Familie	_	x _____	_____	_____
Qualität der Unterkunft	_	x _____	_____	_____
Qualität der Verpflegung	_	x _____	_____	_____
Möglichkeit für Bewegung bzw. Sport	_	x _____	_____	_____
Preisgünstigkeit für die Reise	_	x _____	_____	_____
einfache An- und Abreise	_	x _____	_____	_____
Summe:		_____	_____	_____

Wissen Sie jetzt, wohin der nächste Urlaub geht? Eine der drei Spalten in der Tabelle hat die meisten Punkte, also gibt es keine Zweifel mehr, oder? Mir gelingt es nur dann, mit einer Nutzwertanalyse inneren Frieden zu finden, wenn auch mein Bauchgefühl zustimmt. Ansonsten bleibt eine Unsicherheit (trotz Punktegewinn) bestehen. Deshalb stellt sich zu Recht die Frage, ob ich nicht sofort meine Intuition fragen kann. Dazu erfahren wir noch mehr in den nächsten Kapiteln.

Das Problem zu vieler Informationen oder Entscheidungsoptionen ist auf jeden Fall in der heutigen Zeit eine typische Situation, die jeder kennt und erlebt. Egal, ob beruflich oder privat – Entscheidungen haben oftmals langfristige Konsequenzen. Deshalb sind wir auch bemüht, die »richtige« Entscheidung zu treffen. Welches Auto soll ich kaufen? Soll ich die Stelle wechseln? Möchte ich lieber die Immobilie mit dem großen Garten, allerdings mehr auf dem Land, oder das Haus mit Garage in Stadtnähe, aber dafür ohne Garten? Im nächsten Kapitel sehen wir, wie unser Gehirn mit solchen Situationen umgeht.

Vom Benutzerirrtum des »vernünftigen« Menschen

Standen Sie schon einmal vor einer größeren Entscheidung und es fiel Ihnen schwer, eine solche zu treffen? Die Abwägung der Pro- und Contra-Argumente führte zu keinem klaren Ergebnis. Stellen Sie sich vor, Sie möchten ein neues Haus kaufen. Sie schauen sich mehrere Objekte an und nach einiger Zeit sind Sie »ratlos«. Die Objekte unterscheiden sich in zu vielen Dimensionen, wie sollen Sie sich entscheiden? Das eine Haus ist größer, aber auch teurer. Das andere Haus hat den optimalen Garten, liegt aber in der Nähe einer lauteren Hauptstraße. Ein weiteres Objekt liegt sehr ruhig, ist aber etwas klein und ungünstiger angebunden am Stadtrand.

Falls Ihnen das Werfen einer Münze als Entscheidungshilfe nicht zusagt, werden Sie wahrscheinlich nachdenken, um die Vor- und Nachteile der einzelnen Häuser bewusst abzuwägen. Doch führt diese Strategie wirklich zu optimalen Ergebnissen?

Mittlerweile gibt es viele wissenschaftliche Untersuchungen zur Qualität unbewusster Entscheidungen. Im Fachjournal »Science« wurde kürzlich eine Studie dazu veröffentlicht. In dem Versuch ging es um die Entscheidung für ein bestimmtes Automodell. Dabei wurden den Probanden je Modell zwölf positive oder negative Eigenschaften von unterschiedlichen Modellen gezeigt. Die Anhäufung der Eigenschaften pro Modell reichte von überwiegend positiv (75 %), über neutral (50 %) bis zu überwiegend negativ (25 %).

Eine Hälfte der Probanden sollte sich zunächst intensiv über die Vor- und Nachteile der einzelnen Modelle Gedanken machen und erst dann eine Entscheidung treffen. Die andere Hälfte sollte ihr Urteil spontan fällen.

Was glauben Sie, wie das Ergebnis war? Es ist erstaunlich: Die Gruppe mit der spontanen Entscheidung hatte eine wesentlich bessere Trefferquote! Bei der Gruppe, die intensiv abwägen konnte, wählten nur 20 % der Probanden das optimale Automodell. In der Gruppe mit der spontanen (unbewussten) Entscheidung waren es erstaunliche 60 %.

In verschiedenen Experimenten werden solche Ergebnisse immer wieder bestätigt. Durch »unbewusstes Nachdenken«, also ohne Zeit für bewusste Reflexionen, sind die Entscheidungen besser. Das gilt zumindest bei einer hohen Anzahl von Argumenten. Dieser Vorteil der unbewussten Verarbeitung verringert sich, wenn die Anzahl der Eigenschaften reduziert wird. Bei dem Versuch mit den Automodellen war es schließlich so, dass bei einer Reduzierung auf vier Eigenschaften pro Modell die intensiv nachdenkenden Probanden die besseren Entscheidungen fällten.

In weiteren, ähnlichen Studien ergab sich, dass »unbewusstes« Nachdenken nicht nur zu »rationaleren«, sprich zutreffenderen Ergebnissen führt, sondern letztendlich auch die Zufriedenheit mit der Wahl höher ist. Dabei gilt: Je komplexer das Produkt bzw. die Entscheidung, desto eher führt die unbewusste Datenverarbeitung zu einem zufriedenstellenden Gesamtergebnis. Wir wählen also beim unbewussten Nachdenken nicht nur das objektiv beste Produkt, sondern sind anschließend auch zufriedener mit unserer Wahl.

Warum Sie Ihrer Intuition öfters trauen sollten

Wir nehmen den ganzen Tag unzählige Informationen auf und speichern sie bewusst oder unbewusst in unserem Gehirn ab. So entsteht ein unglaubliches Datenmaterial, ein implizites Wissen, das immer abgerufen wird, wenn wir spontan entscheiden. Wer bewusst nachdenkt, ruft hingegen ein deutlich geringeres Datenmaterial ab, das »nur« aus

den Informationen besteht, die bewusst zur Verfügung stehen. Diese Auswahl an Informationen kann sehr verzerrt und einseitig sein, weil nur einige auffällige Aspekte des Ganzen enthalten sind.

Die Tatsache, dass gerade bei komplexen Entscheidungen die unbewusste Datenverarbeitung besser funktioniert, wirkt auf den rational denkenden Menschen zunächst erstaunlich. Der Effekt ist jedoch sehr gut über diverse Studien belegt. Ein Blick in die Grundlagenforschung zeigt auch, warum unbewusstes Nachdenken bei komplexen Entscheidungen oftmals besser funktioniert als das bewusste Nachdenken.

Die Kapazität unseres »bewussten Systems« ist sehr beschränkt und umfasst nur 40–50 Bits pro Sekunde. Das sind maximal fünf Informationen. Versuchen Sie mal – gleichzeitig – an den nächsten Urlaub zu denken, was Sie heute zu Abend essen werden und welche Themen Sie im nächsten Meeting mit Ihren Kollegen ansprechen wollen. Es funktioniert nicht, die Kapazität unseres Bewusstseins (bzw. des Arbeitsgedächtnisses) ist zu beschränkt. Wenn wir also bei komplexen Entscheidungen zwölf oder mehr Eigenschaften berücksichtigten müssen, geht das weit über die Kapazität des expliziten Systems hinaus. Die Konsequenz: Wir müssen uns auf einige wenige Eigenschaften beschränken und unsere bewusste Aufmerksamkeit auf diese Eigenschaften fokussieren. Dabei kann es leicht zu den oben genannten Verzerrungen und letztlich suboptimalen Entscheidungen kommen.

Unser implizites (unbewusstes) System hingegen unterliegt keinen Kapazitätsgrenzen; es verarbeitet bis zu 11 Millionen Bits pro Sekunde. Deshalb können wir so auch viele Informationen gleichzeitig verarbeiten und miteinander vergleichen. Die einzelnen Punkte werden eher als Gesamtmuster verarbeitet und verglichen. Mustererkennung und -verarbeitung ist eine der Stärken des impliziten Systems im Kopf. Unbewusstes Mustererkennen ist weniger verzerrt und bezieht alle Eigenschaften und Aspekte einer Entscheidung mit ein.

Dass der Begriff »unbewusstes Nachdenken« nicht zu weit hergeholt ist, zeigt die stetig wachsende Forschung zur Datenverarbeitung im Schlaf. Studien belegen, dass das implizite System gerade im Schlaf seine Leistung vollbringt. Eine Nacht über ein mathematisches Problem zu schlafen, verdoppelt beispielsweise die Wahrscheinlichkeit, die Lösung des Problems zu finden. Das Gehirn stabilisiert im Schlaf nicht nur vorher Gelerntes, sondern gleicht das Neue auch mit bestehendem Wissen ab. Es findet häufig neue Lösungen – durch implizites Mustererkennen bzw. unbewusstes Nachdenken. Diese Vorgänge lassen sich inzwischen sogar mit bildgebenden Verfahren der Hirnforschung abbilden.

Die Strategie, eine Entscheidung zu »überschlafen«, ist insofern sehr intelligent. Anstatt also bewusst über die verschiedenen Alternativen nachzudenken, könnten Sie das Ganze Ihrem »Unbewussten« überlassen und an einem bestimmten Punkt einfach ein Bauchgefühl für die beste Option entwickeln.

Als Abschluss zum Thema der »unbewussten Intelligenz« möchte ich Ihnen noch ein spannendes Ergebnis empirischer Forschung vorstellen (veröffentlicht 2008 in »Nature Neuroscience«). Es geht um eine Studie des Max-Planck-Instituts für Kognitions- und Neurowissenschaften in Leipzig, der Charité Berlin sowie des Bernstein Zentrums für Computational Neuroscience Berlin. Die Forschergruppe um den Wissenschaftler John-Dylan Haynes hat gezeigt, dass schon Sekunden, bevor wir eine Entscheidung bewusst treffen, erste Anzeichen der Absicht im Gehirn gemessen werden können. Der Magnetresonanztomograph zeigt Veränderungen im Gehirn, die einer bewussten Entscheidung vorausgehen. Haynes sagt dazu: »Viele Prozesse im Gehirn laufen unbewusst ab – wir wären sonst schon mit alltäglichen Aufgaben der Sinneswahrnehmung und Bewegungskoordination völlig überfordert. Von unseren Entscheidungen aber glauben wir in der Regel, dass wir sie bewusst fällen. Diese Annahme ist mit unserer Studie in Frage gestellt.«

Bereits vor etwa 20 Jahren ist es dem amerikanischen Neurophysiologen Benjamin Libet gelungen, ein »Bereitschaftspotenzial« als Gehirnsignal zu messen, das einer bewussten Entscheidung vorausgeht. Seine Experimente lösten damals eine Grundsatzdebatte um die Willensfreiheit des Menschen aus. Auch ohne die spannende Frage des sog. »freien Willens« klären zu können, erhalten wir hier einen weiteren Hinweis, dass wir unseren unbewussten Mechanismen im Alltag häufiger vertrauen sollten.

2. Erzeugen auch Sie Informationsflut durch Sprache?

Gehören Sie auch zu den Leuten, die manchmal Informationsflut durch die eigene Wortwahl erzeugen? Ob Informationsflut entsteht, hat natürlich etwas mit dem Interesse und Vorwissen des Empfängers zu tun. Wichtig ist deshalb der Kontext, in dem etwas stattfindet. Auf einer Tagung von Physikprofessoren wäre für mich jeder Vortrag pure Informationsflut. Wenn Fachleute den gleichen Sprach- und Wissensschatz haben, ist Fachsimpelei hingegen sehr bereichernd. Doch im (beruflichen) Alltag treffen häufig Leute mit unterschiedlichem Wissenslevel aufeinander. Haben Sie das schon erlebt, wenn jemand im Meeting oder Vortrag beeindruckend redet und Sie verstehen es nicht?

Es gibt genügend Gründe für komplizierte Wörter

Um Informationen gut zu vermitteln, sollte das Schwierigkeitslevel eine Stufe unter dem Niveau der Zuhörer sein. Wenn ich also vor Professoren spreche, dann sollte ich das Niveau von Doktoranden treffen. Vor Doktoranden sollte es das Niveau eines Studenten sein usw.

Meistens erlebe ich jedoch, dass sich Leute sprachlich aufplustern und eher auf einem zu hohen Level sprechen. Dies kann unterschiedliche Gründe haben. Einige davon sind sehr merkwürdig. Typische Beweggründe, warum Sprache »unnötig« kompliziert genutzt wird:

- »Alle reden hier so …«
- »Ich kann das gar nicht anders, ich rede immer so …«
- »Sonst denken die anderen, ich bin nicht kompetent genug …«
- »Man soll ruhig merken, wie viel »Knowhow« ich habe …«
- »Ich verstecke so ungünstige Punkte, die niemand merken soll ...«
- »Ich will dem alten Thema eine persönliche Note geben …«
- »Ich habe doch nicht studiert, um dann wie ein Schüler zu reden …«
- »Wir leben heute nun einmal in einer komplexen Welt …«
- …

Aus Sicht des Gehirns ist es ganz einfach. Ein Wort im eher passiven Wortschatz braucht einige Sekunden, bis es im Gehirn angekommen, dekodiert und in den richtigen Zusammenhang gebracht wird. Meistens bleibt diese Zeit nicht, weil bereits neue Informationen fließen. Das Ergebnis: Das wenig bekannte Wort ist schnell wieder vergessen oder wird nicht gut vernetzt. Stellen Sie sich vor, was erst bei einem völlig unbekannten Wort (Fremdwort) passiert.

Manchmal mache ich im Seminar den Test und frage einen Teilnehmer, ob er seinen Beruf auch umgangssprachlich beschreiben kann. Manche Leute schaffen es, anderen ist es nicht möglich, weil ihnen kaum mehr einfache Worte einfallen …

Der Unsinn von zu vielen Fremdwörtern

Ich gehe regelmäßig zu einem Rückentraining. Dort ist eine sehr nette »Fachfrau«, die mir Anweisungen und Hilfestellungen gibt, welche Übungen ich wie machen soll.

Bei typischen Anweisungen wie »Twist and Pull«, »Dolphin reverse«, »Squeezing« oder »Denken Sie an Ihren ›Arch‹!« braucht mein Gehirn eine etwas längere Zeit, um den gemeinten Inhalt umzusetzen. Genau hier ist ein kritischer Punkt. Selbst bekannte, aber nicht häufig genutzte Wörter erzeugen im Gehirn einen »Verständnisstau«. Irgendwann habe ich dann (mehr aus beruflichem Interesse) gefragt, ob es statt der Fremdwörter auch verständlichere Begriffe gibt. Meiner netten »Fachfrau« wurde zum ersten Mal klar, wie ihre vielen Spezialbegriffe schnell zu Informationsflut führen. Übrigens: Wir verstehen uns immer noch sehr gut …

In vielen Unternehmen ist das Benutzen von »Denglisch«, komplizierten Fach- und Fremdwörtern sowie Abkürzungen üblich. Das Problem dabei ist: Nicht jeder versteht genau das Gleiche unter einem bestimmten Begriff. Viele wissen nicht genau, was gemeint ist, trauen sich aber auch nicht zu fragen, denn das könnte ja inkompetent wirken. In meinen Seminaren nennen die Teilnehmer regelmäßig negative Beispiele, wie es dadurch zu Missverständnissen in der Zusammenarbeit oder zu Informationsverlusten kommt. Das Ergebnis: gehört, gewundert, vergessen. Für die Mitarbeiter und deren Unternehmen würde es eine Steigerung der Effizienz und Verminderung von Informationsflut bedeuten, wenn die eigene »Firmensprache« vereinfacht würde.

Einige Unternehmen haben es bereits wahrgenommen, dass die zu häufige Benutzung von Fremdwörtern auch bei Kunden eher Verwirrung als Kauflust auslöst. Manche Firmen überlegen deshalb, ihre Strategie diesbezüglich zu ändern.

So hat Telekom-Chef René Obermann bereits 2008 auf der Jahreshauptversammlung versprochen, auf unnötige Anglizismen zu verzichten. Tatsächlich gibt es wenige Organisationen, die sich für eine verständliche Sprache und Verminderung von Informationsflut einsetzen, wie etwa der »Verein Deutscher Sprache e. V. (VDS)«. Dieser wandte sich 2010 an René Obermann in einem offenen Brief und protestierte gegen die weiterhin bestehende Übermacht der englischen Sprache im deutschen Telefongeschäft. VDS-Vorsitzender Professor Walter Krämer meint: »Als deutschsprachiger Kunde einer deutschen Firma fühle ich mich von diesem Angebot auf den Arm genommen.« Gemeint sind Angebotsnamen wie: Business Flat Premium, Business National Flat, BusinessBasic, BusinessCall, Desktop Solutions, Domain Name Service, Octopus Mobility Services usw.

Weitere interessante Informationen zu diesem Thema finden Sie im Internet unter www.deutschesprachwelt.de oder www.vds-ev.de.

3. So bleiben Ihre Informationen sicher im Kopf des anderen

Durch die tägliche Reizüberflutung ist es mittlerweile schwer, mit den eigenen Informationen dauerhaft im Kopf einer anderen Person zu bleiben. Vielleicht haben Sie sich schon gewundert, wenn nach Ihrer Präsentation, einem Vortrag oder Gespräch die wesentlichen Informationen kaum verankert sind. Das kann selbst dann passieren, wenn Sie auf eine gut verständliche Sprache mit einfachen Wörtern achten.

Die starke Konkurrenz, die wir mit emotionalen Nachrichten aus der Werbung, den Nachrichten etc. erhalten und die riesige Menge an Informationen, die insgesamt auf uns einströmt, verlangt eine gehirngerechte Struktur und Darstellung eigener Informationen. Nur so ist es erfolgreich möglich, bei anderen Menschen in Erinnerung zu bleiben. Wann Informationen gehirngerecht sind, können wir aus dem Neuromarketing lernen. Es handelt sich um eine recht neue Disziplin, die Erkenntnisse der Hirnwissenschaft insbesondere mit der Vermarktung von Produkten verknüpft. Hans Georg Häusel ist u.a. führend in diesem Bereich. Sein Buch: »Think limbic« ist bereits ein Klassiker und unbedingt empfehlenswert. Zumindest die grundlegenden Erkenntnisse dieser neuen Disziplin können Sie selbst auf einem »gesättigten Markt der Informationsflut« bestens anwenden.

Wichtige Erkenntnisse aus dem Neuromarketing

Noch vor fünf Jahren glaubte man mit Hilfe des Neuromarketings schon sehr bald, das Kaufverhalten im Gehirn eines Menschen genau beobachten und vor allem voraussagen zu können. Deshalb wurde die Erforschung des Kaufverhaltens von der Industrie finanziell kräftig unterstützt. Doch ganz so weit, wie von den Firmen erhofft, gehen die bisherigen Erkenntnisse nicht. Wenn sich jemand einen Porsche kauft, kann man heute nur erklären, warum sich dieses Gehirn für einen edlen Sportwagen entschieden hat. Es hätte aber genauso gut ein Audi R8 oder ein Maserati sein können. Verständlich, dass Unternehmen, die für ihre Produktvermarktung genauere Aussagen brauchen, derzeit eher skeptisch sind.

Dennoch sind für unsere Zwecke die Erkenntnisse des Neuromarketings völlig ausreichend und auch sensationell. Um es ganz kurz zusammenzufassen: Wenn meine Informationen den anderen zu einer Handlung bewegen sollen, dann ist eine rationale Argumentation eher nicht erfolgversprechend. Was also braucht das Gehirn des anderen, um meinen Vorstellungen entsprechend zu reagieren?

Nehmen wir folgendes Beispiel: Sie kommen in ein Warenhaus und sehen einen Wühltisch mit einem riesigen Stapel Socken. Auf dem grauen Schild steht der Normalpreis: 3 Euro pro Paar. Auf dem Nachbartisch sind die gleichen Socken allerdings in Dreierpacks gebündelt und es prangt ein großes rotes Rabattschild: »Preis nur 12 Euro«. Was würden Sie kaufen? Ein ganz klarer Fall, werden Sie denken, auf jeden Fall die einzelnen Paare, weil sie wesentlich günstiger sind. In empirischen Experimenten zeigt sich jedoch genau das Gegenteil: Die Mehrheit der Käufer bevorzugt das Dreierpack, weil es einen Rabatt gibt. Das Gefühl eines »Schnäppchenkaufs« verhindert im Gehirn, rationale Entscheidungen zu treffen.

Professor Christian Elger, Direktor der Universitätsklinik für Epileptologie in Bonn ist einer der führenden deutschen Neurowissenschaftler. Er sagt: »Die Strukturen im Gehirn, die einen Kauf kritisch abwägen, sind weniger aktiv, wenn ein Rabattzeichen auftaucht. Diese Erkenntnis kann nur durch den Kernspintomografen gewonnen werden.«

So gibt es im Alltagsleben unzählige Beispiele für irrationale Entscheidungen. Eine moderne Variante ist die Ersteigerung von Gegenständen bei Ebay. Getrieben von dem Motiv, etwas besonders günstig zu ersteigern, gehen die Gebote nicht selten über den Neupreis hinaus. Wenn diese Experimente allgemeine Gültigkeit haben, was können Sie daraus ableiten?

Den sog. »homo oeconomicus«, den wirtschaftlich vernünftig handelnden Menschen, gibt es nicht. Wenn Informationen einen anderen Menschen wirklich erreichen sollen, dann nicht über Rationalität. Die Werbung hat sich bereits von dem Modell rational entscheidender Vernunftsmenschen verabschiedet, achten Sie doch einmal bei Werbespots auf diesen Aspekt.

Ein weiterer Klassiker sind die Experimente zur Markenbindung von Coca Cola. Im ersten Testaufbau erhalten die Probanden ein Cola-Getränk, ohne die Marke zu kennen, und entscheiden sich geschmacklich überdurchschnittlich oft für Pepsi-Cola. Im zweiten Testaufbau steht die jeweilige Marke auf dem Becher und ist somit schon bekannt. Das Ergebnis: Die stärkere Marke gewinnt. Die geschmackliche Entscheidung fällt eindeutig für Coca Cola aus. Im Hirnscan sieht man die Erklärung; Die Marke Coca Cola aktiviert das sog. »Belohnungszentrum« im Gehirn stärker als die Marke Pepsi-Cola. Das ist zunächst völlig unabhängig von der Qualität des Produkts.

Das Belohnungszentrum ist Teil des limbischen Systems und bewirkt, dass wir uns gut fühlen, gut gelaunt und entspannt sind. Nach derzeitigen Erkenntnissen erstreckt sich dieser Bereich im Gehirn etwa in Höhe der Nasenwurzel bis zwischen die Augenbrauen.

Dinge, die in unserem Gehirn den »Belohnungsinstinkt« freisetzen, werden auch in Zeiten der Informationsflut sofort wahrgenommen und behalten. Noch mehr: Belohnungen treiben uns an, motivieren uns, etwas dafür zu tun. Allerdings sind die Bewertungen dafür, was motiviert und vorantreibt, bei Menschen oder in Kontexten unterschiedlich. Doch schon mit wenig Aufwand lässt sich eine Typologie anwenden, mit der Sie Ihre Informationsstrategie besser dem jeweiligen Gesprächspartner anpassen. Wenn Sie mit Ihren Informationen den Belohnungsinstinkt von Ihrem Gegenüber treffen, wird aus lästiger Informationsflut plötzlich ein Interesse.

Für den Anfang sollten Sie vielleicht einige Bücher zu dem Thema lesen. Unter dem Stichwort Neuromarketing finden Sie mittlerweile eine gute Auswahl an Literatur. Empfehlenswert sind u.a. »Brainview« von Hans Georg Häusel und »Was Marken erfolgreich macht« von Dirk Held und Christian Scheier.

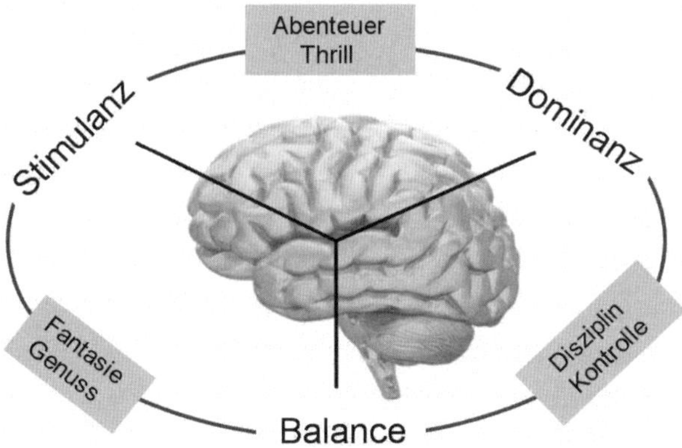

Modell nach Hans-Georg Häusel

Die »Limbic Map®« von Hans-Georg Häusel zeigt anschaulich verschiedene Motive bzw. Emotionen, die (je nach Typ / Kontext) unser Verhalten steuern.

Informationen gehirngerecht weitergeben

Eine sehr einfache Technik, Informationen gehirngerecht weiterzugeben, heißt »Think on your feet«. Wie der Name schon vermuten lässt, kommt dieser Ansatz nicht aus Deutschland, lässt sich aber auch dort in Seminaren trainieren. Hier empfehle ich Ihnen das Training von Bernd Höcker (www.flextrain.de). Einige der bisher vorgestellten Ideen sind darin kompakt enthalten.

Ein wesentliches Merkmal dieser Technik ist die Reduzierung auf möglichst drei Kernaussagen. Die »Drei« hat einige Vorteile. Der Zuhörer kann sich drei verschiedene Punkte noch sehr gut merken. Außerdem wirkt die Drei als stimmige Größe, die wenig Widerspruch erzeugt. Zwei Aspekte polarisieren schnell in Richtung »friss oder stirb«. Ein Aspekt wirkt eher mager recherchiert. Für viele Zeitgenossen ist es bereits eine sehr große Herausforderung, die eigenen Informationen auf »nur« drei Kernaussagen zu reduzieren. Gibt es mehr als drei wichtige Punkte, sollten diese in eine Unterstruktur der drei Kernaussagen gebracht werden.

Der nächste (entscheidende) Schritt ist die intelligente Verankerung im Gehirn des Zuhörers. Ähnlich wie bei den Gedächtnistechniken (Kapitel 4) wird nach erfolgreichen Verknüpfungsmöglichkeiten gesucht, die unsere Kernaussagen sicher im Kopf des anderen ablegen. Diese Assoziation sollte zwei Voraussetzungen erfüllen: Erstens muss es eine allgemeine Verknüpfung sein, die der andere auf jeden Fall kennt, und zweitens sollte auch hier die Zahl Drei berücksichtigt sein. Die Lösung ist einfacher, als es bisher klingt. Haben Sie schon eine Idee?

Woran denken Sie beim Thema Zeit und drei Einheiten? Die häufigste Spontan-Idee ist »morgens, mittags, abends«. Aber es gibt noch andere Betrachtungsweisen: »früher, jetzt, zukünftig«, »gestern, heute, morgen«, »vor fünf Jahren, heute, in fünf Jahren« … Sie können davon ausgehen, dass jeder Ihrer Zuhörer oder Gesprächspartner mit dem Thema Vergangenheit, Gegenwart und Zukunft etwas anfangen kann. Wenn Sie nun Ihre Kernaussagen geschickt in diese Bereiche hineinlegen, wird sich der andere Ihre Informationen besser merken können. Das liegt daran, dass Sie die Informationen mit einer Struktur verbunden haben, die der andere bereits kennt und die bei ihm sofort Verknüpfungen ermöglicht. Das ist sehr gehirngerecht! Die Verknüpfung mit der Zeit ist übrigens nur eine von mehreren Möglichkeiten, die allerdings besonders einfach und in jedem Kontext anwendbar ist.

»Think on your feet« ist in mehrfacher Hinsicht geeignet, um Informationsflut zu vermeiden. Die Vorteile für den Informationsempfänger haben wir bereits gesehen. Aber auch für Sie als Informationssender ergeben sich Vorteile. Sie werden automatisch gezwungen, durch das Konzept kurz und knackig die Informationen auf den Punkt zu bringen. Außerdem hilft es Ihnen, in Kürze ein schlüssiges Vortragskonzept zu erstellen.

Zum Abschluss noch eine kleine Übung. Wenn Sie jemanden beispielsweise fragen: »Was halten Sie von Atomkraft?« oder »Wie denken Sie über Arbeitslosigkeit?«, kommt typischerweise eine Antwort mit wenig Aspekten, die oftmals sehr kurz oder manchmal auch viel zu lang ist.

Jetzt möchte ich Ihnen eine Frage stellen und Sie bitten, bei der Beantwortung die soeben gelernte Methode umzusetzen. Antworten Sie bitte in drei Aspekten: »Früher ..., heute ..., in Zukunft...«. Nun die Frage: »Was denken Sie über Billigflüge?« Bitte antworten Sie jetzt.

Und haben Sie etwas gemerkt? Dadurch, dass Sie das Stichwort »Billigflüge« an unterschiedliche (zeitliche) Verknüpfungen gekoppelt haben, hat Ihr Gehirn wahrscheinlich mehr Informationen gefunden als bei einer spontanen Antwort ohne System. Außerdem wirkt die Antwort kompetenter.

Was Sie tun müssen, damit sich der andere nichts merkt

Die Anweisung, wie Sie erfolgreich Informationen »nicht« in den Kopf des anderen bringen, ist leicht geklärt. Sie brauchen nur einige Dinge zu beachten: Reden Sie möglichst viel, kompliziert mit verschachtelten Sätzen, benutzen Sie ständig Fremdwörter, nennen Sie für jeden Punkt mindestens zehn Argumente usw. Schon nach kurzer Zeit sind Ihre Zuhörer verwirrt. Dazu werden die Infos noch in eine langweilige Power-point-Präsentation eingebettet, und schon wird sich mit einer großen Wahrscheinlichkeit niemand an Ihre Inhalte erinnern können.

Als Taktik könnte es durchaus gewollt sein, verklausuliert mit vielen Fremdwörtern zu sprechen; allerdings sollten Sie bedenken, welche Wirkung es hat und sich fragen, ob Sie Ihre gewünschten Ziele so erreichen. Wenn Sie Menschen überzeugen möchten, Ihnen ein Thema nahe bringen wollen oder eine Entscheidung brauchen, dann sollten Sie im Gehirn des anderen besser auf Informationsflut verzichten.

4. Wie Sie die Informationsflut auch in komplexen Systemen beherrschen

Berufliche Aufgaben und Entscheidungen sind oftmals sehr komplex. Eine Vielzahl von Faktoren ist zu berücksichtigen, wobei sowohl die entscheidenden Zusammenhänge als auch die dynamischen Entwicklungen richtig bewertet werden müssen. Hier stoßen wir schnell an unsere von der Gehirnforschung bestätigten Grenzen. Oder anders gesagt: Die Informationsflut in komplexen Systemen ist für das menschliche Gehirn nicht mehr überschaubar. Auswirkungen von möglichen Änderungen können nur grob eingeschätzt werden. Was tatsächlich passiert, wenn die Steuern gesenkt, die Leitzinsen erhöht oder der soziale Wohnungsbau erweitert wird, ist letztlich eine Überraschung. Ein typisches Beispiel ist die Deutsche Wiedervereinigung. Helmut Kohl hat 15 Jahre nach der Wiedervereinigung erklärt, dass die finanziellen und wirtschaftlichen Konsequenzen von seiner Regierung völlig anders eingeschätzt worden waren.

Komplexität im Griff mit dem Consideo Modeler

Eine kleine Geschichte zeigt innovative Lösungen aus dieser scheinbaren ausweglosen Situation:

»Der Abteilungsleiter stand noch immer mit einem großen Fragezeichen im Gesicht im Büro seines neuen Arbeitgebers. Nach nur drei Wochen im

Unternehmen hatte sein zuständiger Vorstand ihn gerade persönlich aufgesucht und zu der jährlichen Strategie-Klausur am übernächsten Wochenende eingeladen. Warum gerade er? »Bisher waren Strategie-Wochenende meist Zeitverschwendung«, dachte er bei sich.

In seinen früheren Führungspositionen war eine klare Strategie kaum vorhanden, wurde nicht verständlich kommuniziert oder bestand in einer Anweisung von oben. Es galt, ein nicht weiter zu diskutierendes Ziel ohne Erklärung des Wieso und Warum in einer vorgegebenen Zeit zu erreichen. Wollte man Zusammenhänge erfahren, wurde viel heiße Luft geredet und worthülsenreiche Prosa in Protokollen und E-Mails geschrieben. Später konnte oder wollte sich kaum noch jemand daran erinnern, und Bauchentscheidungen nach dem Motto »Augen zu und durch« waren an der Tagesordnung. Es wurde reagiert statt agiert.

Am Freitagmittag vor besagtem Wochenende kam sein Chef noch einmal vorbei, wünschte ihm erkenntnisreiche zwei Tage und sagte zum Abschied: »Eine Strategie ist zwar eine komplexe Herausforderung, aber Komplexität ist nicht schwieriger, sondern nur anders!«

Am Samstagmorgen gab es zunächst eine kurze Einführungsveranstaltung. Der externe Trainer hatte die Kernfrage schon am Flipchart fixiert: »Warum sollte jedes Unternehmen und auch jede Abteilung, ja sogar jedes Projekt einer Strategie folgen?«

Es wurden sehr aussagekräftige Studien von Dr. Dietrich Dörner, einem der Vordenker im Bereich des Entscheidungsverhaltens in hochkomplexen Situationen, vorgestellt. Danach gilt: »In komplexen, vernetzten und dynamischen Handlungssituationen macht unser Gehirn Fehler: Wir beschäftigen uns mit dem ärgerlichen Knoten und sehen nicht das Netz; wir berücksichtigen nicht, dass man in einem System nicht eine Größe allein modifizieren kann, ohne damit gleichzeitig alle anderen zu beeinflussen.« Unternehmensstrategien sind beispielsweise solche Situationen, und wir Menschen neigen zu folgenden wiederkehrenden, meist kostspieligen Fehlern: mangelhafte Zielerkennung und Beschreibung des Problems, des Ziels und der Systemgrenzen; Beschränkung auf Teilaspekte, Vernachlässigung von Nebenwirkungen auf dem Weg zur »erwünschten« Lösung; Unterschätzen von zeitlichen Aspekten wie Verzögerungen oder Eskalation mit der Tendenz zur Ungeduld und zur Übersteuerung.

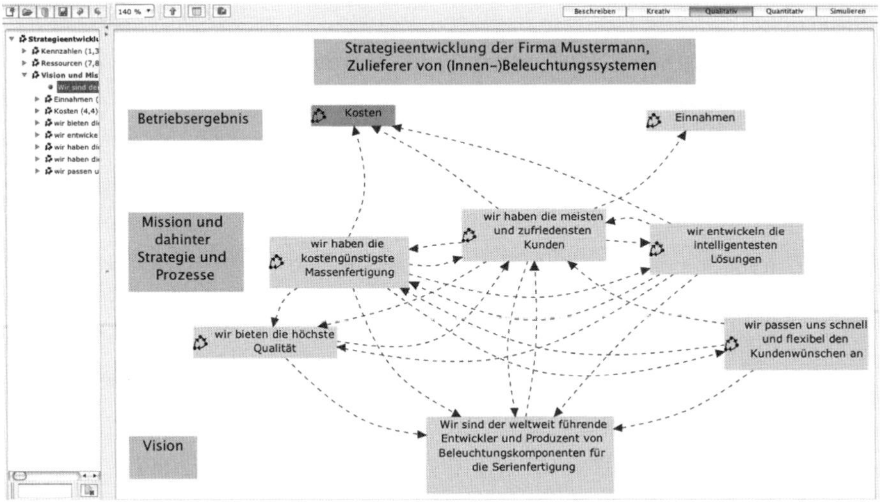

Vor einigen Jahren hatte sich das Unternehmen deshalb für den Einsatz des Consideo Modeler entschieden. Diese Software weckte als hochwirksame Entscheidungsunterstützung auch das Interesse des neuen Abteilungsleiters. Innerhalb der nächsten Stunde staunte er, wie eingängig komplexe Strategien in Wirkungsnetzen dargestellt und erklärt werden können. Ausgehend von Grundelementen wie der Vision, Kennzahlen und Ressourcen eröffneten sich ihm problemlos die Zusammenhänge und wirkenden Kräfte zwischen den Faktoren.

Während dieser Vorstellung durch die Firmenleitung identifizierte er für sich die Positionierung und Verbindung seiner Abteilung an den verschiedensten Stellen des Modells und damit in der Wertschöpfungskette des Unternehmens. Teilaspekte und deren Beiträge zum Gesamterfolg waren damit allen Teilnehmern klar.

Es wurden kleinere Arbeitsgruppen gebildet, und noch vor der Mittagspause des ersten Tages konnte die eigentliche Weiterentwicklung der Strategie starten. Hier setzte die aktive Mitarbeit des Abteilungsleiters ein. Schneller als erwartet, befand er sich mitten in der entfachten Diskussion. In seiner Arbeitsgruppe drehte es sich um kontinuierliche Verbesserungsprozesse und deren Beiträge zu Qualität, Kosteneinsparungen, Kundenzufriedenheit, etc. Mit dem Consideo Modeler konnten die viele Beiträge des Teams direkt erfasst werden. Auch die für den Abteilungsleiter immer so schwer zu fassen-

den unterschiedlichen Gewichtungen und Zeitverzögerungen in den Wirkbeziehungen wurden vom Moderator direkt in das Modell integriert. Nach der Sammlung der Faktoren wurde jede direkte Wirkbeziehung zwischen Faktor A und Faktor B unter Angabe von nur drei Kriterien aufgenommen:

- *Wirkungsrichtung (erhöhend oder senkend)*
  Wenn Faktor A mehr wird, dann wird auch Faktor B entweder mehr (erhöhend oder gleichgerichtet) bzw. Faktor B wird weniger (senkend oder entgegengerichtet).
- *Zeitverzögerung (kurz-, mittel- oder langfristig)*
  Wie lange dauert es, bis die Wirkung von Faktor A bei Faktor B etwas verändert?
- *Wirkungsstärke (schwach, mittel oder stark) anfangs mit drei Standardwerten bewertet, später in einer Gewichtungsmatrix verfeinert*

Die anschließende Analyse überzeugte den Abteilungsleiter vollends. Der Consideo Modeler konnte sowohl die sich im Modell gebildeten selbstverstärkenden und ausbalancierenden Schleifen darstellen als auch dynamische Ursache- und Wirkungsketten aufzeigen. Diese Darstellung war für jeden beliebigen Faktor im Modell per Knopfdruck verfügbar.

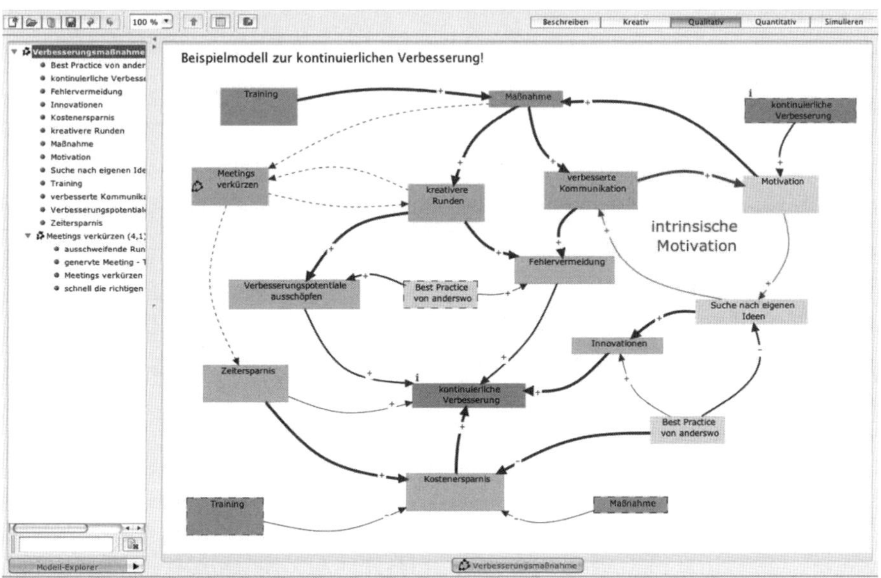

Die Zusammenfassung von Schleifen- und Wirkungsbeiträgen zeigte automatisch die nachhaltigen Wirkungshebel und Risiken. Mittels Bestands-, Fluss-, Informations- und Inputfaktoren konnten außerdem zeitliche Verlaufsmodelle zur »Was-wäre-wenn-Betrachtung« erstellt werden, um z.B. die Kosteneinsparung nach x Monaten zu berechnen. Die Bestandsfaktoren wurden schnell identifiziert und weitestgehend vom System mit Formeln hinterlegt.

Die Ergebnisse der anderen Arbeitsgruppen wurden bis zum nächsten Tag in das Gesamtmodell integriert und standen nun wieder allen Beteiligten zur Verfügung. Durch die transparente und für jeden faire Integration der individuellen Ideen und Beiträge wurden Wissenspotenziale und Kompetenzen aus allen Unternehmensbereichen geöffnet, Außensichten und Erfahrungen von den »Neuen« aufgenommen und objektiviert bewertet.

Der Abteilungsleiter war hochzufrieden. Einige seiner Faktoren hatten zusätzliche Wirkungen verdeutlicht. Andere waren – auch für ihn klar zu erkennen – in der aktuellen Situation von geringerer Bedeutung. Die Arbeit mit dem Consideo Modeler brachte ihm eine für seine weitere Tätigkeit wichtige Fokussierung und Motivation zur Umsetzung von Maßnahmen in Richtung der Strategie. Somit war dies ein rundum erkenntnisreiches Wochenende für alle Beteiligten. In den nächsten zwölf Monaten arbeitete der Abteilungsleiter zusammen mit seinen Mitarbeitern weitere Details zu den richtigen Wirkungshebeln aus. Seinem Chef, den Kollegen, seinen Mitarbeitern und auch ihm selber war immer klar, »warum etwas funktioniert« oder eben auch nicht. Die Planung von Maßnahmen und Projekten, die notwendigen Entscheidungen und die Kommunikation mit dem Consideo Modeler wurde ein tägliches Werkzeug seiner Arbeit.

Der Consideo Modeler wurde 2009 und 2010 mit dem Innovationspreis IT der Initiative Mittelstand ausgezeichnet. In der VDI-Liste »Weltmeister – Made in Germany« gilt er als die technologisch führende Software zur Visualisierung und Analyse von Zusammenhängen bei Strategien, Projekten und Prozessen. In der unternehmerischen Praxis empfiehlt sich anfangs die Begleitung durch einen externen Berater. Unter www.CONCEPTEC.de finden Sie Herrn Dirk Schink (Geschäftsführer) als kompetenten Ansprechpartner, sowohl für die Software als auch für die Beratung.

Fazit: Tipps für den gehirngerechten Umgang mit komplexen Informationen

1. Trauen Sie häufiger Ihrem Bauchgefühl

- Bedenken Sie grundsätzlich, dass Sie mit Ihrem menschlichen Gehirn zwar rein emotional, niemals aber rein rational entscheiden können. Befolgen Sie die Tipps auf den Seiten 175 bis 183, damit beides in Einklang gebracht wird.

- Ist die Anzahl der Argumente unüberschaubar und Sie arbeiten ohne »technische« Entscheidungshilfe, verlassen Sie sich besser gleich auf Ihre unbewussten Entscheidungsmuster bzw. auf das sog. Bauchgefühl. Lesen Sie dazu auch die Beispiele auf den Seiten 179 bis 183.

- Lassen Sie sich bei komplexeren Entscheidungen genügend Zeit, vielleicht eine Stunde, einen Tag oder schlafen Sie darüber. Wichtig, denken Sie in dieser Zeit nicht bewusst über die Argumente nach, sonst tappen Sie in die oben erwähnte Logikfalle. Ziel ist es, dass Ihr Gehirn das unbewusste Wissen und die neuen rationalen Argumente sinnvoll miteinander vernetzt und dies bestenfalls ohne bewusstes Nachdenken.

2. Wie Sie weniger komplexe Sachverhalte rational entscheiden können

- Wenn Sie mit Ihrer Ratio eine sinnvolle Entscheidung treffen möchten, reduzieren Sie die Anzahl der maßgeblichen Informationen. Nur bei weniger als fünf Argumenten, die Sie gegeneinander abwägen müssen, besteht eine große Chance, die rational richtige Entscheidung zu treffen. Lesen Sie dazu auch das Experiment ab Seite 179.

- Nutzen Sie in manchen Situationen eine Entscheidungstechnik, wie sie beispielhaft anhand der Nutzwertanalyse auf den Seiten 176 bis 179 vorgeführt wurde.

3. Verzichten Sie auf komplexe Sprache

- Nutzen Sie möglichst kurze und bildhafte Wörter. Wenn es eine Alternative gibt, dann überlegen Sie, welches Wort dem Gehirn des Zuhörers weniger Arbeit macht. Überprüfen Sie Ihre Redemanuskripte, Verkaufsargumente, E-Mail-Texte etc. bewusst auf unnötig komplizierte Formulierungen.

- Sollte Ihr Ziel nicht nur darin liegen, mit Sprache beeindrucken zu wollen, dann sollten Sie auf Fremdwörter weitgehend verzichten. Diese erzeugen zusätzlich Informationsflut im Kopf des anderen. Das führt dazu, dass Ihre wichtigen Kernaussagen nicht gut behalten werden.

4. Fangen Sie an, selbst Informationen gehirngerecht zu vermitteln

- Versuchen Sie die Kernaussagen, die Sie vermitteln möchten, auf drei wesentliche Punkte zu reduzieren. Verzichten Sie vor allem auf zu viele rationale Argumente. Lösen Sie dafür lieber den »Belohnungsinstinkt« aus.

- Nutzen Sie die Erkenntnisse aus dem Neuromarketing. Zu diesem Stichwort finden Sie mittlerweile eine gute Auswahl an Büchern (s. Literaturhinweise). Lernen Sie die Grundprinzipien und Sie bekommen ein Gefühl dafür, was es braucht, damit aus der Informationsflut bei Ihrem Gegenüber ein gewünschter »Bedarf an Informationen« entsteht.

- Lernen Sie die Methode »Think on your feet«. Mit dieser einfachen Technik können Sie Informationen ohne großen Aufwand gehirngerecht vermitteln. Eine kurze Einführung finden Sie auf den Seiten 190 und 191; das Seminar zu dieser Methode gibt es u. a. bei Bernd Höcker (www.flextrain.de).

5. Achten Sie auf Besonderheiten von Komplexität bei der Teamarbeit

- Intuitive Intelligenz funktioniert nur beim Individuum. Wenn hingegen komplexe Aufgaben in Teams / Unternehmen, mit differierenden »intuitiven Meinungen« gelöst werden müssen, entsteht ohne Methodik und Hilfsmittel schnell ein Durcheinander. Je höher die Vielfalt der Aspekte und die Zahl von Experten ist, umso geringer ist die Chance, intuitiv richtige Entscheidungen treffen zu können. Hier braucht es die Unterstützung moderner Software wie etwa dem Consideo Modeler.

9 Entspannen Sie Ihr Gehirn – von Altbierbowle bis Zenmeditation

Wann lohnt es sich, dieses Kapitel zu lesen?

- Sie stehen häufig »unter Strom« und können nicht abschalten
- Entspannungstechniken sind für Sie ein Fremdwort, doch Sie wollen mehr darüber erfahren
- Sie kennen bereits eine Entspannungstechnik und interessieren sich für Alternativen

Möglicher Nutzen: Spürbar mehr Aufmerksamkeit, Gelassenheit und Sicherheit im Umgang mit neuen Informationen, Präventivmaßnahmen gegen Dauerstress und dessen Folgen, kleine Entspannungsphasen für den Büroalltag

Entspannung und Informationsflut stehen in dem ungünstigen Zusammenhang, dass eine steigende Reizüberflutung das Gleichgewicht von Körper, Geist und Seele stört. Unsere heutige Lebensweise lässt deshalb kaum eine Wahl. Wer auf Dauer gesund und leistungsfähig sein möchte, braucht einen angemessenen Ausgleich zu Stress, Hektik und Informationsflut.

1. Ein passender Ausgleich zum Stress ist notwendig

Der regelmäßige Stress im Beruf hat spürbare und messbare Folgen, so wird z.B. Cortisol und Adrenalin gebildet. Die ausgeschütteten Hormone haben die Funktion, uns in Gefahrensituationen überlebensfähig zu machen. Dazu werden viele Reaktionen im Organismus hervorgerufen wie etwa ein erhöhter Blutdruck, Beschleunigung der Herztätigkeit und der Atmung sowie der Anstieg von Blutzucker. In dieser Situation reagieren Menschen schneller aggressiv. Die Programme »Kämpfen«, »Fliehen« oder »Erstarren« werden ausgelöst. Im Kopf vermindert sich die Blutmenge zugunsten der Körperbereiche, die zum Kampf oder zur Flucht benötigt werden. Das Immunsystem wird geschwächt und das logisch denkende Gehirn blockiert, da bei Gefahr schnelles und instinktives Handeln wichtig ist.

Heute sind diese Impulse meistens überflüssig, weil beruflicher Stress nicht mehr gleichbedeutend mit dem Angriff eines Säbelzahntigers ist. Für den modernen Büromenschen ist dieser Zustand sogar kontraproduktiv, weil konzentriertes und effizientes Arbeiten verhindert werden. Doch die Programme laufen zuverlässig weiter, denn unser Gehirn hat sich in den letzten 100.000 Jahren kaum verändert.

Was hilft dem Steinzeitgehirn, um mit den heutigen Belastungen zurechtzukommen? Vielleicht denken auch Sie spontan an Sport bzw. Bewegung, was tatsächlich optimal geeignet ist. Wenn Sie diesen Weg zur Stressbewältigung gezielt einsetzen, gibt es viele Möglichkeiten. Schon ein regelmäßiger und langer Spaziergang ist hilfreich oder etablierte Sportarten wie Nordic-Walking, Jogging, Radfahren oder Schwimmen.

Bei der Auswahl sollten Sie immer darauf achten, dass Ihr Herz-Kreislauf-System dabei gestärkt wird. Weniger ratsam ist es, wenn Sport bzw. dessen Ausführung bei Ihnen Stress oder eine Überforderung auslösen.

Obwohl Sport in unserem Kontext ein wichtiges Thema ist, möchte ich es nicht weiter ausführen. Zum einen ist die positive Wirkung bestens bekannt und beschrieben. Sie finden ausreichend Literatur und Anregungen im Internet. Das Problem ist nicht die Information, sondern eher der »innere Schweinehund«. Wenn Sie sich speziell für den Laufsport interessieren, habe ich noch eine Empfehlung für Sie: Unter www.andreasbutz.com finden Sie viele Informationen und einen sehr kompetenten Ansprechpartner.

Ein anderer Weg, um Stress auszugleichen, sind Entspannungstechniken. Ein Vorteil ist beispielsweise, dass sich viele der hier genannten Methoden auch tagsüber im Büro oder in der Pause umsetzen lassen. Manche funktionieren mit einem geringen Zeitaufwand von weniger als fünf Minuten.

Die Gründe, warum Menschen sich nicht für Entspannungstechniken interessieren, sind sehr unterschiedlich. Oftmals höre ich in den Seminaren die Begründung: »Bei meinem Stress habe ich keine Zeit für so etwas.« Dabei geht es doch genau in diesem Kontext darum, den Stress mit Hilfe solcher Methoden abzubauen.

Leider kommen Entspannungstechniken oftmals nur im spirituellen oder esoterischen Gewand auf uns zu. Dabei ist die Wirksamkeit auch von der modernen Wissenschaft längst bestätigt. Unsere heutige Lebensweise lässt uns kaum eine Wahl: Wenn Sie auf Dauer gesund und leistungsfähig sein möchten, sollten Sie die Nutzung von Entspannungstechniken ernsthaft erwägen.

2. Haben Sie Angst vor Entspannung?

Achtung! Lesen Sie bitte dieses Kapitel, auch wenn Sie von Entspannung nichts halten oder ein Wort wie etwa Yoga Sie abschreckt. Viele Manager meinen ja, Entspannungsmethoden sind eher für gelangweilte Hausmänner, Rentner oder Aussteiger interessant.

Ich erinnere mich noch sehr gut, als ich 2002 im Studio der ARD stand und in der Guinness-Show einen neuen Gedächtnisrekord aufstellen sollte. Ein Blackout jagte den nächsten und ich fühlte mich extrem gestresst. Der einzige Trost: Wir waren noch bei den Proben und es war noch nichts verloren. Mit den Mnemo-Methoden war ich erst seit kurzer Zeit vertraut und fühlte mich noch nicht als fernsehreifer Experte. Mittlerweile hatte ich zudem erfahren, dass ich gegen die österreichische Gedächtnismeisterin antreten würde, was meine mentale Situation noch einmal verschlechterte. Was tun in dieser Situation? Der Fernsehpsychologe, den man mir zur Seite stellte und der mich sanft unter Druck setzte, es würde schließlich viel von meinen Auftritt für den Erfolg abhängen, war keinesfalls eine Hilfe.

Sie ahnen vielleicht schon, welche Lösung ich Ihnen beschreibe. Richtig, zu dieser Zeit hatte ich bereits sehr gute Erfahrungen mit Meditationsübungen gemacht und sah darin eine gute Chance, die Situation in den Griff zu bekommen. Ich bat darum, mich bis zu meinem Auftritt in der Sendung in einem ruhigen Raum aufhalten zu können.

Später bin ich insbesondere auf die Ruhe und Gelassenheit angesprochen worden, mit der ich in der Sendung einen sehr guten Eindruck hinterließ.

Ein passender Vergleich findet sich auch mit dem Arbeitsspeicher Ihres Computers. Noch vor wenigen Jahren war es üblich, dass die 128 MB-Arbeitsspeicher schnell ausgelastet waren. Die Folge: Es ging nichts mehr bzw. viel zu langsam oder der Rechner stürzte ab. Stellen Sie sich Ihre Entspannung so vor, als wenn Sie den Computer kurz ausschalten und dann wieder einschalten. Der Arbeitsspeicher ist danach leer und arbeitet wieder schnell und zuverlässig. Deshalb kann man Entspannung neben den gesundheitlichen Aspekten auch als Mittel zur Effizienzsteigerung sehen.

Wer beispielsweise ständig kreisende Gedanken im Kopf hat, kann sich nicht auf neue Informationen einlassen. Das hat nichts mit Vergesslichkeit zu tun. Wenn Ihre Aufmerksamkeit im inneren Dialog ist, besteht kaum Spielraum für neuen Input. Die fehlende Konzentration erhöht zudem Ihren Stresspegel.

3. Es gibt viele Möglichkeiten: Welche Methode passt zu Ihnen?

Es gibt Methoden, die haben ein klares Signal: »Jetzt wird entspannt«, und andere entwickeln sich einfach als Ritual in diese Richtung.

Im Seminar erzählen die Teilnehmer von ihren persönlichen Entspannungsübungen: ein Spaziergang mit dem Hund, Joggen, Kochen, Lesen oder eben die in der Überschrift genannte Altbierbowle. Ein Teilnehmer erzählte von seiner Tiefenentspannung, wenn er abends mit einem Bier in der Hand den Tag beendet. Warum nicht? Wichtigster Indikator ist, dass es funktioniert. Ein einfaches Ritual kann alle positiven Merkmale von Entspannung haben. Wenn Sie das Gefühl haben, einfach im »Hier und Jetzt« zu sein, ohne die Probleme der Vergangenheit oder Zukunft gedanklich zu verarbeiten, wenn Sie merken, Ihre Muskeln entspannen, Sie fühlen eine angenehme Leichtigkeit, dann haben Sie eine gute Voraussetzung für Entspannung.

Für viele Menschen ist der Kontakt zur Natur hilfreich. Das ist gut verständlich, denn die Ruhe und Gleichmäßigkeit von Bildern und Geräuschen, der zuverlässige Rhythmus von Hell und Dunkel ist für das menschliche Gehirn eine Wohltat. Ein Zustand, den wir in der zivilisierten und reizüberfluteten Welt kaum mehr erleben.

Begriffe wie Entspannung, Mentaltraining oder Meditation werden sehr vielfältig und uneinheitlich verwendet. Unterschiedlichste Aspekte und Methoden werden angeboten und sind für den »Anfänger« kaum überschaubar. Ich habe viele der etablierten Methoden wie Autogenes Training, Progressive Muskelentspannung, Imagination, Biofeedback, Meditation und Yoga ausprobiert und auch angewandt. Das Fazit: Jeder muss die für ihn passende Methode finden und dabei gilt: »Probieren geht über Studieren«.

Ein Vergleich »etablierter« Entspannungsmethoden

Hier beispielhaft einige Methoden, die verbreitet sind und für die Sie sehr wahrscheinlich auch Übungsgruppen in Ihrer Umgebung finden:

a) Progressive Muskelentspannung nach Jacobson
Wurde von Edmund Jacobson im Jahre 1908 an der Harvard Universität erforscht und im Laufe der Jahrzehnte modifiziert. Heute ist die Progressive Muskelentspannung (kurz: PMR) eine einfache Technik, mit der Sie in kurzer Zeit tiefe Entspannungszustände erreichen können. Wesentlich ist es, den Gegensatz von Anspannung und Entspannung zu erspüren. Die Methode funktioniert beinahe immer, auch wenn andere Verfahren nicht zusagen.

Umsetzung: Leicht erlernbar, funktioniert auch ohne großen Aufwand im Büro, optimal für »Zwischendurch«.

b) Autogenes Training
Wurde um 1920 von dem Berliner Arzt J. H. Schultz (1884–1970) bei Beobachtungen von Hypnosepatienten entwickelt. Durch Suggestionsformeln werden sowohl Zustände von körperlicher Schwere und Wärme erfahren, Ruhe- und Entspannungsgefühle herbeigeführt sowie Atem- und Herztätigkeit beeinflusst.

Umsetzung: Von den meisten Menschen relativ leicht erlernbar, braucht allerdings zur Anwendung eher Ruhe und Konzentration. Viele Anwender beschreiben auch, dass sie davon müde werden.

c) Biofeedback

Es handelt sich um ein Messen körperlicher Reaktionen auf Umweltreize, Gedanken und Gefühle. Mit Hilfe elektrotechnischer Messinstrumente werden körpereigene Reaktionen erfasst und visuell oder auditiv für den Übenden erfahrbar gemacht. Mit diesem »Feedback« der eigenen körperphysiologischen Prozesse ist es möglich, die willentliche Steuerung dieser Reaktionen zu lernen. Biofeedback funktioniert auch sehr gut in Kombination mit anderen Entspannungsmethoden.

Umsetzung: Wenn objektive Messbarkeit ein Kriterium für Sie ist, sollten Sie ggf. mit Biofeedback arbeiten. Das Ziel ist allerdings, die eigene Reaktionen irgendwann auch ohne technische Hilfe steuern zu können.

d) Imagination

Bei der Imagination schaffen Sie sich eine geistige Vorstellung (Bilder, Geräusche, Gerüche) von der wünschenswerten Situation. Um eine körperliche und geistige Entspannung herzustellen, kann man sich beispielsweise vorstellen, völlig ruhig und gelassen bei strahlendem Son-

nenschein an einem schönen Strand zu liegen. Damit lassen sich emotionale, physiologische und psychologische Reaktionen auslösen. Diese Methode ist Standard bei Spitzensportlern. Es ist wissenschaftlich nachgewiesen, dass Imagination die Ergebnisse von Sportlern spürbar verbessert.

Umsetzung: Diese Methode funktioniert sofort und ist einfach zu praktizieren.

e) Meditation

Bei dieser Methode erreichen Sie den Zustand innerer Ruhe und Versenkung. Die bewusste gedankliche Aktivität wird reduziert oder im optimalen Fall eingestellt.

Meditation ist mittlerweile ein anerkannt wirksames Mittel gegen Stress mit Wirkung auf Körper, Geist und Seele. Achten Sie einmal in Interviews mit Managern, Politikern, Sportlern etc. darauf, wie viele der erfolgreichen Leute meditieren. Der Grund ist einfach. Es funktioniert sehr gut! Letztens las ich z.B. in der Zeitschrift »Capital« ein Interview mit Kai-Uwe Ricke (ehemals Vorstand Telekom). Ohne Meditation, sagte er, hätte er den enormen Stress in seinem Job nicht ausgehalten.

Den Ursprung der Meditation findet man im religiösen Umfeld. Vor allem in den asiatischen Religionen (z.B. Hinduismus), aber auch in den westlichen Religionen, wie etwa den katholischen Exerzitien, gibt es entsprechende Techniken. Die früheren Ziele waren insbesondere bewusstseinsverändernde Erlebnisse, allen voran der von Buddhisten angestrebte Erleuchtungszustand. In diesem Buch geht es um den effizienten Umgang mit der beruflichen Informationsflut, und dazu gehören auch Aufmerksamkeit und innere Ruhe. Viele wissenschaftliche Studien bestätigen, dass Meditation mehrschichtig wirkt: Einerseits wird der aktuelle Stress abgebaut. Andererseits entsteht auch ein vorbeugender Einfluss. Durch regelmäßiges Meditieren bleiben Atmung und Herzschlag auch in stressigen Situationen ruhiger.

Falls Meditation ein Thema für Sie ist, dann ist damit noch nicht geklärt, welche Art von Meditation für Sie die richtige ist. Mein Tipp: Suchen Sie in Ihrer Umgebung entsprechende Angebote und schnuppern Sie in diese Kurse hinein. Wenn Ihnen eine Methode, Gruppe etc. zusagt, dann sollten Sie es dort lernen.

Wegen der sehr unterschiedlichen Praktiken kann es hier natürlich keine einheitliche Beschreibung »der« Meditationstechnik geben. Angepasst an die westlichen Gewohnheiten sitzt der Meditierende gewöhnlich auf einem Stuhl. Meistens sind die Augen geschlossenen. Anders ist es beispielsweise bei der Zen-Meditation (Augen sind nur zu zwei Dritteln geschlossen und man schaut dabei auf den Boden vor sich).

Ein wesentliches Unterscheidungsmerkmal ist, ob die Aufmerksamkeit auf einen bestimmten Punkt gelenkt wird, z.B. durch Wortsilben (Mantren) oder auf eine Stelle im Raum (z.B. Kerze), oder ob die Aufmerksamkeit ohne eine bestimmte Fixierung aufrechterhalten werden soll. Die Wirkungen dieser unterschiedlichen Verfahrensweisen unterscheiden sich. Allgemein lässt sich feststellen, dass Meditationen mit geöffneten Augen eher zu einem Zustand von geistiger Klarheit führen, die im Tagesbewusstsein erhalten bleibt. Bei den Techniken mit geschlossen Augen steht das Einheitserlebnis und ein Gefühl von Harmonie im Vordergrund.

Bei der Meditation konzentrieren Sie sich ohne konkrete Absicht (z.B. auf eine Kerze). Der Verstand soll dabei die Gedanken nicht steuern. Körper und Geist kommen so zur Ruhe.

Umsetzung: Die Techniken sind prinzipiell einfach zu lernen.Sie brauchen auch keine Hilfsmittel und können an jedem beliebigen Ort meditieren. Dennoch ist es sinnvoll, die ersten Schritte unter Anleitung zu machen. Der persönliche Coach ist für die Einweisung von großem Vorteil! Eine Herausforderung ist auch die regelmäßige Anwendung. Nur so werden Sie die Vorteile im Alltag spüren.

Nur Übung macht den Meister

Wichtig für alle Entspannungstechniken: Zielgerichtetes und regelmäßiges Üben /Anwenden ist für den Erfolg empfehlenswert. Entspannen können ist oftmals eine Fähigkeit oder Technik, deren Nutzen nur dann entsteht, wenn sie regelmäßig be«nutzt« wird.

f) Yoga

Das Thema Yoga ist sehr komplex und lässt sich kaum in dieser Kürze zusammenfassen. Deshalb nur eine kurze Umschreibung der Grundprinzipien.

Traditionelles Yoga ist eines der sechs indischen Philosophiesysteme und heißt übersetzt soviel wie Vereinigung, Verbindung oder Kontakt. Man kann es als eine Integration aller Aspekte der menschlichen Persönlichkeit verstehen. Dieser Entwicklungsprozess diente traditionell dem Ziel, Selbsterkenntnis zu erlangen und Gott nahe zu kommen.

Die im Yoga bekannten Körperhaltungen (z.B. Sonnengruß und Kobra) wurden entwickelt, um Regungen des Körpers zu reduzieren und ungestört meditieren zu können. Vom eigentlichen Verständnis des Yogas ist in der westlichen Welt allerdings nur sehr wenig angekommen. Bei uns wird Yoga häufig als eine Art von Gymnastik verstanden.

Einige Yogakurse kombinieren die Yogastellungen mit Atemübungen, Tiefenentspannung und spirituellen Mantren (z.B. »OM«). Auch andere Entspannungsverfahren, wie die Imagination oder die Meditation werden integriert, um die erfahrenen Wirkungen zu intensivieren. Das Ergebnis ist spürbar und verschafft dem Geist die Entspannung, die wir im Alltag ansonsten nicht mehr finden.

Ein wesentlicher Vorteil zu den bisher vorgestellten Entspannungstechniken ist der körperliche Ausgleich durch Bewegungen. Die Körperstellungen unterstützen die Flexibilität des Körpers und aktivieren das Herz-Kreislauf-System. Auch der Gleichgewichts- und Tastsinn werden trainiert. Es ist wissenschaftlich erwiesen, dass sowohl die Yogastellungen als auch die Atemübungen eine Reihe positiver, physiologischer und psychologischer Wirkungen erzielen. Menschen, die den ganzen Tag in Büros, im Meeting oder Auto sitzen, wissen es zu schätzen, wenn der Körper in Bewegung gebracht wird.

Umsetzung: Yoga ist für den »modernen« Menschen eine optimale Ergänzung seiner hektischen und rückenunfreundlichen Lebensweise. Die Methode ist im Lernstadium jedoch aufwendiger und vielseitiger, als die anderen hier vorgestellten Entspannungstechniken. Keinesfalls sollten Sie versuchen, Yogastellungen aus Büchern zu lernen. Schon kleine

Fehlhaltungen können Ihrem Rücken eher schaden als nutzen. Besuchen Sie einen Kurs, lernen Sie Schritt für Schritt die Bewegungen und auch die Ideen, die dahinterstehen.

Entspannung mit moderner Technik: Mindmachines

Vielleicht gehören Sie zu den Menschen, denen Entspannung leichter fällt, wenn die »moderne Technik« eine kleine Hilfestellung gibt. Hier könnte eine Mindmachine die richtige Wahl sein. Es handelt sich dabei um ein audiovisuelles Mentalsystem, das Sie im Bereich Stressmanagement und Konzentrationsaufbau unterstützt. In meinen Seminaren nutzen meine Teilnehmer erfolgreich ein solches Gerät für kurze Entspannungsphasen in der Pause.

Die Wirkung basiert auf dem Prinzip der sog. audiovisuellen Stimulation. Diese Methode ist durch eine Vielzahl von Studien gut erforscht. Lichtsignale und Töne werden in einer bestimmten Frequenz (je nachdem, welchen Zustand Sie erreichen möchten) miteinander kombiniert und vereint. Für jeden dieser Zustände gibt es spezielle Programme, die entsprechende Frequenzen mit Delta-, Theta-, Alpha- oder Betawellen nutzen. Insofern können Sie Mindmachines für so unterschiedliche Zwecke nutzen wie Förderung der persönlichen Leistungssteigerung, Tiefenentspannung innerhalb kurzer Zeit, der Vorbereitung auf Lernphasen oder als Einschlafhilfe.

Eher vorsichtig sein sollten allerdings Menschen, die sehr empfindlich auf Lichtblitze reagieren (z.B. Migränepatienten) oder die zu epileptischen Anfällen neigen.

Das wahrscheinlich am effizientesten audiovisuell arbeitende Mentalsystem (Gewinner des deutschen Innovationspreises) ist der LAXMAN. Ich habe ihn privat und im Seminar ausprobiert. Dabei konnte ich feststellen, dass er als Einschlafhilfe, zur Entspannung, aber auch, um schnell wach und leistungsfähig zu werden, sehr gut funktioniert. Beim LAXMAN sind bereits zwölf sogenannte Ambientsessions vorhanden, die auf Ergebnissen neurologischer Forschung basieren. Sie können aber auch eigene Musik oder Suggestionen benutzen oder mit einer speziellen Software individuelle Sessions erstellen. Unter anderem sind zwei Titel des weltbekannten Mentaltrainers Michael Hutchison sowie zwei Entspannungsklassiker von Dr. Arnd Stein bereits installiert.

Letztlich sind die Ergebnisse der Mindmachines durch Yoga oder Meditation ebenfalls erreichbar. Die Anwendung von Mindmachines ist jedoch sehr modern, bequem und für Menschen geeignet, die solch eine Technik als Unterstützung hilfreich finden. Außerdem gilt auch hier: Das eine schließt das andere nicht aus. Auch wer Yoga oder Autogenes Training praktiziert, wird vielleicht Spaß an den kleinen Erholungsreisen haben, die eine Mindmachine bietet.

Erfolgreiches Power-Napping in 20 Minuten

Wie wäre es mit einem kurzen Schlaf in der Mittagszeit? In Japan ist es üblich, bei uns fehlt im Berufsalltag die Zeit bzw. auch die passende Einstellung. Trotzdem überfällt uns nach der Mittagspause oft eine ungewollte bleierne Müdigkeit. Unsere Leistungsfähigkeit sackt je nach Typ gegen 13–16 Uhr oft deutlich ab. Wenn Sie jetzt ein »kleines Nickerchen« halten, können Sie das Leistungstief schnell überwinden.

Sicherlich ist die folgende Beschreibung in vielen Unternehmen eine Utopie. Dort gilt es, den ganzen Tage beschäftigt zu wirken. Schlafen

wirkt nicht genügend produktiv. Doch das ist ein fataler Irrtum. Studien (u.a. von der NASA und Harvard Medical School) haben schon vor Jahren wissenschaftlich nachgewiesen: Der Kurzschlaf hat äußerst positive Auswirkungen. Ihre Gedächtnisleistung steigt, Sie sind konzentrationsfähiger, reaktionsschneller und kreativer. Die Zeit, in der Sie schlafen, macht sich am Nachmittag durch höhere Leistung mehr als bezahlt. Ein zusätzlicher Effekt: Das Herzinfarktrisiko sinkt um über 30 %. Firmen, die dieses Konzept umsetzen und Ruheräume eingerichtet haben, staunen sehr über die Erfolge.

Unser Schlaf hat verschiedene Phasen. Einmal im Tiefschlaf angekommen, ist es oft schwierig, wieder ganz wach zu werden. Dauert der Schlaf jedoch maximal 30 Minuten, wird die Tiefschlafphase nicht erreicht und der Kreislauf bleibt aktiv. Sie sind schnell wieder munter und fühlen sich spürbar ausgeruht.

Hilfreich kann es sein, vorher einen Kaffee oder Espresso zu trinken. Das Koffein braucht etwa 30 Minuten, um seine Wirkung zu entfalten und hilft, nach dem Kurzschlaf schneller fit zu sein.

Vielleicht ist es ja in Ihrem Unternehmen doch umsetzbar, eine derartige Pause zu machen. Wenn Sie das Bedürfnis in der Mittagszeit spüren, sollten Sie sich ggf. dafür einsetzen. Dann sollten Sie jedoch noch einige Dinge beachten. Um nicht tief und fest einzuschlafen, ist es besser, wenn der Raum nicht zu dunkel ist. Stellen Sie das Handy und Ihr Telefon lautlos. Hängen Sie außerdem ein entsprechendes Schild an die Tür oder verabreden Sie, dass Sie nicht gestört werden. Machen Sie es sich so bequem wie möglich. Für einen Kurzschlaf müssen Sie nicht liegen, der Kopf sollte aber abgestützt sein. Stellen Sie sich auf jeden Fall einen Wecker.

Anfangs können Sie vielleicht nicht so schnell abschalten. Doch der Körper gewöhnt sich schon nach einigen Malen daran, diesem Ruhebedürfnis nachzukommen. Optimal ist es, wenn Sie möglichst immer den gleichen Zeitpunkt und die gleiche Schlafdauer einhalten.

Als Kurzschläfer sind Sie übrigens in angenehmer Gesellschaft mit berühmten Vorbildern wie Winston Churchill, John F. Kennedy, Albert

Einstein, Leonardo da Vinci, John D. Rockefeller, Johannes Brahms oder Ludwig van Beethoven.

Mit der »Schlüsselposition« in zehn Minuten wieder fit

Vielleicht haben Sie nur etwa zehn Minuten Zeit, um ein Leistungstief zu überwinden. Dann könnte die Methode mit dem Schlüssel passen. Kurz vor meinem Abitur hatte ich einen Wochenendjob bei einer Wach- und Schließgesellschaft. Dabei war ich von abends 21.00 Uhr bis morgens 05.00 Uhr mit dem Auto unterwegs. Es passierte mehr als einmal, dass mir plötzlich die Augen zufielen. Irgendwann probierte ich die Schlüsselmethode aus. Ich legte die Hand in das Lenkrad und hielt einen Schlüsselbund fest. Dann schloss ich die Augen und schlief sofort erschöpft ein. Es dauerte nie länger als zehn Minuten, bis die Muskeln entspannten, der Schlüssel sich aus der Hand löste und auf den Boden fiel, wodurch ich wieder aufwachte.
Wenn Sie es ausprobieren, werden Sie merken, wie viel besser Sie sich hinterher fühlen. Allerdings ist die Wirkung nicht so stark wie bei dem oben beschriebenen Kurzschlaf von etwa 20 Minuten.

Massage und Gesichtsgymnastik am Schreibtisch in drei Minuten

Nach etlichen Meetings, Telefonaten und dem üblichen Wahnsinn sitzen Sie noch immer im Büro und haben einen Haufen Arbeit vor sich. Außerdem muss noch eine Präsentation für morgen vorbereitet werden. Zeit für eine Pause haben Sie deshalb nicht! Andererseits ist in diesem Zustand die Qualität Ihrer Arbeit eher mager. Was tun? Hier sollten Sie mindestens zwei Minuten investieren, um wieder in einen energievollen Zustand zu kommen. Eine kräftigende Selbstmassage belebt sofort spürbar Ihren Körper und Geist. Diese Möglichkeit nutzen wir auch schon unbewusst, indem wir verspannte Stellen (z.B. im Nacken) massieren. Neigen Sie den Kopf entspannt nach vorne und legen Sie entweder abwechselnd oder gleichzeitig die Hände in den Nacken. Nutzen Sie Ihren Daumen oder die Fingerspitzen, um kleine, kreisende Bewegungen über dem Nackenansatz durchzuführen. Dabei dürfen Sie auf den verspannten Bereich ruhig etwas Druck ausüben. Das Gleiche können Sie auch an anderen verspannten Körperstellen machen. Wichtig ist: Machen Sie diese kleinen Selbstmassagen regelmäßig und nicht erst, wenn Sie sich wegen Ihrer Verspannungen kaum noch bewegen können! Ein Vorteil dieser kleinen Körperentspannung ist auch, dass Sie aus der starren Sitzhaltung am Schreibtisch herauskommen.

Viele Reflexpunkte des Körpers befinden sich an den Ohren. Reize werden von dort weitergeleitet und der ganze Körper positiv stimuliert. Vor der Selbstmassage reiben Sie immer Ihre Hände warm. Nehmen Sie Ihre Arme hoch und legen Sie die rechte Hand an das rechte und die linke Hand an das linke Ohrläppchen. Der Daumen sollte an der Außenseite, der Zeigefinger zwischen Ohrläppchen und Kopf liegen. Ihre Finger kreisen langsam und sanft an der Ohrmuschel entlang. Die Richtung ist möglichst von unten nach oben sowie von innen nach außen. Schon nach einer Minute spüren Sie eine Veränderung.

Machen Sie zwischendurch auch etwas Gesichtsgymnastik. Das geht sogar spontan während Ihrer Arbeitszeit im Büro. Wahrscheinlich fühlen Sie sich wohler, wenn in diesem Moment niemand zusieht. Fangen Sie damit an, eine breite Grimasse zu ziehen. Spannen und entspannen Sie Ihre Gesichtsmuskeln im Wechsel.

Kneifen Sie beispielsweise Augen und Mund zusammen oder rümpfen Sie die Nase. Machen Sie Ihre Augen und den Mund weit auf. Ihre Augen- und Gesichtsmuskeln lockern sich sofort.

Entlasten Sie Ihre Bildschirmaugen in nur einer Minute

Sitzen Sie stundenlang vor Ihrem Bildschirm und haben »rechteckige« Augen? Dann sollten Sie die Augen zwischendurch entspannen. Lösen Sie Ihren Blick so oft wie möglich vom Bildschirm. Schauen Sie aus dem Fenster oder in eine entfernte Ecke des Büros. Wählen Sie sich ein konkretes Ziel (z.B. eine Pflanze) und umwandern Sie die Konturen konzentriert mit Ihren Augen. Danach entspannen Sie und lassen das Bild etwas verschwimmen. Sofort werden Sie den Entspannungseffekt im Bereich der Augen, aber auch der Kopf- und Nackenmuskulatur spüren.

Das Auge ist eines unserer kleinsten Organe, doch wir nehmen damit mehr als 80 % unserer Eindrücke wahr. Konstruktionsbedingt sollte das Auge nicht zu lange auf einem Punkt verharren, sondern regelmäßig in die Ferne sehen.

Am Computerbildschirm ist diese natürliche Nutzung des Auges jedoch nicht möglich. Im Gegenteil: Die Augen halten ständig die gleiche Richtung und denselben Abstand. Durch diese statische und einseitige Nutzung kommt es zur Überlastung. Das führt schnell zu angestrengten, müden, brennenden oder lichtempfindlichen Augen. Der starre Blick auf den Bildschirm hat zur Folge, dass wir die Augen kaum bewegen und zu wenig blinzeln. So werden die Augen trocken, da sie nicht mehr ausreichend mit Tränenflüssigkeit benetzt werden. Schützen Sie Ihre Augen deshalb durch häufiges bewusstes Blinzeln.

Sehr gut funktioniert auch das »Palmieren«. Dafür reiben Sie die Hände etwa 20 Sekunden aneinander, bis diese spürbar warm sind. Legen Sie dann die Handinnenflächen (engl. palm) auf die geschlossenen Augen. Durch die Wärme und Dunkelheit entspannen Ihre Augen wunderbar.

4. Was sagt die Wissenschaft zu Entspannungstechniken?

Sind Sie ein Hardliner, der nur glaubt, was wissenschaftlich erforscht und bewiesen ist? Dann lesen Sie dieses Kapitel. Falls Sie die wissenschaftlichen Erkenntnisse eher nicht interessieren, überspringen Sie dieses Kapitel einfach.

Die Auswirkungen der Meditation auf unser Denken, Fühlen und Verhalten sind schon seit vielen Jahren ein ernsthaftes Forschungsthema. Prof. Dr. Wolf Singer ist geschäftsführender Direktor am Max-Planck-Institut für Hirnforschung in Frankfurt am Main. Er gehört zu den weltweit führenden Neurobiologen bzw. Hirnforschern. Wenn Sie dieses Thema auch aus (verständlicher) wissenschaftlicher Sicht interessiert, empfehle ich Ihnen sein Buch: »Hirnforschung und Meditation: Ein Dialog« (Verlag: Suhrkamp).

Die mentale Wirkung von Meditation auf Körper und Bewusstsein wurde seit Ende der 90er Jahre auch im Auftrag des Dalai Lama von mehreren Wissenschaftlern untersucht. Dazu gehörte Richard Davidson von der University of Wisconsin. Er hat die Hirnströme meditierender Mönche analysiert. Das Ergebnis: Während des Zustands, den Meditierende als klaren Geist oder als ein starkes Gefühl der Empathie beschreiben, traten Gamma-Oszillationen mit großer Amplitude auf. Diese hochfrequente Schwingung der Hirnrinde im Bereich von 40 bis 80 Hertz wurden zuvor beobachtet, wenn das Gehirn Sinnesreize mit großer Aufmerksamkeit verarbeitet.

Neurowissenschaftler bestätigen, dass sich Menschen durch Meditation in die Lage versetzen können, ihr Alltagsbewusstsein zu überschreiten. Bei einer Konferenz im Jahre 2005 des Mind & Life Institutes traf Prof. Singer mit den Meditationsforschern Jon Kabat-Zinn, Richard Davidson sowie dem tibetischen Mönch Matthieu Ricard wieder zusammen. Nach den erreichten Forschungsergebnissen stand für Prof. Wolf Singer fest, dass Meditation zu tiefgreifenden Veränderungen im Gehirn führt. EEG-Kurven und Hirnscans von tibetischen Mönchen mit Meditationserfahrung zeigten die o.g. Gamma-Frequenz, vergleichbar mit einem speziellen Code für das Bewusstsein im Gehirn.

Gamma-Synchronität ist ein Bewusstseinszustand, in dem man sehr wach, konzentriert und gleichzeitig auch in innerer Ruhe und Gelassenheit ist.

Sowohl bei Lernvorgängen als auch für meditative Zustände ist es wichtig, dass die Synchronisation von Neuronen auch an der Steuerung von Aufmerksamkeit beteiligt ist. Wenn man die Aufmerksamkeit auf ein visuelles Objekt lenkt, werden die visuellen Areale im Gehirn in synchrone Schwingungen versetzt. So wird erreicht, dass Informationen schnell erfasst und verarbeitet werden können.

Das gilt auch für die Verknüpfung von anderen Hirnarealen. Wenn man ein Objekt betrachtet, das Töne von sich gibt und das gleichzeitig berührt wird, dann müssen die Signale, die vom auditiven System verarbeitet werden, mit denen des taktilen Systems und denen aus dem visuellen System synchronisiert werden. Die Repräsentation liegt also nicht an einem bestimmten Ort im Gehirn, sondern organisiert sich als verteilter Aktivitätszustand. Meditierende Menschen belegen hirninterne Prozesse mit Aufmerksamkeit, aktivieren gespeicherte Inhalte und betrachten sie »nach innen«.

Das mentale Training beeinflusst während der Übung die Hirnaktivitäten, aber auch danach. Manche Hirnfunktionen werden dauerhaft verändert. Menschen, die meditieren, weisen eine verkürzte Aufmerksamkeitslücke auf, d.h. die Aufmerksamkeit bzw. Konzentration auf schnell aufeinander folgende Reize ist in viel kürzeren Abständen möglich. Damit sind wir wieder beim Thema Entlastung des Arbeitsgedächtnisses und Training von Multitasking.

Mit zunehmendem Alter wird die Aufmerksamkeitslücke größer, d.h. es wird mehr Zeit benötigt, um die Aufmerksamkeit auf den nächsten Reiz zu lenken. Mit Meditation wird dieser Entwicklung deutlich entgegenwirkt: Meditation verändert die nachhaltigen Verschaltungen im Gehirn.

Ein weiterer positiver Effekt der Meditation ist es, Emotionen sauberer zu erkennen. Wenn jemand versucht, freundlich auszusehen, aber eigentlich ärgerlich ist, dann schleichen sich sog. Mikroexpressionen ein, d.h. für kurze Momente drückt die Mimik den Ärger aus. Das führt bei uns unbewusst zu dem Gefühl, dass etwas nicht stimmt. Menschen mit großer Meditationserfahrung können die extrem kurzen Ausdrücke besser wahrnehmen.

Viele Erkenntnisse der Meditationsforscher haben inzwischen im amerikanischen und europäischen Gesundheitssystem Einzug gehalten. Seit etwa zehn Jahren setzen die Neurowissenschaftler Richard Davidson und Jon Kabat-Zinn in Schmerzkliniken Meditationen als Trainingsmethode zu mehr Gelassenheit, Sinn und Erfüllung ein.

Übrigens, auch eine repräsentative Studie des Universitätsklinikums Hamburg-Eppendorf kam kürzlich zu den oben beschriebenen Ergebnissen. Richtig angewandt, verbessern Entspannungstechniken die Lebensqualität und verringern psychische und körperliche Beschwerden.

Fazit: Die besten Tipps für Ihre Entspannung

1. Nutzen Sie eine Entspannungstechnik als Stresskompensator

- Sehen Sie Entspannungstechniken als ein »Werkzeug«, den beruflichen Stress leicht und erfolgreich zu kompensieren. Weiter oben finden Sie eine kurze Vorstellung einiger Methoden. Investieren Sie die Zeit, eine der Techniken zu lernen und praktisch auszuprobieren. Erst dann wissen Sie, ob sich ein Nutzen für Sie ergibt. In meinen Seminaren sind immer einige Teilnehmer dabei, die Entspannungstechniken beherrschen und damit ihre Lebensqualität und Arbeitsleistung spürbar erhöhen.

2. Erfolgreiches Power-Napping in 20 Minuten

- Nutzen Sie das auf den Seiten 211 bis 213 genauer beschriebene Power-Napping. Die Leistungsfähigkeit der meisten Menschen sackt irgendwann zwischen 13 und 16 Uhr deutlich ab. Wenn Sie jetzt ein »kleines Nickerchen« halten, können Sie Ihr Leistungstief schnell überwinden. Mit dieser kleiner »Auszeit« sind Sie wieder fit für den Nachmittag. Es ist sehr schade, dass diese wunderbare Methode in unserem Kulturkreis manchmal missverstanden oder belächelt wird.

3. Nutzen Sie einfache Techniken im Büro für »Zwischendurch«

- Eine kleine, schnelle und oftmals unauffällige Entspannungstechnik kann an einem gestressten Arbeitstag schon viel bewirken. Dafür brauchen Sie kein Seminar zu besuchen. Es funktioniert sofort und der Zeitaufwand ist gering. Ab Seite 213 finden Sie Hinweise zur Entspannung in der »Schlüsselposition«, einer kleinen Massage am Schreibtisch, Gesichtsgymnastik und der Entlastung Ihrer Augen bei der Bildschirmarbeit.

4. Eine kleine Meditationsübung für zu Hause

- Nehmen Sie sich zehn Minuten Zeit und stellen Sie eine angezündete Kerze auf einen Tisch. Jetzt setzen Sie sich entspannt hin und betrachten die Kerze. Versuchen Sie, sich vollkommen auf die Form, Farben und Bewegungen der Flamme zu konzentrieren. Sie werden erstaunt sein, wie viele verschiedene Farbtöne eine Flamme besitzt. Falls Ihre Gedanken abschweifen, bleiben Sie ruhig. Wenn Sie diese Übung öfters wiederholen, wird Ihre Aufmerksamkeit steigen. Nach der Übung kommen Sie wieder langsam in den Alltag zurück. Recken Sie sich einmal und achten Sie auf Ihre Umgebung. Sie werden bereits eine kleine Veränderung in Ihrer Wahrnehmung bemerken.

10 Die »Top 5« im Umgang mit der Informationsflut

In diesem Buch finden Sie über hundert Ideen bzw. Empfehlungen, wie Sie Ihre tägliche Datenflut vermindern können. Die in diesem letzten Kapitel für Sie ausgewählten »Top 5« sind natürlich subjektiv und ergeben sich sowohl aus meiner persönlichen Sichtweise als auch aus den Erfahrungen mit tausenden von Seminarteilnehmern. Bei der Auswahl habe ich mich noch einmal von den Voraussetzungen unseres »Steinzeithirns« lenken lassen, das ganz bestimmte Eigenschaften und Stärken, aber auch Grenzen hat.

Die »Top 5« sind entweder für das Wohlbefinden sowie die Balance des »Jägers« besonders wichtig oder sie bieten in der heutigen Arbeitswelt einen besonders hohen Nutzen. Der Schwerpunkt liegt auf einer gesunden, gehirnfreundlichen Denk- und Arbeitsweise, nicht jedoch auf Leistungssteigerungen um jeden Preis. Übrigens: Alle fünf Punkte sind mit einem eher geringen Aufwand umsetzbar.

Dennoch, es kann sehr gut sein, dass Ihre persönliche »Top 5« ganz anders aussieht! Scheuen Sie sich bitte nicht, Ihre ganz eigene Favoritenliste zu erstellen und natürlich auch umzusetzen.

1. Arbeiten Sie an Ihrer Einstellung zum Umgang mit der Datenflut

Überrascht es Sie, dass dieser Punkt unter den »Top 5« ist? Was nutzen 100 Tipps gegen die tägliche Datenflut, wenn Sie nicht ernsthaft davon überzeugt sind, etwas verändern zu können? Den meisten Menschen, mit denen ich über das Thema spreche, fehlt diesbezüglich eine Vision oder zumindest ein wenig Optimismus.

In Kapitel 7 finden Sie gute Ideen und Hilfestellungen, wie Ihr »Steinzeitgehirn« die Kontrolle in der modernen »Informationswelt« zurückgewinnt. Dazu gehört auch, Ihre jetzige Ausgangssituation genau zu beleuchten und persönliche Ziele zu definieren. Was motiviert Sie, Ihr Informationsverhalten neu zu überdenken und zu verändern? Wel-

che Veränderungen haben für Sie einen konkreten, spürbaren Nutzen oder einfach gesagt: »Was bringt es Ihnen, Ihrer Gesundheit und Lebensfreude, der Familie, den Hobbys ...?« Schreiben Sie Ihre persönlichen Ziele auf und überlegen Sie ebenfalls, welche konkreten Schritte für eine Umsetzung notwendig sind.

Der nächste Schritt ist dann das »mutige Ausprobieren«. Es ist für mich immer ein spannendes Erlebnis, wenn Teilnehmer von ihren Erfahrungen berichten. Wie ist es beispielsweise, einen medienfreien Tag für sich einzuführen? Die ersten Versuche sind zumeist mit einem unsicheren Gefühl verbunden. Doch im Ergebnis höre ich immer das gleiche positive Feedback. »Es tut einfach gut, zwischendurch bewusst aus der ständigen Datenflut und Erreichbarkeit auszusteigen ...« oder »Ich hatte immer Angst vor negativen Konsequenzen bei Nichterreichbarkeit, doch bis heute ist nichts passiert ...« oder »Einmal ausprobiert und genossen, werde ich nicht mehr darauf verzichten, meine ganze Technik regelmäßig und bewusst auszuschalten.«

2. Optimieren Sie die Qualität Ihres beruflichen Lesens

Angenommen, Sie gehören zu den etwa 80 % der Menschen, die mit einer Geschwindigkeit von weniger als 240 wpm (Wörter pro Minute) lesen, dann sollten Sie sich unbedingt mit diesem Thema beschäftigen.

Das Potenzial ist enorm. Der Durchschnittsleser erreicht bereits bei einer Erhöhung der Lesegeschwindigkeit um 25 % eine Zeitersparnis von etwa 14 Arbeitstagen im Jahr. Ich wage an dieser Stelle kaum zu sagen, dass es viele meiner Teilnehmer schaffen, mit geringem Aufwand ihre Lesegeschwindigkeit zu verdoppeln!

Auch bei diesem Thema ist der Blick auf unser Steinzeitgehirn interessant. Konnte der damalige Mensch schon lesen? Nein, natürlich nicht im Sinne der heutigen Art, Texte zu lesen. Ja allerdings, im Sinne vom Spurenlesen. Tatsächlich sieht man die Wurzeln heutiger Lesekompetenz in der früher lebensnotwendigen Fähigkeit, auf der Jagd Spurenmuster zu erkennen. Wenn Sie Ihr Lesen als eine solche Art der Musterkennung betrachten, haben Sie schon einen ersten wichtigen Schritt zur Optimierung Ihrer beruflichen Leseeffizienz geschafft. Das Ziel ist natürlich eine »gefahrlose« Beschleunigung, bei der Ihr Leseverständnis zumindest gleich bleibt oder sogar steigt. Die Schulung dieser Fähigkeit kostet nur wenig Zeit, ist leicht erlernbar und lohnt sich sofort. In Kapitel 5 (ab Seite 88) erhalten Sie konkrete Tipps zum effizienten Lesen und werden motiviert, den Schritt in Ihre berufliche Leseoptimierung zu wagen.

3. Achten Sie auf Ihr Arbeitsgedächtnis

Bei Reizüberflutung im Beruf ist oftmals das Arbeitsgedächtnis mitbeteiligt bzw. verantwortlich. Es speichert vorübergehend Informationen ab und wird genutzt, um diese auch zu verstehen. Es hilft komplexe Aufgaben zu lösen, Argumente abzuwägen und zu formulieren. Dabei werden gleichzeitig verschiedene Informationen festgehalten und zueinander in Beziehung gesetzt.

Das Problem: Unser Arbeitsgedächtnis hat eine sehr geringe Kapazität und arbeitet praktisch nur in der Gegenwart. Kurz abgelenkt, können Sie Informationen schon nicht mehr abrufen. Eine typische Alltagserfahrung, die im Berufsleben schnell für Unbehagen sorgt. Was sollte ich noch erledigen? Wie hieß doch gleich der Gesprächspartner? Welche Nummer hatte ich gerade im Telefonbuch gelesen?

Drei Empfehlungen, wie Sie Ihr Arbeitsgedächtnis optimal nutzen:

- **Trainieren Sie Ihre Multitasking-Fähigkeit.**
  Wenn das Wort Multitasking fällt, ist immer Ihr Arbeitsgedächtnis gemeint. Tatsächlich ist mittlerweile ausreichend belegt, dass jedes Gehirn bis zu einem bestimmten Level trainierbar ist. In Kapitel 3 erfahren Sie, wie es beispielsweise mit einer Software einfach funktioniert. Allerdings führt Multitasking auf Dauer zu Stress. Es sollte nur in bestimmten Kontexten genutzt werden und nicht als Dauerzustand Ihres Arbeitsalltags. Deshalb ist es sinnvoll, wenn möglich, Ihr Arbeitsgedächtnis zu entlasten.

- **Entlasten Sie Ihr Arbeitsgedächtnis.**
  Mit sog. Gedächtnistechniken wird Ihr Arbeitsgedächtnis wunderbar entlastet. Statt Informationen festhalten zu müssen, was zu Stress führt und ab einer gewissen Menge nicht mehr funktioniert, werden diese mit gehirngerechten Verknüpfungen sofort im Langzeitgedächtnis abgespeichert. Diese Methode funktioniert sehr einfach und wird in Kapitel 04 ausführlich vorgestellt.

- **Akzeptieren Sie die natürlichen Grenzen.**
  Wenn Sie das nächste Mal kurz vor der Verzweiflung stehen, weil Ihr Telefon klingelt, während Sie gerade eine wichtige E-Mail bearbeiten und gleichzeitig Ihr Chef mit einer wichtigen Bitte ins Büro stürmt … es ist völlig in Ordnung, dass Ihr »Steinzeitgehirn« unter solchen Bedingungen durcheinandergerät. Haben Sie also kein schlechtes Gewissen oder denken, etwas sei mit Ihnen nicht in Ordnung. Selbst bei einem guten Trainingszustand sind die heutigen Herausforderungen an das Arbeitsgedächtnis manchmal zu hoch!

4. Informationen gehirnfreundlich an andere weitergeben

Die Aussage, sich in einem System zu befinden, dessen »Spielregeln« und Gewohnheiten unveränderbar sind, ist nach wie vor sehr verbreitet.

Das gilt auch für die tägliche Datenflut. »In unserem Unternehmen machen das alle so ...« ist eine der typischen Aussagen, die ich immer wieder höre.

Insbesondere weil die überwiegende Mehrheit so denkt und handelt, werden Sie auffallen, wenn Sie sich anders verhalten. Ich verspreche Ihnen, Sie werden vor allem »positiv« auffallen!

Ihre Umgebung wird es beispielsweise dankbar zur Kenntnis nehmen, wenn Sie nur noch angemessen E-Mails weiterleiten. Sie werden sogar sehr dankbar sein, wenn Ihre Briefe, E-Mails und Vorträge gehirnfreundlich strukturiert sind. Auch eine gut verständliche Sprache, kurze Sätze und der Verzicht auf unnötige Fremdwörter werden angenehm auffallen. Versuchen Sie es doch einmal ...

Im Endergebnis werden Sie Ihre beruflichen Ziele so besser erreichen. Mehr Anerkennung und Sympathie sind Ihnen sicher, denn gehirngerechte Sprache und Struktur schaffen eine Arbeitsatmosphäre auf Augenhöhe. Auch wird es Ihrer Zielgruppe leichter fallen, »die richtigen« Entscheidungen zu treffen, wenn Ihre Argumente besser verstanden werden.

Irgendwann wird Ihr positives Verhalten auf die Kollegen und Kunden abfärben. Wenn Sie andere Menschen vorbildlich gehirngerecht behandeln, wird sich Ihr Gegenüber auch hierzu motiviert fühlen. Wie heißt noch der Spruch? »Wie man es in das Gehirn hineinruft ...« Detaillierte Hinweise zum Umgang mit E-Mails finden Sie in Kapitel 6 und zum Umgang mit gehirnfreundlicher Sprache in Kapitel 8.

5. Entspannen Sie Ihr Gehirn häufiger

Es ist nun einmal so, Gehirne brauchen Entspannung. In der heutigen Arbeitswelt gibt es leider kaum Gelegenheit dazu. Aber auch im privaten Bereich hat sich das Leben stark von den natürlichen Bedingungen entkoppelt. Tages- und Nachtzeiten sowie die Jahresrhythmen beeinflussen nicht mehr zwangsläufig unser Leben. Ich kann mich noch gut an einen Urlaub im Zelt erinnern. Um 18.00 Uhr wurde es dunkel. Meine einzige Technik war die Taschenlampe. Nun ja, was macht man unter solchen Bedingungen? Schlafen! Dafür wachte ich morgens bei Sonnenaufgang wieder auf. Zu Hause wäre das für mich undenkbar, denn unsere moderne »Wohnhöhle« bietet 24 Stunden am Tag Licht, Strom, Wärme, Information und Unterhaltung und damit keinen zwangsweise vorgegebenen Rahmen für Ruhephasen. Entspannung ist etwas, was wir bei unserer heutigen Lebensweise eher »künstlich« mit berücksichtigen und gezielt einsetzen müssen, um dauerhaft leistungsfähig und gesund zu bleiben.

In Kapitel 9 finden Sie verschiedene Techniken und Methoden, Ihr Steinzeitgehirn angemessen zu entspannen. Dabei gibt es ausreichend Möglichkeiten, die Sie auch ohne großen Aufwand und vor allem ohne großes Aufsehen während der Arbeitzeit nutzen können. Ebenfalls interessant sind in diesem Zusammenhang die Erkenntnisse der Chronobiologie in Kapitel 7. Testen Sie doch einmal, welcher »Chrono-Typ« Sie sind und ob Ihre tatsächliche Lebensweise dem entspricht.

Und wie steht's mit Ihnen? Was sind Ihre persönlichen »Top 5«?

1. ______________________________

2. ______________________________

3. ______________________________

4. ______________________________

5. ______________________________

Bei der Umsetzung Ihrer persönlichen Datenflut-Strategien in Beruf und Alltag wünsche ich Ihnen viel Erfolg!

Danksagung

Viele Menschen haben bei der Entstehung des Buches mitgewirkt und geholfen. Mein besonderer Dank gilt

- meiner Familie (Moni, Steffi und Marie) für monatelange Geduld, tagelanges Diskutieren über Titel, Untertitel … und natürlich für das anstrengende Korrekturlesen.
- dem Verlag (Bodo Wardin und Heiko Breuer) für ein sehr partnerschaftliches und angenehmes Miteinander.
- der Lektorin Martina Rohfleisch, die trotz abgestürzter Computer etc. mit guter Laune weitergearbeitet hat.
- der GSA Arbeitsgruppe »Bücherschreiben« für die wertvollen Hilfestellungen.
- Andreas Gerhardt für die erstklassigen Grafiken im Buch.
- den vielen anderen ..., deren Meinung und Ratschlag ich zwischendurch eingeholt habe.

Weiterführende Literatur

Mit der hier genannten Literatur werden im Buch angesprochene Themen weitergeführt bzw. vertieft. Die meisten Werke sind noch aktuell im Buchhandel erhältlich, einige nur noch über das Antiquariat.

Ein ganz besonderer Service: Mit diesem Buch erhalten Sie auch eine ständig aktualisierte Literaturliste sowie weitere Links / Hinweise zu den genannten wissenschaftlichen Studien. Es funktioniert sehr einfach: Unter www.datenflut.info geben Sie als Benutzername: »datenflut« und als Passwort: »aktuell« ein, und schon erhalten Sie die gewünschten Informationen.

Allgemein:

- Schulz von Thun, Friedemann: *Miteinander reden: 3. Das »Innere Team« und situationsgerechte Kommunikation.* Reinbek (Rowohlt) 2005.

Büroorganisation:

- Engel-Orthlieb, Dorothea: *Perfekt im Office. Büroorganisation für Profis.* Frankfurt (Redline) 2008.
- Heragon, Claus: *Perfekt im Büro: Büroorganisation in 50 x 2 Minuten.* Freiburg (Heragon) 2010.
- Kurz, Jürgen: *Für immer aufgeräumt. Zwanzig Prozent mehr Effizienz im Büro.* Offenbach (GABAL) 2007.

Entscheidungstechniken / Komplexität:

- Dörner, Dietrich: *Die Logik des Misslingens. Strategisches Denken in komplexen Situationen*. Reinbek (Rowohlt) 2005.
- Gigerenzer, Gerd: *Bauchentscheidungen. Die Intelligenz des Unterbewussten und die Macht der Intuition*. München (Goldmann) 2008.
- Johnson, Spencer: *Die »Ja oder Nein«-Strategie für Manager. Entscheidungen erfolgreich treffen.* Reinbek (Rowohlt) 2005.
- Jungkind, Kuno: *Gut entscheiden – mit Herz und Verstand*. Freiburg (Herder spektrum) 2005.
- Nöllke, Matthias: *Entscheidungen treffen. Schnell, sicher, richtig.* Planegg (Haufe) 2004.
- Pruckner, Maria: *Die Komplexitätsfalle. Wie sich Komplexität auf den Menschen auswirkt.* V*om Informationsmangel bis zum Zusammenbruch.* Norderstedt (Books on Demand) 2005.
- Storch, Maja: *Das Geheimnis kluger Entscheidungen*. München (Goldmann) 2008.

Entspannungstechniken / Stressbewältigung:

- Baus, Lars: *E-Mail-Flut statt Büffeljagd: Das Anti-Stress-Buch für Vielbeschäftigte.* Offenbach (GABAL) 2010.
- Fehmi, Les: *Open Focus Aufmerksamkeits-Training*. München (Goldmann) 2008.
- Hohensee, Thomas*: Gelassenheit beginnt im Kopf. So entwickeln Sie einen entspannten Lebensstil.* München (Knaur) 2007.

- Kabatt-Zinn, Jon: *Gesund durch Meditation. Das große Buch der Selbstheilung.* Frankfurt a.M. (Fischer) 2009.

Gehirngerechtes Lesen, Denken und Arbeiten:

- Birkenbihl, Vera F.: *Trotzdem LEHREN.* Heidelberg (MVG Verlag bei Redline) 2007.
- Birkenbihl, Vera F.: *Stroh im Kopf. Vom Gehirnbesitzer zum Gehirn-Benutzer* München (mvg) 2010, 50. Auflage!
- Birkenbihl, Vera F.: *Das innere Archiv.* Offenbach (GABAL) 2007.
- Jörns, Fritz: *Fritz Jörns E-Mail-Knigge. Alles, was Sie schon immer über E-Mail wissen wollten, und mehr.* Königswinter (Edition Lempertz) 2008.
- Michelmann Rotraut und Walter Uwe: *Effizient lesen. Das Know-how für Zeit- und Informationsgewinn.* Wiesbaden (Gabler) 1998.
- Michelmann Rotraut und Walter Uwe: *Effizient und schneller lesen. Mehr Know-how für Zeit- und Informationsgewinn.* Köln (anaconda) 2010.
- Shipley, David und Schwalbe, Will: *Erst denken, dann senden. Die peinlichsten E-Mail-Pannen und wie man sie vermeidet.* München, (Heyne) 2008.
- Staub, Gregor: *Mega Memory. Optimales Gedächtnistraining für Privatleben, Schule und Beruf.* München (mvg) 2006.
- Tammet, Daniel: *Elf ist freundlich und Fünf ist laut. Ein genialer Autist erklärt seine Welt.* München (Heyne) 2008.

Hirnwissenschaft / Neuromarketing:

- Bauer, Joachim: *Warum ich fühle, was du fühlst.* München (Heyne) 2008.
- Klingberg, Torkel: *Multitasking.* München (C.H. Beck) 2008.
- Häusel, Hans-Georg: *Think Limbic! Die Macht des Unbewussten verstehen und nutzen.* Planegg (Haufe) 2005.
- Häusel, Hans-Georg: *Brain View! Warum Kunden kaufen.* Planegg (Haufe) 2008.
- Held, Dirk ; Scheier, Christian: *Wie Werbung wirkt.* Planegg (Haufe-Lexware) 2006.
- Held, Dirk ; Scheier, Christian: *Was Marken erfolgreich macht.* Planegg (Haufe-Lexware) 2009.
- Hüther, Gerald: *Bedienungsanleitung für ein menschliches Gehirn.* Göttingen (Vandenhoeck & Ruprecht) 2009.
- Ramachandran, Vilayanur: *Die blinde Frau, die sehen kann.* Reinbek (Rowohlt) 2007.
- Ramachandran, Vilayanur: *Eine kurze Reise durch Geist und Gehirn.* Reinbek (Rowohlt) 2007.
- Singer, Wolf: *Hirnforschung und Meditation. Ein Dialog.* Frankfurt a.M. (Suhrkamp) 2008.

Register

Webadressen (Auswahl)

Chronologie, Bestimmung Chronotypen (S. 162):
www.imp.med.uni-muenchen.de/index.html

Consideo Modeler (S. 196):
www.CONCEPTEC.de

Deutsche Gesellschaft für berufliches Lesen e.V. (S. 89):
www.beruflicheslesen.de

Deutsche Sprache (S. 186):
www.deutschesprachwelt.de
www.vds-ev.de

E-Mails, sortierter Eingang von Google Mail (S. 137):
http://mail.google.com/mail/help/intl/de/priority-inbox.html

Information Overload Research Group (S. 136):
http://iorgforum.org

Laufsport (S. 202):
www.andreasbutz.com

Onlinesucht, Hilfe zur Selbsthilfe (S. 27):
onlinesucht.de

Suchroboter (Suchmaschine) (S. 20):
searchbots.net

»Think on your feet« (S. 190):
www.flextrain.de

Vera Birkenbihls Internet-Akademie (S. 64):
www.birkenbihl-internet-akademie.com

Zielfindung (S. 172):
www.ziele-akademie.de

Vier interaktive Impuls-Vorträge: Unterhaltsam, spannend und nützlich:

• Informationsflut: Nein, danke?

Die tägliche Datenflut fest im Griff – 25 praktische Tipps für Büro und Alltag

In diesem Impuls-Vortrag wird ein aktuelles und ernstes Thema auf unterhaltsame Art betrachtet. Wohin bringt uns die tägliche Informationsflut und wie können wir sinnvoll damit umgehen?

Es geht um Strategien, Techniken und auch um neue Einsichten. Sie erhalten 25 Tipps, wie Sie die Datenflut im Zeitalter von zu vielen Meetings, Internet und zahllosen E-Mails erfolgreich meistern.

• mega memory® – Gedächtnistechniken

Effizienter im Kopf, erfolgreicher im Beruf – Informationen gehirngerecht filtern, strukturieren und spielend leicht merken

mega memory® ist intelligent und gleichzeitig sehr unterhaltsam. Eine Methode mit sofortigen Erfolgserlebnissen!

In praxisnahen Übungen erleben Sie bereits nach wenigen Minuten voller Überraschung, wie gut Ihr Gedächtnis funktioniert.

Mit emotionalen Bildern, Assoziationen und Listenankern gelingt es spielend einfach, sich neue Informationen zu merken. Ein Vortrag, der garantiert sehr positiv in Erinnerung bleibt.

• Effizientes Lesen im Beruf

Erfolgreiches Lesen schafft Durchblick – Verdoppeln Sie Ihre Leseeffizienz

Der interaktive Vortrag motiviert Sie für ein flüssiges und erfolgreicheres Lesen. Wichtig ist, dass die Techniken gleichzeitig das Leseverständnis und Behalten der Texte fördern.

Einfache und nützliche Übungen sowie die Messung Ihrer Lesegeschwindigkeit zeigen bereits im Vortrag mögliche Potenziale Ihrer Leseoptimierung. Sie erfahren, wie erfolgreiches Lesen funktioniert.

• Limbischer Erfolg

Einfache Wege in den Kopf des anderen – »Spielregeln« des Gehirns erfolgreich nutzen

Wie gut erreichen Sie mit Informationen Ihre Zuhörer? An welche Kernaussagen werden sich Ihre Kollegen, Chefs oder Kunden später noch erinnern? Humorvoll erfahren Sie, was genau limbische Strategien sind und wie sie in der Praxis funktionieren. Neuromarketing ist das neue Zauberwort!
Die Wissenschaft beobachtet Gehirne beim Denken, woraus sich spannende Erkenntnisse ergeben.

Die »Spielregeln des Gehirns« werden aus verschiedenen Aspekten humorvoll betrachtet:

- Wie spreche und informiere ich »limbisch«?
- Worauf reagieren Gehirne und
- wie treffen sie die Entscheidungen?